THE HISTORY OF
OUR FUTURE

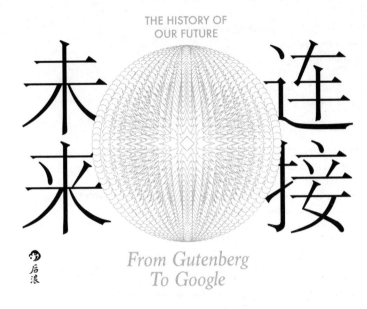

未来连接

From Gutenberg
To Google

从古登堡到谷歌的
网络革命

[美]
Tom Wheeler
汤姆·惠勒 著

王昉 译

北京时代华文书局

图书在版编目（CIP）数据

连接未来：从古登堡到谷歌的网络革命 / (美) 汤姆·惠勒著；王昉译. — 北京：北京时代华文书局，2022.2

书名原文：From Gutenberg to Google : The History of Our Future

ISBN 978-7-5699-4523-2

Ⅰ. ①连… Ⅱ. ①汤… ②王… Ⅲ. ①网络经济—研究 Ⅳ. ①F49

中国版本图书馆CIP数据核字(2022)第023399号

FROM GUTENBERG TO GOOGLE: THE HISTORY OF OUR FUTURE
by TOM WHEELER
© 2019 THE BROOKINGS INSTITUTION
This edition arranged with BROOKINGS INSTITUTION PRESS through Big Apple Agency, Inc., Labuan, Malaysia.
Simplified Chinese edition copyright:
2022 Ginkgo (Beijing) Book Co., Ltd.
All rights reserved.

简体中文版由银杏树下（北京）图书有限责任公司出版
北京市版权局著作权合同登记号 图字：01-2021-4614

连接未来：从古登堡到谷歌的网络革命
Lianjie Weilai: Cong Gudengbao Dao Guge de Wangluo Geming

著　者｜［美］汤姆·惠勒
译　者｜王　昉

出 版 人｜陈　涛
责任编辑｜李　兵
装帧设计｜墨白空间·李国圣
责任印制｜訾　敬

出版发行｜北京时代华文书局 http://www.bjsdsj.com.cn
　　　　　北京市东城区安定门外大街 138 号皇城国际大厦 A 座 8 层
　　　　　邮编：100011　　电话：010-64263661　64261528
印　　刷｜河北中科印刷科技发展有限公司　010-69590320
　　　　　（如发现印装质量问题，请与印刷厂联系调换）
开　　本｜889 mm×1194 mm　1/32　印　张｜9.875　字　数｜202 千字
版　　次｜2022 年 7 月第 1 版　　印　次｜2022 年 7 月第 1 次印刷
书　　号｜ISBN 978-7-5699-4523-2
定　　价｜66.00 元

写给梅尔文、亨特和斯凯勒——未来掌握在你们手中

致　谢

通常而言，一位作者在向帮助他写完一本书的各位人士致谢之后，会在末尾加上一句感谢妻子的话。但对我来说，妻子是我要感谢的第一人。没有卡罗尔·惠勒（Carol Wheeler）的爱和支持，我的生活远不会如此丰盈，我也极有可能成为另一个人。她的智慧如北极星般指引着我。她的爱塑造了我的存在。在这个意义上，本书只是一笔小小的成绩，但写作它需要两个人的合力投入。当你的丈夫钻进书堆、在电脑前敲个不停、忘记家务活、忽略了你时，他需要的是你的耐心、理解和幽默感。当一个鲜为人知的发现攫取了他的注意力、让他在晚餐桌边喋喋不休时，你的忍耐力也经受了考验。卡罗尔不仅做到了这所有的一切，还担任了本书的主编：一个细节若无法被她理解，我就不会写进书中。我要感谢这位卓越的女性，她如此出色地扮演了如此众多的角色！

当我以美国联邦通信委员会主席的身份应对技术带来的诸多变化时，历史的回声无处不在。本书的最后一章正是受这段经历的启发和影响。我有幸和一支非常出色的团队共事，与他们一起努力思考我们在构建未来时应当扮演怎样的角色。每个早晨，我都会与 Ruth Milkman、Phil Verveer、Jon Sallet 和 Louisa Terrell 一起应对这些挑战。我们有幸聘请 Gigi Sohn、Diane Cornell 和 Howard Symons 担任顾问，从委员会下属各局及各办公室负责人那里得到了支持，这些人包括 Dave Simpson、Roger Sherman、Jon Wilkins、Julie Veach、Matt DelNero、Travis LeBlanc、Alison Kutler、Shannon Gilson、Julius Knapp、Bill Lake、Mindel De La Torre、Gary Epstein、Kim Hart、Sagar Doshi 和 Emmaka Porchea-Veneszee。在我的主席办公室中肩负着最艰巨工作的，当属法律顾问，Maria Kirby、Daniel Alvarez、Renee Gregory、Jessica Almond、Stephanie Weiner、"Smitty" Smith、Holly Sauer 这几位法律顾问都出色地承担了他们的使命。能与这些杰出的人共事并向他们学习，是我的荣幸。在新的网络技术对消费者和市场构成挑战时，以上所有人都参与塑造了我们应对这些挑战的方式，在这个意义上，他们也参与了本书的创作过程。

一位作者若能找到一块出色的"共鸣板"——一个可以不断聆听自己的想法并给出建议的人，无疑十分幸运。对我来说，乔恩·萨莱特（Jon Sallet）——法律学者、他本人也是极为出色的作者——就是我的"共鸣板"。作为联邦通信委员会的总顾问，乔恩密切参与了我们运用历史经验塑造未来的工作。在离开联邦通信委员会后，他就我该如何在本书中反映这些经历提出了许多宝贵的建议。

布莱尔·勒文（Blair Levin）极具启发力和洞察力，我写的"互联网是地球历史上最强大、最普遍的平台"就来自他的观察。罗伯特·巴尼特（Bob Barnett）对本书和我的其他事业给予了不遗余力的支持。我的上一本书的编辑马里恩·曼纳克（Marion Maneker）帮助我将本书的最初想法打磨得更清晰。汤姆·斯丹迪奇（Tom Standage）的精彩著作总是在寻找历史和时事的关联，它们给了我许多灵感。联邦通信委员会前首席技术官斯科特·乔丹（Scott Jordan）一直在技术上指点我，让我不偏离航道（若您发现任何错误，都是我的，而不是他的）。迪帕雅恩·高希（Dipayan Ghosh）审读并提供了许多建议。其他为我提供见解、事实和建议的人还包括 Tom Schwartz、Joel Swerdlow、Robert Roche、Rajeev Chand、Rick Stamberger、Kathy Brown、Susan Crawford、Kevin Werbach 和 Lawrence Yanovitch。马修·斯佩克特（Matthew Spector）较晚时才担任我的研究助理，他的诸多贡献之一，就是让我改掉了在拼写"互联网"（internet）一词时总是大写首字母 i 的习惯。玛乔丽·潘内尔（Marjorie Pannell）凭借火眼金睛，在我的文字中发现了好几个不当之处。黑蒂·弗里斯彻（Heidi Fritschel）在校对期间也发现了部分问题。

在离开联邦通信委员会后，我有幸得到了布鲁金斯学会的达雷尔·韦斯特（Darrell West）和哈佛肯尼迪学院肖伦斯坦中心的尼科·梅勒（Nicco Mele）的帮助。我感谢他们为我提供了创作本书和为其他项目工作的机会。

最后，我要感谢布鲁金斯学会出版社的比尔·菲南（Bill Finan）对我完成本书抱持的信心。

序

当奥巴马总统邀请我出任联邦通信委员会主席时,我正埋首研究,准备写一本书,追溯由新技术驱动的网络,以及这个网络带来了怎样的影响。联邦通信委员会负责监管全美的网络(这些网络约占全美经济体量的六分之一)。接手这一联邦机构,让我的职业道路发生了变化:我从一个新技术的应用者和对技术带来的社会变革的观察者,倏然转变为一个引导社会对此类变化做出应对的机构中的一员。当经济从早期的模拟形态演变为新的数字形态时,我发现,我要应对的问题,正是我研究过的各种历史现象在 21 世纪迭代的结果。

我们有机会将历史先例中的教训运用到对新问题的解决中,这让我们做出了一系列具有历史意义的决策。比方说我们制定的"开放互联网规则"(Open Internet Rule,这一原则也被称为"网络中立性"),就禁止网络运营商为了谋求商业利益歧视部分用户。我们将早先应用于传统电话网络的隐私保护规则,延伸到接入互联网的网络中。由于网络总是攻击的必经之路,我们还制定了一种新的监管手段来协调和监督数字网络的"安全卫生"，并建立了对下一代无线网络的预期。

不幸的是，包括这些手段在内的相关举措，已经被特朗普治下的联邦通信委员会和共和党人控制的国会推翻。尽管这一结果令人担忧，但正如本书所记述的那样，由网络驱动的变革总是一条崎岖之路。一个国家之所以伟大，并不是因为人们总是退回到对"美好旧时光"的朦胧回忆中，而是因为人们直面变化带来的挑战，其中就包括新技术的影响。历史上，人们对此类变革做出的反应总是进两步退一步。虽然人们终会制定新规则，拥抱新的行为方式，告别过去，走向未来，但要实现这一点，绝非易事。

将我们连接在一起的网络，是一股定义了我们是谁的力量。联邦通信委员会监管的电话、互联网、广播电视、卫星和有线网络业务，或许只占全美经济体量的六分之一，但其他六分之五都依靠这些网络开展业务，每一个美国人的日常生活也高度依赖它们。

本书探讨了网络技术随时间产生效应背后的规律。前几章讲述了历史上几项重大网络技术的诞生，并回顾了人类社会在这些时刻做出的反应——哪些人奋力抵制新技术，哪些人从新技术中看到了机遇。每一章在结尾时，都在此章探讨的技术和它的后继者之间建立起演化关联。

尽管新的网络技术让变革成为可能，但历史表明，这些网络带来的次生效应才是最具变革性的力量。因此，本书最后一部分讨论了今天的世界正在发生什么，又为明天埋下了哪些伏笔。倒数第二章有选择地介绍了当今技术带来的一系列影响。尽管我的选择是基于个人经验，但我认为它们仍能代表我们正在面对的挑战。

最后一章探讨了由网络驱动的四种塑造明天的力量。低成本的计算能力与无处不在的网络相结合，让网络的主要活动从过去的传输信息，转变为通过对信息加以编排创造新信息。无处不在的计算能力与大数据相结合，创造出人工智能。分布式网络用分布式信任的区块链取代了传统的集中式信任范式。而笼罩在这一切之上的，是网络安全面对的挑战。

担任联邦通信委员会主席，使我有幸尝试将过去的经验教训，运用于今天与网络相关的最引人注目的争议之中。你手中的这本书，就记述了我的这些经历。我希望向你展示网络革命的力量、它们引发的忧惧和它们带来的机遇。我希望你能了解我在任内所做的一些决定，是怎样受到了历史经验的影响。最重要的是，我想说服你，网络革命最重大的影响，并非来自网络技术本身，而是来自社会对这些技术做出的反应——而这些反应，恰恰是我们能控制的。

汤姆·惠勒

2018 年 6 月

目　录

前　言 ·· 1

第一部分　视　角

1　连接的代价 ······································ 13

第二部分　断　言

2　最初的信息革命 ······························· 31

3　世界上第一条高速网络和距离之死 ··········· 65

4　世界上第一个电子网络和时间的终结 ········· 107

第三部分　革命之路

5　运算的引擎 ······································ 149

6　互联的运算 ······································ 173

7　地球上最强大、最普遍的网络 ··············· 199

第四部分　轮到我们了

8　我们正在创造的历史 ························· 229

9　连接未来 ·· 277

后　记 ·· 301

前　言

　　“快速行动，打破陈规。”在脸书（Facebook）的办公室中穿行时，我发现这句话无处不在。从打印工整的标语，到荧光笔的潦草手书，再到用纸剪拼的字母，都在发出这句忠告。走廊、楼梯间、休息角和工作间里，这句箴言随处可见。[1]

　　的确，脸书和它的互联网同行一直在以令人惊异的速度打破陈规。21世纪初跻身世界五百强的企业，有52%已不复存在。[2]

　　最大的出租车公司不拥有任何车辆。

　　最大的住宿提供商不拥有任何酒店。

　　美联社对棒球比赛和公司业绩的报道，已经可以不由人，而是由能将数据变成新闻报道的电脑软件撰写。[3]

1　或许是因为对一家受到公众密切关注的公司而言，“打破陈规”这一说法有些激进，脸书已将自己的座右铭换成了“快速行动，稳定架构”。

2　“Digital Transformation Is Racing Ahead and No Industry Is Immune,” *Harvard Business Review*, July 19, 2017.

3　Benjamin Mullin, “The Associated Press Will Use Automated Writing to Cover the Minor Leagues,” Poynter.org, June 30, 2016.

申请驾照的年轻人变少了。何必费那个麻烦？随时在线的互联和随叫随到的交通工具给我们提供了自由出行的便利，还不需要我们通过停车考试。[1]

谷歌（Google）对疾病暴发情况的了解程度，要好过美国疾病控制与预防中心。当染病的人上网查询相关症状时，谷歌的算法能在医生汇报给疾控中心之前识别并追踪疾病传播的趋势。

没有生命的物体也能与我们沟通。一把雨伞可以给你发送短信，提醒你别落下它。一只碗可以通过报告狗狗的饮水量，告诉你是时候带它出去遛遛了。一根卫生棉条也可以发出信号，提醒你该更换它了。[2]

而那些行驶在高速公路上的无人驾驶汽车，则展示出人们一直以来难以想象的新现实：数百亿个搭载于万物中的微型芯片产生了前所未有的海量数据，这些数据经由计算机编排，可以创造全新的产品和服务。

是的，我们正在快速行动，打破陈规。我们跨坐于地球历史上最强大、最普遍的平台之上[3]，它结合了价格低廉、与日俱增的计算能力和无处不在的数字互联。

我们是如何走到这一步的？它意味着什么？

1　1983 年，20 到 24 岁的美国人中有 91.8% 拥有驾照；到 2014 年，这一比例下降至 76.7%。（ "Recent Decreases in the Proportion of Persons with a Driver's License across All Age Groups," University of Michigan Transportation Research Institute, updated April 3, 2018, see www.umich.edu/~umtriswt ）

2　"Smart Tampon? The Internet of Every Single Thing Must Be Stopped," *Wall Street Journal*, May 25, 2016.

3　这句极其生动的头韵文，来自我的朋友布莱尔·勒文。（译者注：头韵是一种押韵形式，指原文 the most powerful and pervasive platform in the history of the planet 的好几个词都以字母 p 开头）

我们曾经历过这一刻

　　我们拥有的新网络技术或许是历史上最强大、最普遍的，但新兴网络给个体和社会带来剧变，并非历史上头一次。我们不该自欺欺人地认为我们正在经历人类历史上最伟大的技术变革——起码到目前为止，我们还不应该这么认为。

　　我们曾经历过这一刻。我们正在经历的，已经是人类历史上的第三次网络革命了。

　　最早的信息网络技术，是约翰内斯·古登堡（Johannes Gutenberg）在15世纪发明的活字印刷术。一时间席卷欧洲各地的印刷网络，终结了教会和王室在争夺权力时对信息的垄断。观念的自由流动催生了宗教改革，传播了文艺复兴运动，为后世的一切进步奠定了基石。

　　四个世纪之后，人类又经历了一次重大的由网络驱动的变革。这一次，一对共生网络出现了：铁路和电报。蒸汽机车让长久以来限制人类活动的地理距离不再成为问题。仿佛这还不够革命似的，与此同时，电报解决了信息传递耗时过长的问题。这些技术革新将当时的人们推进了一种矛盾的生活状态之中，一位历史学家曾将此形象地描述为人们"一脚踩在马粪中，一脚踏进电报局"。[1]

　　从历史角度来看，21世纪的技术革新在影响力上，尚不能与当年的印刷术、蒸汽动力和电报比肩。今天所谓的"革命性"技术，其实是先前技术变革的延续。这些新技术或许展现出一些革新的苗头，但这不过是对未来某一刻可能发生的真正

---

[1] Walter A. McDougall, *Throes of Democracy* (New York: HarperCollins, 2008), p. 106.

革新的期待。

正在改变今天、定义明天的网络技术，处在达尔文式的演化之中。从技术层面看，先前的每一次网络革命，都为今天的网络技术垫了一块砖。从社会层面看，今天的技术变革让我们产生焦虑和愤怒，而过往的技术变革也曾如此。

如果对互联网协议套件（TCP/IP 协议族）做一番逆向工程，你可以看到，它仍然包含着古登堡在信息传递方面的技术突破。

想要溯源计算机芯片技术，你需要一直回推到蒸汽时代——世界上第一条商用铁路出现之时。在蒸汽动力取代了人力并催生出工业革命的同时，用机器取代人脑的想法，也预示了计算机革命的到来。

再想一想，数字网络使用的二进制信号，与点划相间的电报技术何其相似。

这些早期的技术变革让当时的人们产生了恐惧和抵制，倒退时有发生。比方说，一位新闻记者曾说铁路"对社会是一种不自然的推动力"，会"摧毁人与人之间的一切关系，推翻所有的商业规则，制造各种各样毒害生活的困惑和痛苦"。[1]

本书讲述的正是这些故事。我们并非全凭意外走到了今天，看清来时之路，对理解我们今天身处何处、我们未来去往何方，都十分重要。

---

1 Rudi Volti, *Society and Technological Change* (New York: St. Martin's Press, 1955), p. 17.

"美好旧时光"并不那么美好

不由我们选择的技术变革，让当下犹如脱锚之船，脱离了曾经为我们提供稳定感和安全感的锚。于是，人们渴望回归"美好旧时光"，这种渴望体现在方方面面，从选民投下的选票，到充满怀旧感的产品营销。

然而，美好旧时光，从来不像田园诗那般美好，尽管它们孕育了伟大。

先前的几次网络技术革命，也都曾遭遇强烈的反对，因为这些革命带来了经济格局的剧变和社会的不稳定，让传统生活方式岌岌可危。历史告诉我们，尽管人们常常聚焦于新技术本身，但技术带来的次生效应才是真正具有变革性的。变革必然是困难的，因为不论是新技术，还是它产生的效应，都无法迅速成熟到有效替代被它破坏的社会机制。一种新技术的历史，通常就是这种新技术艰难地走向成熟、最终让那些因它而利益受损的人也能接纳它的过程。

比方说，当鲁伯特·默多克（Rupert Murdoch）警告互联网将威胁出版业时[1]，他听上去像极了在 16 世纪发出警告的克罗伊登代牧（Vicar of Croydon）："我们必须根除印刷，否则印刷就会根除我们！"[2]无独有偶，当今天的我们抱怨随时在线的状态支配了我们的生活时，我们也像极了哀叹"不是我们驾驭铁路，而是铁路驾驭了我们"的亨利·戴维·梭罗（Henry

---

1 David Sarno, "Murdoch Accuses Google of News 'Theft,'" *Los Angeles Times*, December 2, 2009.

2 这是克罗伊登代牧在伦敦圣保罗大教堂布道时所说。（Gertrude Burford Rawlings, *The Story of Books,* New York: D. Appleton and Co., 1901）

David Thoreau）[1] 和 19 世纪的某些医生，他们宣称"铁路带来的旋风和电报的不停敲击"会扰乱自然的韵律，使人产生精神疾病。[2]

尽管随着时间的流逝，这些早期网络技术引发的不适与挣扎已然褪去，可我们也不应该欺骗自己去相信，那些尚未出现由网络技术引发的痛苦、伤感、挣扎的时代，就是田园诗般美好的黄金时代。

把我们对当下境况的判断建立在对过去的模糊认知和对人类经历的有限回溯之上，让我们忽略了一个重要事实——我们并非唯一经历过此类挑战的人。忽视历史限制了我们的视野，让我们无法体悟到这一点：一个民族的伟大并非来自对美好旧时光的追忆，而是来自他们在应对新挑战时取得的进步。

本书将回顾网络技术的发展历史，讲述那些为当下的新现实奠定基石的各项技术是如何一步步地被创造出来的，我们的先人是如何应对这些颠覆性新技术的，这些故事又带给了我们哪些启示。现在，轮到我们这一代人在技术风暴中重塑稳定了。对此，本书最后一章以一项这样的挑战为例做出了阐释。

通向今天的并行道路

技术发展到今天，经历了两条并行道路。一条是两百年来计算能力时停时续的增长之路。1965 年，这条道路上出现了一个关键节点：英特尔公司（Intel）创始人戈登·摩尔

1　Henry David Thoreau, *Walden* (1854; Princeton University Press, 1971), p. 60.

2　Allbutt Clifford, "Nervous Diseases and Modern Life," *Contemporary Review* (London) 67 (1895), p. 214.

（Gordon Moore）预测一种叫作微处理器的新产品的性能将每隔 18 到 24 个月翻一番。在这之后的半个多世纪里，计算能力的增长速度印证了"摩尔定律"。

正如"摩尔定律"所预测的，今天装在你的口袋或拎包里的芯片，比 20 年前的芯片强大千倍。过去价值百万美元的超级电脑拥有的计算能力，如今你的手机就能具备。尽管"摩尔定律"的速度开始放慢，但它预测的曲线仍在继续，这意味着未来你的口袋里（牙刷里、货运托盘里、电灯泡里）的芯片，将比现在的芯片更强大、更廉价。

与此同时，通信技术在另一条路上不断发展。电子网络互联这一概念，从最初的电报传信，发展到亚历山大·格雷厄姆·贝尔（Alexander Graham Bell）在电话网络上复制人声，再发展到构建在 0 和 1 之上的数字网络。

当调制解调器将数字信号转化为模拟信号时，电话网络就成了计算机互联的路径。1969 年，在美国国防部高级研究项目局（ARPA，简称阿帕）的资助下，四所大学通过电话线将它们的计算机连接起来，"阿帕网"（ARPANET）由此揭开了互联网的序幕。

然后，计算与通信这两条道路，交汇在了一起。

这一交汇，让这两种技术仿佛各自消失了。在长达一个半世纪的时间里，无线电技术和有线电话网络毫不相干；然后，正如我们所见，计算机让用户在低功率无线电信号之间自由切换。贝尔发明的电话网络最终摆脱了电线的束缚，消失在无线以太网中。类似地，计算能力从机房里的大型设备和台式电脑中，转移到了只有指甲盖大小的微处理器中，并最终消失在"云端"。日益强大的计算能力与无处不在的通信网络相结合，创造出 21 世纪最宝贵的财富。

我们的时代，我们的挑战

这种新的通信能力创造出奇妙、广阔的新机遇，也带来了同样深远的挑战。

我们再也无处可逃。曾经，我们可以借口不在办公室或刚离开家来脱身。现在，即使不在场，你也无法置身事外。永不失联的新现实提升了生产效率和便利程度，但牺牲了个人自由。

工作岗位在消失。曾经为千万人提供工作的实体企业，正在让位给只有十来个员工的互联网公司。2012 年，曾经拥有 16.5 万员工的老牌胶卷生产商柯达（Kodak）宣布破产。同年，只有 15 位员工的线上图片分享平台 Instagram 以 12 亿美元的价格被收购。[1]

人们不断降低对隐私保护的要求。不论我们去哪里，做什么，我们都留下了数字足迹。这类数字信息正在成为 21 世纪的新资本。当所谓的"大数据"更快地追踪疾病传播，分享基因数据，推进科学研究及其相关产业时，它当然是在推动社会进步。然而，正是这些技术在入侵我们的私人空间，攫取我们的个人信息，滋生出一批靠买卖这类信息获利的企业。

社区受到威胁。美国国父们的建国信念，体现在"合众为一"这句箴言之中。而今天将我们连接在一起的网络，正在产

1　Rosyln Layton, "Does the Internet Create or Destroy Jobs? A Snapshot from the Global Debate on Digitally Enabled Employment," *AEIdeas* (blog), American Enterprise Institute, December 29, 2014.

生"去合化"效应，一个共和国的成功建立在全社会对信息和体验的共享之上，而各种软件和算法让我们获得的信息和体验支离破碎。

新的市场垄断正在形成。新的分布式网络技术在让网络应用程序去中心化的同时，催生出一种新的中心化趋势和市场力量。数字网络在分散用户活动的同时，收集并创建了与用户相关的信息。只有少数几家企业能汇总这类信息，由此它们在一个自由竞争的市场中，制造出了新的瓶颈。

这些挑战，构成了我们所处的历史时刻。正如我们会根据前人应对剧变时代的方式对他们做出评判，后人也会根据我们如何应对挑战来评判我们。

第一部分
视　角

如果以故事的形式来讲授历史，那么历史将永远不会被遗忘。

——鲁德亚德·吉卜林（Rudyard Kipling）

1
连接的代价

计算和通信的结合，可谓"奉子成婚"。不过这一次，老丈人举着的不是霰弹枪[1]，而是一颗核弹。

在冷战最激烈的时期，美国政府依靠电话网络向核部队下达命令。这意味着，指挥轰炸机升空和导弹发射的指令链十分脆弱。因为电话网络是一系列集中式交换中心，电话信号在不同线路之间切换，对手只需捣毁其中几个交换中心，就能削弱美国发动报复性攻击的能力。

于是，美国政府委托一家位于加利福尼亚州的智库——兰德公司（RAND）——针对这个漏洞设计一套解决方案。兰德公司的方案，是一种全新的网络结构，其中易受攻击的中心交换节点不复存在。这种结构好似一张渔网，就算其中一个节点被摧毁，一条信息还能通过其他路线抵达目的地。

1　传说过去在美国，如果女方未婚先孕，女方父亲会用霰弹枪逼男方迎娶女儿，直到双方奉子成婚。——译者注

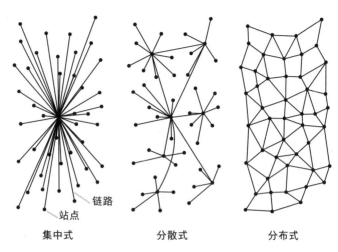

链路

站点

集中式　　　　　　分散式　　　　　　分布式

来源：Paul Baran, "On Distributed Communications: I. Introduction to Distributed Communications Networks," Memorandum RM-3420-PR (Santa Monica, Calif.: RAND Corporation, August 1964)。经许可转载。

　　提出这一天才方案的，是一位名叫保罗·巴兰（Paul Baran）的波兰移民。他在 1964 年的一篇论文中提出了这样一种设想：电话信号可以被转换成数字信息，这些数字信息可以被拆分成一些小数据包。这些数据包不是在一条电话线路上点对点传输，而是被发送到一个由互联的计算机组成的网络中。计算机能读取数据包的目的地地址，再将它发送给更接近目的地的下一台计算机。如果其中一台计算机出现问题，数据包就会被发送到其他节点，直到抵达目的地。[1]

1　我有幸能称保罗·巴兰为朋友。他是个极其谦逊的人。早在 1961 年，麻省理工学院莱昂纳多·克莱因罗克（Leonard Kleinrock）的研究就为分组交换提供了理论依据。1962 年，同在麻省理工学院的 J. C. R. 利克莱德（J. C. R. Licklider）构想了一个由交互计算机组成的"银河网络"。英国的唐纳德·戴维斯（Donald Davis）、罗杰·斯坎特伯里（Roger Scantlebury）与巴兰在同时进行十分类似的工作（但他们互不知情），正是他俩创造了"分组交换"这一术语。相比巴兰对自己的技术的戏谑称呼——"烫手山芋"，"分组交换"似乎文雅不少。

这一设想的威力，堪比核弹。

通信计算机通过分布式网络传递数据包，这在后来成了驱动我们正在经历的网络革命的硬件和软件原型。不同于大多数人的理解，这个分布式网络不是互联网。但是，正是这一技术理念——将数字化的信息拆分成数据包，使网络发挥功能的位置自中心节点向网络边缘移动，奠定了互联网的基础。

保罗·巴兰设想的新型网络结构，颠覆了存在数千年的网络概念。它让我们踏上了第三次网络革命的道路。

人类因网络而生：连接我们的网络，定义了我们是谁。在人类历史中，最强大的外部力量，就是人与人互联的方式。因此，最具变革性的技术，一直是改变了互联方式的技术。[1]

早期网络都是大自然的产物——河流、山脉，甚至大陆。人类构建社会，就是为了更好地利用这些自然网络，防御各种各样同样基于网络的威胁，包括饥饿和战争。然而，尽管人类的生存技能在不断改进，信息流动仍然受到通信工具的限制。

第一个由技术驱动的信息网络，直到 15 世纪才随着活字印刷术的发明出现。[2] 它的到来，加速了中世纪的终结和现代世界的诞生。

在此之前的好几个世纪里，知识都被封禁在手抄稿中。手抄稿为文化和科学知识提供了安全稳定的容身之处，但生产和维护这些手抄稿需要一个庞大且昂贵的体系。为了维护这一体系，当时的统治阶层——贵族和僧侣——为他们无价的图书

1　我们首先应当明确，许多网络都影响过我们的生活模式。水和电重新定义了我们的日常生活。高速公路和空中航线重塑了我们的运动轨迹。本书的重点，是让计算与通信不可避免地结合在一起的网络。

2　你可以把人类创造的一切——从笔到轮子——都理解为"技术"。但此处所言"由技术驱动的网络"，特指基于机械（或机电）功能的网络。

馆建造了昂贵的加厚穹顶，并制定了一套神秘的传统。这个体系让知识得以留存，而垄断知识的精英则利用这些知识来维持他们的社会地位。

这把将知识封禁了几个世纪的锁，被约翰内斯·古登堡打开了。它引发了一场知识大爆炸，动摇了中世纪统治阶层的权力基础，为后人开启了一条崭新的探寻知识之路。

通过降低复制和传递信息的成本，古登堡让思想走出重重把守的窖室，走进商业的大环境中，而后者进一步加速了思想的传播。印刷商们为了从信息的复制和传播中获利，彼此之间不断传递文字，创造出一个信息网络。[1] 这个网络催生出宗教改革，将文艺复兴的火种传遍欧洲。

要等到新的网络技术再次打破常态，还得等上 400 年。虽说古登堡的印刷术打开了禁锢信息的锁，让信息得以传播，但信息的传播之旅仍然受到自然规律的限制。从远古时代开始，地理距离在不同人群之间构成的"墙"，甚至比统治阶层为禁锢知识和思想而建造的保护墙更难逾越。19 世纪初，蒸汽机车打通了地理之墙，让人类克服了地理距离带来的障碍。

蒸汽机车这匹"铁马"打破了人类在地理上的孤立，这种孤立导致人类分散在一个个独立的、自给自足的、依赖在地资源的社群中。铁路以低廉的价格运送大宗物资，使来自某地的资源在另一地被消费。在这个过程中，铁路使商品和人离开最初的家园，加快了工业革命的步伐。曾因远离河流或海洋无法频繁进行商业活动的城镇，通过铁路这条纽带成了新的商业活动中心。铁路的发展改变了地貌，重塑了城市，颠覆了千百万

1　在中世纪，手稿也会在誊抄室之间流传，但就信息的大众化程度与传播范围而言，这并不能构成"网络"。

人的生活方式。

当铁路在取代传统道路时，电报与它并驾齐驱。这两种技术经历了一段共同成长期——电报线沿着获得通行权的铁路线铺设，它传递的电报信息不仅指挥着铁路运营，还将即时通信引入了生活和商业的方方面面。

如果说铁路缩短了距离，那么电报就压缩了时间。有史以来，信息一直只能以实体的形式移动，这意味着它的传播是缓慢的，始终无法超越人类移动的速度。[1]电报使得信息不必再以实体的形式传输。信息的虚拟化进一步扩展了市场经济，带来了前所未有的人际交流，在技术层面为今日定义人类体验的网络奠定了基石。

作为人类历史上的第一个电子网络，电报就是当时的互联网。[2]作为唯一比全速前进的机车跑得更快的事物，最初的电报被用来控制列车在铁道上的运行，然而它发挥的影响力远远超出了铁路时刻表。当信息传递的速度比风还快时，天气预测就成为可能。当一桩新闻事件能在瞬间传遍全国、尽人皆知时，新闻本身和新闻业就被重新定义。人们用电子信息统筹工业生产，由此创造出一个新的管理阶层，催生出一批有力主宰市场的大企业。[3]

1　在极少数例外中，人们依靠声音或视觉让信息移动的速度超过人的移动速度。击鼓声、烟幕弹和闪光灯都可以远距离传递信号，但由于一种或多种原因，它们都没能得到广泛应用。

2　Tom Standage, *The Victorian Internet: The Remarkable Story of the Telegraph and the Nineteenth Century's On-line Pioneers* (New York: Berkeley Books, 1999).

3　"电子"（electronic）一词在这里的释义见《韦氏新世界词典（大学第三版）》（*Webster's New World Dictionary*, 3rd College Edition, New York: Simon & Schuster, 1988）：1. 电子的；2. 由电子操纵的，或用电子设备生产或完成的。

　　这几次网络革命逐步创造出大规模的经济活动和社会。印刷术创造了首个大众信息产业。据估测，古登堡在欧洲发明活字印刷之后的头 50 年里，全欧印刷书籍的数量，超过了此前1000 年里抄写员手抄书籍的总数。[1]

　　铁路进一步加快了大规模工业生产和大众市场的到来。铁路出现之前，生产和加工活动都只能靠近原材料产地，规模小且分散。铁路能将原材料以较低的成本运送到加工中心，催生出日益庞大的工业城镇。与原材料运输的方向相反，大规模生产的产品又通过铁路进入新兴的大众市场。

　　电报和由其衍生而来的电话，将新出现的工业活动紧密联系在了一起。大规模生产需要原材料、生产设施和市场分销者的统筹协调。电报也是促成大众通信市场的最初推动力。1846年，当纽约市的报业出版人联合起来创立美联社时，他们利用了电报快速收集各地信息的能力。在这个过程中，他们建立了 20 世纪大众传播业的雏形：网络将信息传送到一个中心点，信息在此处被编辑后再被分发给需要这些信息的大众。

　　我们可能觉得自己对这些陈年旧事早已烂熟于心，但如果我们不懂得历史与今天——或者更重要的，与明天——的关联，那么我们对历史的理解仍是不充分的。从技术的角度看，早期的网络创新，正是今天各种“新”技术的根基。从社会学的角度看，今天技术带给我们的脱节感，也与早期网络给人们造成的不适遥相呼应。

1　Michael Clapham, "Printing" in *A History of Technology: from the Renaissance to the Industrial Revolution*, ed. Charles Singer, E. J. Holmyard, A. R. Hall, and Trevor Williams, 4 vols. (Oxford University Press, 1957), p. 37. Cited in Elizabeth L. Eisenstein, *The Printing Press as an Agent of Change* (Cam- bridge University Press, 1979), p. 45.

　　网络技术的演进，与生物的进化十分相似。达尔文写道："通过自然选择不断累积的差异……使所有重要的结构变化成为现实。"[1] 这句话不仅可以用来描述生物进化，也可以用来形容技术演进。

　　新技术的产生是一个逐渐累积的过程。尽管技术发明总是被描述为某个人的灵光一现，但事实上，它们一般是既有知识的重新组合，是以前所未有的方式达到前人从未重视之事的一种尝试。我们将在本书中读到，古登堡的活字印刷术就结合了一系列当时已有的技术；蒸汽机车用一种新方式，驾驭了我们自远古时代就已熟知的一种力量；而在摩尔斯发送世界上第一封电报"上帝创造了何等奇迹"前，通过电磁信号传递信息的想法已经存在了近一个世纪。

　　"技术发展的过程就好比修建一座大教堂，"保罗·巴兰认为，"在几百年的时间里，不断有新人前来在古老的基石上铺一块砖，说：'我建了一座大教堂。'可下一个月，新的砖又会铺在已有的砖上。此时一位历史学家造访，他问：'是谁修建了这座大教堂？'……实际上，每个人的贡献都建立在前人的基础之上。一切都息息相关。"[2]

　　本书就是一本关于我们的大教堂的书，它将讲述不断累积并重复的技术和社会演进，如何为我们的未来奠定了基础。

　　前两次网络技术革命，都始于某种中心力量的向外扩张，这种扩张创造出网络活动的第二级和第三级中心枢纽。印刷机

1　W. Brian Arthur, *The Nature of Technology* (New York: Free Press, 2009), p. 17.

2　这句引语来自巴兰在1990年3月5日接受的一次采访。("An Interview with Paul Baran," OH 182, Charles Babbage Institute, University of Minnesota, Minneapolis, see https://conservancy.umn.edu/handle/11299/107101)

最早集中在学术中心和商业中心。随着印刷业的扩张，它们就分散到了多个印刷活动的中心。类似地，铁路最初将人和物带到某个中心点，然后通过不同的轨道将它们送往各自的目的地。随着铁路网络的不断扩张，轨道的切换也可以由各地的铁路枢纽实现。同样的结构变化还发生在铁路的伙伴——电报——和之后的电话网络上。电话总机和铁路车务段承担着相同的功能，将信息从一条线路转向另一条线路。

这是技术对传统网络模式的一种再现。从历史上看，网络最初的动力，就是创立一个中心点，然后自这一点向外辐射。随着网络的发展，网络活动的枢纽更加分散。当前的网络革命是由网络活动的终极分散化推动的，它使得网络活动离中心点越来越远，成为真正的分布式，分布到每一个人手中。

网络不断向外扩张，它们促成的经济活动却在朝着相反的方向发展。企业利用网络来建立集中式经济体。洛克菲勒的标准石油、卡内基钢铁、西尔斯百货、罗巴克邮购、肉类加工企业 Swift 和 Armour 等企业，都借助铁路和电报建立起集中式企业帝国。时至今日，我们仍能看到相同的模式。随着分布式数字网络逐渐将各种功能推向网络的各个角落，谷歌、脸书、亚马逊之类的新公司正在利用这一网络建立新的集中式业界巨头。

不论在历史上还是在今天，由网络驱动的变化发展的方式，看上去都更像冗余，而非革命。虽然先前的每一次网络革命都重塑了人类体验，但每一次革命都遵循了相似的规律。首先，新技术通过重组既有技术中的某些要素，打破了旧技术持续、渐进、线性的演进过程。然后，另一些人对这种新的非线性组合加以利用，得到了"非显著性"[1]的结果。

比如，在古登堡时代开启前，书籍的制作过程就在经历这样一种线性演进。随着商业化誊抄的兴起，当时手抄室里的僧侣正在失去他们在知识传播过程中的垄断地位。但是，商业化只是让高成本、低产量的手抄体系有所扩张，这种遵循相同逻辑的线性发展几乎没有变革的潜力。只有在古登堡的非线性技术突破创造出非显著性的商业机会后，书籍的数量才开始呈爆发式增长。

在古登堡之后的五个半世纪里，印刷术又经历了类似的线性发展，但它的原理始终是把油墨印在纸上。直到杰夫·贝佐斯（Jeff Bezos）对一个新出现的网络加以利用，这种线性发展才被打破，让书籍得到了重新定义。贝佐斯的亚马逊电子阅读器是非显著性创新集大成者，它将出版与印刷相分离，打破了延续550年之久的传统。

电子阅读器颠覆了阅读纸质书的传统，而它依赖的这一新网络本身，正是先前两种非线性思考及其非显著性结果的结合。我们将在本书中读到，电子阅读器中的计算引擎，是从蒸汽时代一路发展而来的。而将内容传输到电子阅读器中的二进制电子脉冲，可以追溯到电报技术的诞生。

这样的非显著性进步，会带来次生的社会效应。由于动摇了旧传统，新网络会招致那些已经适应旧模式的人的反对。本书讲述的故事将告诉我们，对新网络带来的影响最典型的反应，往往是恐惧和抵制。

天主教会试图压制新兴印刷业，因为信息的自由流动带

---

1 美国专利法将技术的进步性描述为"非显著性"（nonobvious），指一项发明对熟悉该领域的一般技术人员来说不是显而易见的。——译者注

来了独立思考，让一直通过控制信息来控制思想的教会深感压力。

担心被铁路抢了饭碗的运河公司、马车驿站、公路物流商、小酒馆老板……动用了从政治力量到自警团[1]的一切手段，试图让"铁马"脱轨。

牧师们说电报是"闪电"传来的信号，称之为黑魔法，以吓唬信众。与此同时，美国国家邮政局拒绝采用这种新技术，哪怕它比普通邮件快得多。

然而最终，这些发起抵制的人更像是在那些于新网络中看到机遇的人面前回撤防守的球队后卫。

寂寂无闻的修士马丁·路德（Martin Luther）利用新出现的印刷网络传播他的思想，一跃成为宗教改革的领袖人物。

芝加哥一跃成为正在蓬勃壮大的美国的第二大城市，取代圣路易斯成为通往西部的要塞，因为就在圣路易斯抵制铁路的同时，芝加哥市的市长积极拥抱了它。

报业也开始脱胎换骨，从视野狭窄的低俗政治小报变成了电子互联的大众媒介，让曾经匮乏的信息大大丰富起来。

尽管每一次网络革命的出现和传播都会引发大量的社会动荡和不安，但只需假以时日，人们总会适应并满足于技术带来的更舒适的生活，直到下一次革命发生。今天的网络变革之所以让我们感到不安，因为它正以同样的方式夺走我们在适应了上一次网络革命之后产生的舒适感。

19世纪和20世纪将人、生产、产品和信息聚集在一起的集中式网络，正在被一种新网络取代。在这个新网络中，各种

1　自警团指当时民众在法律保护不充分的情况下为自卫而组织的民间机构。——译者注

力量都朝着相反的方向移动，试图拆解并分散各种网络活动。

早期的网络要求用户找上门来：去读一本书，去火车站，去发电报或者去打电话。新的分布式无线网络正好相反。如今，是用户让网络找上门来，无论他们身处何处。这个逆转看似简单，但它产生的效应正是我们这个时代非线性、非显著性的技术革新——它的意义，在于将权力交给了用户。

以往所有的网络革命都有一个鲜为人知且很少被人理解的秘密：是网络控制着一切，是它塑造了社会等级，定义了网络活动。而今天的新网络，则头一次将权力交到了用户手中。

在新网络效应的背后，我们仍能发现驱动今日变革的技术与早期技术之间的关联。早期的技术突破，为我们的新网络奠定了基础。

这些技术突破始于古登堡，他发明的不仅仅是一种把墨水印到纸上的方法。今天，他的远见卓识仍在闪烁光芒：要想让信息自动化和大众化，就要把它们打散成一个个小单位并重新组装。这是一个有关信息与机器交互的突破性发现。时至今日，这一理念仍是组成互联网这一数字网络的核心——在数字网络中，所有信息在被拆分成数据包后，又得到了传输和重组。

蒸汽机车的成功不仅重新定义了生产经济学，还激发了这样一种信念：如果蒸汽动力可以取代人力，那么我们也可以用它来取代人脑。在第一条定时发车铁路的首发仪式上，观众席中的英国数学家查尔斯·巴贝奇（Charles Babbage）就设想蒸汽动力可以被用来计算对数表。这开启了一条螺旋式发展之路，从最初的模拟计算引擎，到数字处理器，最终抵达今天无处不在的计算引擎——微处理器。

通过把信息与它的实体相剥离，电报首先引入了虚拟传输这一概念，而虚拟传输正是互联网的特征。今天数字网络和处理器使用的二进制通信协议，就是电报以点和线传输信息的升级版。

今天的网络在影响我们的经济和行为时，也在呼应历史上更早期的网络。将人类相连的网络的历史，也是一部世界经济史。2001 年，经济学家安格斯·麦迪逊（Angus Maddison）试图估算世界各国国内生产总值（GDP）在较长一段时间中的增长。他发现，经济飞速增长的时期通常与新网络技术的出现同步。[1]

人类经济活动首次出现持续增长时，恰逢印刷术使信息大规模自由流动。由书籍推动的文艺复兴、宗教改革和科技进步，激发了经济活力，重塑了我们的生活方式。

世界经济的第二次高速增长，与铁路和工业革命同步。经济随着铁路里程的积累和运行速度的提升不断繁荣。电报（以及后来的电话）又助其一臂之力，让由网络驱动的经济增长得以延续。

最近到来的技术网络时代也遵循了相同的规律：新网络的出现会刺激新的经济增长。数字经济的扩张还展现出另一种力量——这种力量在以往的网络革命中也存在，但它的重要性在这一次革命中最为突出：网络速度的提升，让创新活动和生活节奏不断加速。

从公历元年到活字印刷机出现，过去了 1500 年。可从古登堡的发明到铁路和电报诞生，只用了约 400 年。从铁路和电

1　Angus Maddison, "World Population, GDP and Per Capita GDP, 1–2003 AD," chart, Groningen Growth and Development Centre.

报到数字革命，甚至不到 200 年。

我们可以看到，新网络的速度与该网络推动的创新增长的速度直接相关。网络速度的提升，可以直接反映技术进步的加快和经济社会变迁的加速。

当信息在马背上传递时，它的速度约为每小时 4 英里（1 英里约等于 1.6 千米）。[1] 以数据吞吐率来计算，这相当于每秒 0.03 比特。[2] 第一次网络革命——活字印刷术的出现——加大了数据传输的量，但没有提高数据传输的速度。

铁路改变了数据传输的速度。最初"铁马"的移动速度比动物快 5 到 10 倍，后来提速到动物的 40 倍，大大加快了生活节奏。在速度加快的同时，铁路里程也在呈指数增长。1830年，全美铁路总长只有 30 英里；到 1860 年，全美铁路总长已达 3 万英里。[3] 到 1869 年，蒸汽铁路跨越了此前被认为无法逾越的美洲大陆，加速了甚至最边远地区的发展变迁。

第一个电子网络——电报——再一次加速了信息的流动。在美国建国之初，在纽约市和南卡罗来纳州的查尔斯顿市之间传递一条消息，要花费 22.5 天。[4] 80 年后，南卡罗来纳

1　"Speed of Animals: Horse, *Equus ferus caballus*" (http://www.speedofanimals.com/animals/horse).

2　根据谷歌的彼得·诺维格（Peter Norvig）的计算，一封普通信函平均包含 2200 个单词，而一个英语单词平均包含 4.79 个字母。如果每个字母的大小是 8 比特，那么这封信大约包含 8.4 万比特（2200×4.79×8 = 84304）。如果一封信需要一个月的时间才能到达目的地，那么实际数据吞吐率约为每秒 0.03 比特（84304÷30.4 = 2773 比特／天；2733÷24 = 116 比特／时；116÷60 = 1.9 比特／分；1.9÷60 = 0.03 比特／秒）。（Principia Cybernetica, see http://pespmc1.vub.ac.be/TECACCEL.html）

3　John F. Stover, *The Routledge Historical Atlas of the American Railroads* (New York: Routledge, 1999), p. 21.

4　Menahem Blondheim, *News over the Wires: The Telegraph and the Flow of Public Information in America, 1844–1897* (Harvard University Press, 1994), p. 17 (chart).

州在查尔斯顿港宣布退出联邦的消息，瞬间传到了纽约。"电报的速度，几乎和这项伟大发明本身一样令人惊叹。"《科学美国人》在1852年如此感叹。[1]

一个熟练的电报员能以每秒约3比特的速度发报。[2]这一速度比马背快100倍，可以让信息瞬间出现在任何地方，进一步提高了生活节奏和变革速度。

今天的网络更是火力全开。当网速达到每秒10亿比特甚至更快时——比电报快3亿倍，比马背快300亿倍，变化正朝我们扑面而来。

随着网速的增长，网络带来的变化也在加速。21世纪的网络已经破坏了前人在适应网络变革时有过的各种缓冲。在过去，一个新网络要历经多年，甚至几代人，才能发展到成熟阶段；而如今，网络在还没有成熟到可以取代既有的社会机制和行为方式之前，就已经把它们摧毁了。

无论我们身在何处，数据都在全速飞向我们。在今天的数字无线网络中，信息在飞速传播至用户所需的任何地方。[3]让用户，而非网络，来决定何时召唤信息——这些高速信息或由用户产生，或为用户所需。这是我们正在开拓的这个新时代的特色。

按照定义，网络中心是接收和转发信息的地方。在过去，网络中心指的是铁路车务段、电话总机室、新闻编辑部或生产车间。此刻我们经历的网络革命更多地发生在虚拟世界，而非

1　Standage, *Victorian Internet*, p. 57.

2　用摩尔斯电码输入一个8比特的字母，需要两秒多一点，由此计算出每秒约3比特的传输速度。

3　目前，无线传播速度还远远低于有线传输，但它正在快速接近有线宽带的速度。无线传播更大的价值在于它的无处不在。

物理世界，它不仅让信息成为最重要的产品，而且把接收、转发信息的权力交给了每一位用户。因此，每一位用户都成了一个网络中心，可以自行决定接收哪些信息、与谁互联。每个人都可以生产和发布内容，就好像每个人都是《纽约时报》或全美广播公司。他们也可以在自己选择的任何地方从事基于网络的工作。[1]

在每一个这样的"网络中心"的口袋里，都有一台强大的计算机，俗称"手机"。每一台手机的处理能力，都超过了以往锁在专用房间里的大型计算机。这些口袋计算机有着通用语言，这种语言使得它们传递的信息既独立于传递这些信息的网络，又独立于展示它们的设备。

这一新技术的出现，改变了人与人互联的方式，再次验证了古登堡的智慧。古登堡通过把信息拆分成最小的单位，创立了第一个信息网络。今天，网络已成为连接这些最小单位（即用户）的一个整体。

最早的出版业，集中在少数拥有印刷机和销售渠道的人手中。今天，任何人都可以面向全球发布自己的作品。

铁路把经济活动从个体手工业者转移到了大规模工业化生产机构的手中。今天，技能出众的个体能再度脱颖而出，因为网络将他们直接与大众市场相连。

电报和电话扩大了人们获取信息的范围，但代价，就是人们从此无法远离穿墙而过的电线。今天，不管有没有电线，任何人都可以在任何地方访问无线网络。

---

1 个人用户作为网络中心所做的决策，正越来越多地将他们带到谷歌和脸书这类集中式企业中心，在那里，个人决策被算法取代，而算法总是试图让用户在网络上停留更久，接触更多广告信息。尽管这一趋势削弱了个人对信息出入的掌控，但这类决策仍发生在网络边缘。

　　始于古登堡的机械化信息生产方式，始于蒸汽的发动机动力，始于电报的二进制信息传输方式，共同促成了意义重大的第三次网络革命。和先前的网络革命一样，伴随它的，是动荡、抵制、机遇和不安。

　　历史经验让我们能够预测未来。新网络带来的创新会颠覆社会机制，加快生活节奏。对新事物的需求和传统的流失会带来困惑和挫败感。

　　和那些经历过早期网络变革的人一样，我们的脚下此刻也没有铺好的道路。那些曾经蹚出路来的人，并没有给我们提供"该怎么做"的行动指南，而是变成了一个个地标。这些地标就像领航员口中的"反方位角"[1]，可以为迈向未来的我们提供锚点和引导。

　　先前的网络变革告诉我们，所谓"正常"，不过是难以想象之事的制度化。这些故事告诉我们，在技术引发动荡的时候，最大的危险不是动荡本身，而是死死抓住前一次技术变革带来的舒适想法和制度的人们。非线性思考带来了技术上的变化；而它的成功应用，需要非显著性的创新。

　　当然，挑战在于准确识别非显著性的突破口。本书后几章探讨了新网络引发的一些问题：个人隐私的消失、工作岗位受到威胁、更高的教育要求、信息造假及其超越国界的影响。

　　但首先，让我们来看看历史下过的断言。

　　我们如何连接彼此，定义了我们是谁。人类的历史，就是新的交流手段不断创造新的经济和社会制度的过程。接下来，我们将讲述连接的故事——它是关于我们未来的历史。

1　反方位角（back azimuth）是方位角的投影，与其成 180°，通常用反方位角确定起始位置以瞄准。——译者注

第二部分

断　言

2
最初的信息革命

一阵清冽的秋风，吹得维滕贝格诸圣堂大门上钉着的几页纸沙沙作响。这一天，是公元 1517 年 10 月 31 日，万圣节前夜。第二天，这座与城堡同名的小镇上将挤满庆祝万圣节的人们。

刚刚钉上诸圣堂大门的这几页传单，出自附近奥斯定会修道院的一位修士之手。诸圣堂大门就像这座小镇的公告栏，贴在上面的文字通常是为了在小镇新成立的大学及其修道院里激发神学讨论。但这一次，情况有所不同。这位修士的作品激发的，远不止小镇学者的有限回应，它跳出了诸圣堂大门，引发了整个欧洲大陆的回响。

这位写传单的修士名叫马丁·路德。他的思想能够快速传播，得益于一种新技术。正是这种新技术，创造了一个全新的信息网络。

诸圣堂大门上的传单包含了 95 条论点。其中，路德对天主教会是上帝与众生之间的唯一中介的说法提出了质疑。当时，路德的想法无异于异端邪说。

这类"异端邪说"并非从未出现过，只是在此之前没有得到过很多人的关注。几个世纪以来，神职人员都在提出各式神学理论，但这些思想极少传播到他们布道的教区以外。毕竟，能够传播思想的书籍的生产，被天主教会牢牢控制着。

在路德提出他的想法前，教会对信息的垄断已遭到动摇。路德的幸运之处在于，他的思想诞生时，恰逢一种新的复制和传播信息的商用技术开始大面积流行。活字印刷术的出现，打破了手稿抄写员和他们的神职主管对信息流动的束缚。

于是，张贴在诸圣堂大门上的文字，跳进了小镇商人的印刷机，传入了欧洲各地的印刷厂。路德的思想贴在诸圣堂大门上时，只能随风飘零；但在印刷机的帮助下，它们如旋风般席卷了欧洲。

印刷术让信息以空前的速度传播。在这一过程中，印刷网络让寂寂无闻的维滕贝格修士路德，一跃成为利用大众媒体传道的第一人。

当思想插上翅膀

位于德国东北的维滕贝格小镇，在 16 世纪是一个政治和商业中心。当时一所新成立的大学更让它成了一个学术中心。多亏了大学对各类书籍的需求，新出现的活字印刷术在这座小镇上找到了市场。1517 年末到次年年初，马丁·路德的思想在这一技术的助力下，揭开了宗教改革运动的序幕。

在《95 条论纲》中，路德挑战了当时盛行的正统宗教观念。他质问，为什么普通人只能通过教会接触上帝？如果我们都是上帝的儿女，为什么没有牧师的干预，我们就无法聆听圣父之言？

当这位修士的异端邪说传到罗马教廷时，臃肿而狡诈的教皇利奥十世对此并不怎么在意。历史上对教义的挑战比比皆是，但总是孤立事件，很快就会销声匿迹。[1] 教皇将《95 条论纲》斥为"一个喝醉了的德国人的胡言乱语，等他清醒过来，就改变主意了"。[2] 可六个月后，这位如石头般清醒冷静的修士仍然没有改变主意，此时，他的思想已经插上翅膀，迅速渗透了教皇的整个领地。

当被要求为自己的行为做出解释时，路德有所掩饰。"我的文章……何以被传至如此多的地方，于我而言也是一个谜。"他在一封给教皇的信中解释道。[3] 这种否认并不真诚。路德或许的确惊讶于这些想法的传播速度，但不可能不知道它们是如何传播的。[4] 很快，几乎全欧洲都醉心于他的思想——每一个个体，而不是教会，掌握着自己与上帝的关系。

于是，路德的思想挣脱了此前诸多类似思想的命运——被钉在教堂大门上，在风吹雨淋中枯萎。新兴印刷业带来的经

1　例如，12 世纪的法国牧师彼得·瓦勒度（Peter Waldo）曾试图发起一场宗教改革运动，14 世纪的英格兰人约翰·威克里夫（John Wycliffe）也曾做过类似努力。

2　Stephen J. Nichols, *The Reformation: How a Monk and a Mallet Changed the World* (Wheaton, Ill.: Crossway, 2007), p. 30.

3　Elizabeth Eisenstein, *The Printing Revolution in Early Modern Europe* (Cambridge University Press, 1983), p. 151.

4　路德有几次表示，是一些不具名的朋友将他的论纲交给了印刷商。但这种自我辩护缺乏说服力。

济投机主义，让他的思想飞速传播，挣脱了一切束缚。不久，越来越多由他撰写的评论涌出印刷机，其传播速度之快，以至于他的文章被人们称为"飞行的作品"。[1]

路德不可能对印刷网络的潜力感到陌生。早在 1508 年，他居住的修道院里就出现了一台商用印刷机。这么近距离的接触，无疑让他更了解印刷术，也让他看到了这一技术的潜力。[2]

在张贴《95 条论纲》之前，路德就已利用过他对印刷术的了解。一年前，他为另一位德国传教士的讲道文字加上了自己的评论，说服印刷机的主人将它印了出来。[3]这是他用印刷术传播思想的一次试水。

有趣的是，驱动马丁·路德掀起神学革命的，恰恰是他对印刷业的主要雇主——教会——的厌恶。是印刷术让路德的思想变成了"飞行的作品"，但同样是印刷术，被教会用于印制赎罪券并牟利。正是教会售卖赎罪券的行为，让这位修士奋起挑战了它的权威。

在中世纪，购买赎罪券是一种逃避上帝惩罚的办法。既然教会控制了每个人与上帝的关系，那么普通人必须和教会处好关系，才能得到上帝的垂青。花钱，就是和教会处好关系的一种途径。

1　Nicole Howard, *The Book: The Life Story of a Technology* (Johns Hopkins University Press, 2009), p. 58.

2　1508 年，约翰内斯·罗–格鲁伦贝格（Johannes Rhau-Grunenberg）在维滕贝格小镇开设了印刷坊。当地新成立的大学需要用到大量书籍和其他印刷品。事实上，世纪之交成立的维滕贝格大学，此前已经引发了一场印刷业投资泡沫，光一个小镇就出现了五家印刷坊，导致供远大于求。泡沫破裂之后，小镇对印刷的基本需求仍然存在，这位商人就是被聘请来为这个更理性的市场提供印刷服务的（Andrew Pettegree, *The Book in the Renaissance*, Yale University Press, 2010, p. 92）

3　来源同上。

　　16 世纪初的天主教会非常缺钱。教皇利奥十世是第一位来自美第奇家族的教皇，也是最后一位非教士出身的教皇。据说，他曾宣称："既然上帝赋予我们教皇的地位，那就让我们充分享用它。"[1] 可即位后，他"享用"了仅两年，就耗光了梵蒂冈的国库。教廷处处需要用钱，最起码，圣彼得大教堂的修建就需要钱。

　　就在教皇出现财务危机时，当时的美因茨大主教野心膨胀，已是两个辖区大主教的他还想出任第三个辖区的大主教。尽管教会规定一个人不能同时拥有三个主教头衔，但只要教皇允许，自然可以破例。于是，美因茨大主教和教皇达成了一笔交易，前者许诺向梵蒂冈贡献 1 万达科特，而教皇将特别恩准他出任第三个辖区的大主教。[2]

　　为了筹集这 1 万达科特，美因茨大主教在辖区内大卖赎罪券。赎罪券是天主教会运作多年的一种筹资制度，最早可以追溯到十字军东征的时代，那时教会就开始通过这种方式筹款，信众被告知购买赎罪券可以使他们避免死后下地狱。不过这一次，美因茨大主教更进了一步。为了确保能筹到足够多的钱，他放大了赎罪券的"效力"，告诉信众们，购买赎罪券不仅可以保自己平安，还能让死去的亲人摆脱炼狱之苦。

　　"当你乱花钱时，你能听见你死去的亲人们在炼狱中发出的惨叫吗？"当时的赎罪券广告如是说。一位颇具戏剧天赋的修士甚至写了一首打油诗来促进销售：

1　据说这是教皇利奥十世对他的兄弟朱利安诺所说。（William Samuel Lilly, *The Claims of Christianity*, 1894, p. 19）

2　Pettegree, *Book in the Renaissance*, p. 93.

> 硬币叮咚掉进钱箱
>
> 灵魂即刻超脱炼狱 [1]

如此强大的宣传攻势，意味着赎罪券定会大卖特卖。这对印刷商来说无疑天赐良机。印刷赎罪券是最赚钱的活儿。如果能把每次印出来的赎罪券全部卖给同一个买家，那就再理想不过了。于是，赎罪券被大量印刷。据估算，当时整个欧洲打着各种各样的名号印刷的赎罪券，多达数十万张。[2]

然而，印刷商眼中"来自天堂的甘露"，在马丁·路德看来却是一种罪恶。在安静的修道院中，在神学课堂的刺激下，路德早就开始在私底下探索普通人可否不经过教会，直接与上帝对话。

赎罪券的畅销促使路德将他的想法公之于众。教会用上帝的恩典牟利的做法曾让路德惊骇不已。起初，他试图通过更传统的方式，写信给大主教。当然，这位大主教正是那位企图用赎罪券扩大辖区的大主教。发现此路不通后，路德把自己的想法钉上了诸圣堂大门。

在敬神之处贴出挑战教会权威的文字，在当时其实没有那么强烈的反抗意味，就和在社区公告栏上贴一张告示差不多。诸圣堂大门上早已布满钉眼，贴上去的文字通常只是为了在当地学术界引发讨论。[3]

---

1 Nichols, *Reformation*, p. 29.

2 Pettegree, *Book in the Renaissance*, p. 94.

3 最近的学术研究已经开始质疑路德将论纲钉在诸圣堂大门上这一故事的真实性。不考虑这一争论，印刷术在路德思想的广泛传播中起到的作用是毋庸置疑的。事实上，如果路德最初没有公开展示论纲，论纲内容却被印刷商获得，反而更能说明路德与印刷商之间的共谋关系。

难怪教皇对此不以为意。这些论文通常用拉丁文写成，只有受过良好教育的人才看得懂，更别提只有在维滕贝格的人能读到这些异端邪说了。

但这一次，上足油墨的印刷机开动起来。仅仅用了 15 天，路德的拉丁文就被译成大众看得懂的德文，传遍了德国。[1]

这位修士，遇见了他的媒介。

在 16 世纪初，已有 60 个德国城镇出现了商用印刷。欧洲其他地方也出现了类似的行当。[2] 和其他所有行业一样，印刷商们也在不断寻找可以用于生产和销售的新产品。在现代历史中，报纸煽动争议事件来提升销量的例子随处可见。16 世纪也没什么不同。对正在寻找商机的印刷商来说，路德的文章完美契合了他们的需求。[3]

这位一举成名的修士和他的作品，成了印刷商的摇钱树。在广受欢迎的《95 条论纲》后，路德又把《论赎罪券与上帝恩赐》一文寄给了印刷商，进一步阐述他的思想。对赎罪券直接开炮，让此文成为路德最畅销的作品，仅 1518 年它就重印了 14 次，在 1519 到 1520 年间又重印了 8 次。[4]

在找到自己的声音和媒介后，路德变得十分多产。《95 条论纲》发表后一年里，他发表了 18 部新作品，绝大部分用大

1　Lucien Febvre and Henri-Jean Martin, *The Coming of the Book* (London: Verso, 1997), p. 290.

2　Rossiter Johnson, ed., *The Great Events by Famous Historians*, vol. 8, *The Later Renaissance: From Gutenberg to the Reformation* (London: Aeterna Publishing, 2010), p. 18.

3　对于印刷是否催生了宗教改革，学界一直有不同的声音。尽管这类争议是有趣的历史探索，但并不有助于我们的理解。事实是，路德经印刷网络传播的思想有如甘霖，落在了一块等待浇灌的干涸土地上。

4　Pettegree, *Book in the Renaissance*, p. 95.

众使用的语言写成。他用德语，而不是教会偏爱的拉丁文写作，大大拓展了自己的读者群，提高了作品的印刷量。很快他就把一整本《圣经》译成了自己的母语并出版，让普通人也能解读上帝的教义。1522 年，首版德语《新约》在几周内被抢购一空。在此后的两年里，这本书在德国重印了 80 次。[1]

"赎罪券市场同互联网泡沫一样急速崩盘。"一位现代观察者如此评论。[2] 但曾把教会当作金主的印刷商们对此毫不在意，因为他们有了路德。据估算，1518 到 1525 年间，在德国印刷的所有书籍中，有三分之一是马丁·路德的作品。[3]

重组旧事物

活字印刷为路德提供了媒介，而这一技术的发明，本身已堪称奇迹。

几个世纪以来，人类都在无限逼近这一技术的最终诞生。到了 15 世纪，活字印刷所需的各种要素，都已经以这样或那样的方式存在了。可将它们排列组合在一起，无异于让中世纪的人玩魔方。

螺旋压力机早已不是什么新鲜事物。早在古罗马时期，人们就用它来榨取葡萄汁和橄榄汁。

把字母雕刻出来、按顺序排列在一起、刷上油墨、压出印痕的技术，中国人早在 11 世纪就首先发明了出来。尽管 16 世纪时这一发明还未传至欧洲，但显然已不是人类无法想象

1　Febvre and Martin, *Coming of the Book*, p. 294.

2　John Man, *Gutenberg: How One Man Remade the World with Words* (Hoboken, N.J.: John Wiley & Sons, 2002), p. 273.

3　来源同上，p.276。

之事。

早在 12 世纪，廉价的纸张就已从阿拉伯国家传至欧洲，而阿拉伯人早在 8 世纪就从当时中国的囚犯那里学会了造纸术。

自人类开始在纸上写字，墨水就已诞生。将煤灰和各种各样的液体混合在一起制作墨汁，并不是什么革命性的突破。

虽然这些既有技术从未被组合在一起，但这并不意味着活字印刷就是它们的简单组合。一个问题的解决，常常会带来另一个问题。构想出一个方法来综合使用这些既有技术以实现机械化打印，是一项巨大的智力挑战。事实上，为了使这些技术相互之间配合得天衣无缝，对每一项技术的微调大大增加了这项挑战的难度。

比方说，螺旋压力机不只是需要施加压力。在印刷的全过程中，压力必须均匀分布，否则某些区域的文字看上去就会比其他区域的文字更浅或更模糊。

每一个字母的大小和形状必须始终保持一致。没错，中国人首先将他们的文字刻成了活字（从最初的黏土发展到后来的金属活字），但他们的印刷成品不够统一，每一个活字印出的字符看上去都稍有不同。

当时大部分纸张过薄，吸水性太强，无法双面打印。想象一下，这就像试图把文字印在卫生纸上！

而且，当时的水性墨也无法稳定地附着在金属字模上。

逐一解决压力机、纸张、墨水、活字等环节的问题，让它们无缝衔接，成了一位德国金匠十几年来孜孜不倦的追求。他正是约翰内斯·根斯弗莱施·古登堡（Johannes Gensfleisch

Gutenberg）。[1] 他所面临的挑战的艰巨性，以及他的创意的革命性，可以从 1439 年的一场官司的相关记载中一窥究竟。

古登堡的创意是如此大胆，实现这一创意的过程又是如此具有革命性，以至于在 1438 年，他和三位合伙人签订了一份协议，规定所有参与者必须严格保守这一技术的秘密。他们的"秘密技艺"是如此特殊，以至于这份协议还进一步规定，如果任何一位合伙人去世，这一秘密也不能传给其继承者。

这份协议签订后不到一年内，一位合伙人就不幸死于黑死病。

正如其他合伙人担心的那样，这位合伙人的几位兄弟很快就试图继承他的股份，并强行掌握这项秘密技艺。这几位兄弟提起了诉讼，而审判结果将决定他们能否拥有死者的股份。正是这场官司的法律文书，确认了古登堡是活字印刷术的发明者。[2] 这些文书还显示出古登堡费了多大功夫来保护自己的工作成果。

尽管在法庭上，证人们尽可能用模糊的语言来描述这项技术，但我们仍能从证词中看出，古登堡的秘密技艺，就在于他为解决某个难题付出的努力——这一难题，就是活字印刷的各环节该如何相互配合。他的创意是如此天才，以至于当他和合伙人面对法律制裁的威胁时，他下令销毁了自己的工作成

1　古登堡并非当时唯一研究印刷术的人。历史上记载了其他做过类似尝试的人，包括荷兰哈勒姆的劳伦斯·扬松·科斯特（Laurens Janszoon Coster），也许还有更多类似努力没有被记录下来。不过，古登堡的印刷术无疑是首个被大规模应用的印刷术，因为他遭遇的官司，它也是记录最详细的印刷术。

2　Albert Kapr, *Johann Gutenberg: The Man and His Invention*, translated from the German by Douglas Martin (Aldershot, U.K.: Scolar Press, 1996), pp. 75–81.

果，以免它们落入他人之手。

约翰内斯·古登堡出生于中世纪一个新兴的中产阶级家庭。他的父亲是德国美因茨的一位金匠，获得当局许可以铸造钱币维生。约翰内斯跟随父亲的脚步学习了冶炼金属的技艺。

约翰内斯是一个能干的匠人，也是一位企业家，而当时的企业家正在成为新兴的中产阶级。他做过许多生意，其中之一是买卖葡萄酒，这让他近距离接触到了用来压榨葡萄的螺旋压力机。他有过一次失败的创业经历，其中很有可能用到了螺旋压力机，并且让他接触到了如何锻造熔化的金属。正是这次创业经历，让他遇到了后来与他一起被卷入官司的那几位合伙人。

这几个合伙人最初的商业计划，与印刷毫无关系。他们的计划很简单：利用天主教会的一项古老传统赚钱。当时的教会会在一些特殊的日子展出圣髑——圣人的遗体、遗骨或他们使用过的物品，来让信众相信教会有连接圣人乃至基督的能力。信众们被告知，他们如果亲眼凝视这些圣髑，就能从这些圣物中汲取能量。于是，每一次圣髑展示日都吸引了大批信众前来朝圣。

中世纪最著名的圣地之一是亚琛（位于今法国斯特拉斯堡西北约 160 英里处），据说此处保存着查理曼大帝的遗体、婴儿基督的襁褓、基督在十字架上的缠腰布，以及其他一些圣髑。[1]这些圣髑每七年展出一次，在为期两周的展期内，每天有近 10 万信众慕名前来，试图从远处一睹圣物。在 1432 年的那次朝圣中，信众们相信，如果能用曲面镜捕捉圣髑的反

1　Diana Childress, *Johannes Gutenberg and the Printing Press* (Minneapolis: Twenty-First Century Books, 2008), p. 35.

光，那么这面镜子就能吸收并储存圣髑辐射的能量。对古登堡来说，这一信念，意味着发财的机会。

古登堡当时居住在斯特拉斯堡郊外的圣阿博加斯特，他制定了一项商业计划：制作曲面镜，把它们卖给将在1439年前来朝圣的大批信众。制作镜子在当时已非易事，而曲面镜的制作更是难上加难。面对这个挑战，古登堡家传的金属冶炼技艺派上了用场。为了筹集足够多的资金购买和加工所需的原材料，他找了三位合伙人。

不幸的是，与当时的许多商业计划一样，古登堡的这一计划也与命运之神失之交臂。黑死病的暴发导致1439年的朝圣被取消，给古登堡和他的合伙人们留下了一大堆原材料和一些半成品。

不过，他们的合作关系并没有就此终止。制作曲面镜是否给他们提供了活字印刷的灵感，今天的我们只能依靠猜想（毕竟，制作曲面镜也需要用压力机压出曲面，还会用到熔化的金属，而这两项技术都是活字印刷所需的）。但我们可以肯定的是，某些事情的发生，让几位合伙人签署了一份新的五年合同并投入了更多资金。正是这份合同被送上了法庭，等待着法官来决定古登堡能否保住他的秘密技艺。

当法庭宣布古登堡胜诉时，古登堡获得了两方面的胜利。一方面，觊觎者被挡在了门外，古登堡和他的合伙人得以按最初价格买回死者持有的股份。另一方面，除了用最隐晦的方式，任何一位可能对古登堡的创意稍有了解的证人都被禁止谈论这些技术。不过，这些证词仍然显示出，古登堡的技术实验使用了压力机，涉及金属的冶炼、某种叫作"排字板"的东西和由"两个螺丝"拧在一起的"四件套"。[1]

古登堡履行了自己对合伙人的承诺，在斯特拉斯堡待了五年。在这段时间，他断断续续地进行着自己的实验，但没有取得突破。在合约到期后，他离开了斯特拉斯堡。

1448 年，古登堡回到了他的出生地美因茨——乘船从斯特拉斯堡沿着莱茵河北上两天就能抵达。十多年来，他孜孜不倦地埋首求解活字印刷的"魔方"。终于，他在美因茨找到了最佳方案。

15 世纪的欧洲流行的是雕版印刷。人们将整整一页的字母和图片刻在一整块木头上，着墨后将其压在纸上，就能印出一张完整的书页。[2] 这一技艺的问题在于，雕刻木板的过程费时费力，而且木板吸墨，容易导致印刷效果不佳。

不对整张书页做处理，而是把每一页视作众多小信息的集合，这在西方思想界不啻一个革命性的创意。[3] 不过，即使有了这一突破，技术上的挑战仍然存在，也就是如何为同一个字母制作一批完全相同的活字，以及如何将它们拼接在一起，达到与雕版印刷一样的效果。

当时的人们已熟练掌握在冲头上雕刻活字的做法，给手抄书的皮革封面压印浮雕图饰，在硬币模具中压出花纹，都要用到这种技术。但由于每一个活字都是手工雕刻的，它们很难一模一样。每一个活字的雕刻都费时费力，也限制了这些活字的

1　Man, *Gutenberg*, p. 76.

2　如果要更准确地使用术语，"印刷"（printing）这个词指的是雕版印刷，而古登堡发明的是"活字印刷"（typography）。本书使用的"印刷"一词，指用浮凸的活字将墨印在纸上的技术。

3　其他人也有过将文字拆成单个字母的想法，但他们通常将一整段文字整体铸模，成品仍然类似雕版印刷。（Febvre and Martin, *Coming of the Book*, p. 31; Man, *Gutenberg*, pp. 116 –19）

生产规模。

不过，如果用一块较软的金属为冲头塑模，那么这块金属就可以被用作母版。将熔化的金属倒入这个母版，就可以浇铸出和这个冲头一模一样的活字。这一做法本可以解决批量生产活字的问题，但古登堡又遇到了一个新障碍：金属冷却时的收缩，会让从同一个母版中浇铸出来的活字稍有不同。让问题更加复杂的是，在制作母版的过程中，哪怕最微小的差异也会体现在用它浇铸出来的活字上。冲头敲击金属块的角度和力度稍有不同，就会导致母版之间产生差异，进而影响活字的一致性。[1]

即使把所有的问题都解决了，古登堡还得想办法解决其他棘手的问题，比如不同字母的宽窄不同。显然，字母 m 比字母 i 宽，大写的 M 比小写的 m 宽。但这些字母被排列在一起时，它们之间的间隔应当保持一致。

难怪古登堡花了超过十年的时间反复试错。活字的浇铸只是他的挑战之一。要实现其他创意，他必须取得更多的突破。

中世纪制作内衣的原材料发生的变化，帮助古登堡解决了其中一个难题。[2]自从人类懂得穿衣覆体后，羊毛一直被用来制作内衣。但到了 12 世纪，亚麻开始取代羊毛。对穿衣者来说，这本身已是一个巨大的进步。这一变化还带来了一个意想不到的效果——它催生了废弃亚麻布料的交易，而这些废弃亚麻布料为造纸提供了大量廉价原材料。[3]

造纸的成本降低、质量提升，固然是件好事，但纸张的质

---

1 Nicole Howard, *The Book* (Johns Hopkins University Press, 2009), p. 37.

2 Febvre and Martin, *Coming of the Book*, p. 31.

3 来源同上，p. 35。

地又带来了一个新问题。由于质量不够稳定，早期用废弃亚麻布料造的纸，都需要对其表面做再处理，使其更强韧，不易渗墨。经过这种硬化处理的纸张，在手抄员的羽毛笔下没有遇到问题，但很难吸收印刷机上的油墨。更多的实验表明，潮湿的纸张更容易吸收油墨。于是，古登堡面临的挑战就变成了如何确定最理想的纸张湿度，并设计一套流程，能打湿待印刷的纸张，在印刷完成之后再使其干燥。[1]

古登堡的解决方案，是将潮湿的纸张和干燥的纸张交叉叠放，然后将这一整沓纸置于印刷机上，重力使水分从潮湿的纸张渗入干燥的纸张。然而，和古登堡的其他许多解决方案一样，这样做又带来了新的挑战。纸张只能在一段时间内保持潮湿，稍久一些就可能破裂并失去强度。而这段时间的长短，随着印刷车间的外部气压不断变化。

墨水的使用也遇到了难题。当时市面上有大量用于手抄的墨水。这些墨水很容易从羽毛笔的尖端顺利流出，但这也意味着它太稀了，很难附着于金属活字上。在反复实验后，古登堡得出了这样一个结论：他需要的是一种黏附力较强的油性墨。他在当时佛兰芒艺术家使用的清漆状颜料中找到了答案。这是一种把煤灰、煮沸的亚麻籽油、熔化的铅和氧化铜混合在一起的墨水，能很好地附着在金属活字上。

如何给金属活字上墨，又是一个挑战，这需要一个全新的解决方案。如何确保油墨不卡进字母的缝隙，比如字母 e 和 b 的小洞？为此，古登堡设计了一种上墨球。这种皮质球插在手柄上，就像切了一半的西柚，里面塞满羊毛或毛发。工人们先

1　Man, *Gutenberg*, p. 136.

拿着它在油墨盘里蘸一蘸，然后在活字上滚一滚，就能让油墨均匀地附着在活字最表层而不会卡进缝隙里。[1]

在此之前的雕版印刷，其实更接近印染。要想让成像更清晰，就需要施加更大的压力。螺旋压力机的技术原理并不新鲜，但把这种压力机用在印刷中时又产生了新的问题。在用来榨葡萄汁的压力机里，就算靠近边缘的葡萄和位于中心的葡萄受到的压力不一样，也没有什么关系；但在印刷中，哪怕是最后一行的最后一个字母，也必须受到和其他所有字母完全一样的压力，否则成品看上去就会深浅不一，不够清晰。类似地，在榨汁时，即使压板水平滑动，也不会影响葡萄汁的口感；但在印刷中，哪怕是最细微的水平滑动，也会弄脏页面。

古登堡在反复实验后发明了一种上压板，它可以从上往下向整个纸面均匀施加压力。这是古登堡不断试错后对又一种既有技术做出的改进。

上述所有技术，无一不具挑战性。不过，古登堡面临的最大挑战，是生产完全相同的活字，再将它们排列在一个版面上。

我在前文中已提过，金属在冷却时的收缩，使得同一个母版浇铸出来的活字稍有不同。古登堡的解决方案，是向熔化的锡和铅中加入锑。[2]锑在冷却时会膨胀，让合金撑满母版，这样就能确保每次浇铸都能得到完全一样的活字。但是，锑有剧毒。古登堡需要把合金加热到600华氏度（约315.6摄氏度）以上，这一过程产生的蒸气也是有毒的。

就算每一个活字的形状都完全一样，不同的字母宽窄不同

1　Childress, *Johannes Gutenberg*, p. 56.
2　这样产生的合金含有 5% 的锡、80% 的铅和 15% 的锑。

的问题和让它们的高度保持一致的挑战也仍然存在。所有尝试过缩短桌子腿的人都知道，通过锉短一个字母让它与其他字母一样高，是一件几乎不可能做到的事情。哪怕高度只有细微的不同，也会让一个字母与其相邻的字母格格不入。

古登堡发明了一个由四块零件组成的手持铸字盒，解决了上述两个问题。这个铸字盒由两个L形组件拼接而成，把母版插进铸字盒底部，根据字母本身的宽窄调整母版的宽度，就可以调整浇铸出的活字的宽度。首先，用一根金属线圈将铸字盒绑紧，然后在浇铸时将熔化的合金注入铸字盒，松开金属线圈，让两个L形组件脱落，就可以得到一些一模一样的金属活字。还记得那场诉讼中证人们提到的由"两个螺丝"固定的"四件套"吗？他们提到的古登堡在早期研究中发明的制作活字的工具，可能正是这个铸字盒的雏形。

至此，古登堡已经解决了那些最棘手的问题，他可以让合金在冷却时膨胀而非收缩，进而浇铸出一模一样的活字，还可以采用手持铸字盒来确保所有的活字高度一致。但是，余下的挑战同样令人烦恼。在成功把一张书页拆分成最小单元后，他必须再把这些最小单元重新组合成一张完整的书页。

1439年的那场官司的相关记载中，还出现了一个叫作"排字板"的东西。这是一个能牢牢固定一整版活字的框子。这个木质框子三边钉死，只有一边打开，工人们从这里将活字一排排插入。他们在每一行末尾插入不同宽度的空白活字来对齐每一行。全部排满后，木框的第四边也被合上，再插入一些小木片作楔子，让整块排字板固定紧密。虽然这块排字板看上去是一整块，但和雕版不同，它事实上是一些最小单元的临时组合。

到 1450 年左右，古登堡的印刷机开始印刷成品。[1]他的第一个商业印刷品可能是一本 28 页的教科书——一本由埃利乌斯·多纳图斯（Aelius Donatus）用拉丁文写成的文法书。

成功了！

我们有必要在此停留片刻，细细回味古登堡的成功。

想象一下，在他的第一部印刷品被装订成册的那一刻，约翰内斯·古登堡体验了怎样的狂喜！

为了实现自己的构想——一张集合了所有字符的书页，他花费十多年的时间打磨他的"秘密技艺"——这不仅包括一种开创性的印刷流程，还包括每一个环节上无数次的微调，这些微调让整个印刷过程平稳流畅地进行。

他做到了。他的成功，凝结在了这本 28 页的拉丁文文法书中。

成百上千张书页被快速印刷出来，每一页都质量上乘、一模一样，这是西方世界前所未有的景象。这是一个值得回味的时刻，十多年来孜孜不倦地求索，终于结出了果实——具有变革性的活字印刷术。

不幸的是，这种喜悦没能持续很久。

古登堡的印刷工坊印刷过不少面向大众市场的印刷品，目前发现的最早的印刷品是教皇在 1454 年颁布的一种赎罪券。[2]不过，在花了十多年的时间使活字印刷臻于完美后，古登堡似

1　人们已经发现了在此之前古登堡的一些试印品的残片。这些残片被回收压制成精装书的硬壳封面。

2　James Thorpe, *The Gutenberg Bible* (San Marino, Calif.: Huntington Library Press, 1999), p. 26.

乎并不满足于印刷一些普通印刷品。他想建立一座丰碑。这座丰碑，正是后世所说的"古登堡圣经"。

但这本书，也预示了他命运的转折点。

从经济层面来看，当时的印刷工坊需要大量的资本投入。印刷商需要买进大量原材料，把它们存在仓库中，以备生产可用于销售的印刷品。印刷长达 1275 页的《圣经》尤其如此。古登堡计划一次性印刷 175 本《圣经》（其中有 135 本印在纸上，另有 40 本印在牛皮上），这需要耗费 5000 张牛皮和 25 万张纸。[1]这些投资还不包括活字的制作成本（他专门为印刷《圣经》设计了一套新字体），不包括油墨和新设备的成本（他为此建造了第二间工坊），也不包括聘用和培训印刷工人的成本。

为了筹措资金，古登堡找到了一位名叫约翰内斯·福斯特（Johannes Fust）的美因茨商人。福斯特之前就借给了古登堡 800 枚银币，用于搭建第一间印刷工坊。因此，在第二次出借 800 枚银币时，福斯特希望从古登堡那里得到更多的担保，也就是古登堡的《圣经》印刷工坊及其中的设备。如果古登堡无力偿还这笔贷款，那么这间作为担保物的印刷工坊就会归福斯特所有。

1455 年，就在这批《圣经》即将印刷完成并给古登堡带来收益时，福斯特催债了。加上利息，古登堡总共需要偿还 2026 枚银币。显然，古登堡无力偿还。他的资产完全套在了那批尚未出售的《圣经》和他耗费十多年心血打磨的活字印刷术上。

1　James Thorpe, *The Gutenberg Bible* (San Marino, Calif.: Huntington Library Press, 1999), p. 29.

约翰尼斯·福斯特因此成了当时世界上最大的一批《圣经》和制作它们的印刷设备的新主人。他和他的女婿彼得·瑟法（Peter Schöffer，也是古登堡的助手）接手了古登堡的印刷工坊。

在这一精明之举后（有些人可能认为这很歹毒），福斯特尝到了报应。经常被后人提起（但很可能是杜撰）的一个故事，与他如何试图卖掉这一批《圣经》有关。当时最好的市场，当然是拥有最多大学和最多学生的欧洲城市。于是，福斯特带着他并不正当的所得前往巴黎。据说，他将其中一本牛皮版《圣经》卖给了国王，另一本卖给了巴黎大主教。纸质版《圣经》则被卖给了地位稍低的神职人员和普通信众。

但是，福斯特显然没有透露这些《圣经》的制作过程。当得意扬扬的大主教将自己的那本《圣经》展示给国王看时，两个人都惊讶地发现，除了一些手绘彩饰，这两本书的每一页都一模一样。他们将巴黎图书生产商协会（图书馆、装订商、插画师、作家、造纸商联合会）召进宫，要求他们给出一个意见。

在一番专业检查之后，这些书被证实并非手抄而成。受到新技术威胁的手抄员们认为，这种完美的书写质量，只可能由可疑的手段实现。于是，教会宣布，这些完美的复制品只可能出自魔鬼之手。

约翰内斯·福斯特因此被指控为异端。面对被绑在火刑柱上烧死的威胁，他逃跑了。[1]

1　Eisenstein, *Printing Press*, p. 49; Febvre and Martin, *Coming of the Book*, p. 28; Johnson, *Later Renaissance*, p. 28. 如果这个故事是真实的，那么这一段经历并没有吓倒福斯特，他后来带着他的印刷品重返巴黎。有证据表明，福斯特在1466年死于黑死病，当时他正在巴黎售卖他的印刷品。（Eisenstein, *Printing Press*, p. 50 n）

第一次信息革命

比约翰内斯·古登堡的不懈追求更堪称奇迹的，是他的发明产生的影响。古登堡的技术突破好似一句"芝麻开门"，让原本被锁住的信息开始自由流动，它打开了发明、创新和知识扩张的大门，让此后所有的科技进步成为可能。思想的繁荣，又激发出更新的思想和创意。

几个世纪以来，教会和贵族仿佛罗马门神雅努斯一般看守着知识。知识由手抄室里的修士抄写和保存，大多数时候只能在教堂和城堡的图书室里找到，只为它们的主人服务。对知识的垄断让教会和贵族保护了他们的权势，而现在，他们的地位受到了在欧洲各地涌现的印刷网络的挑战。

随着信息复制的成本大幅下降，信息的数量大大丰富起来。据估测，手抄一本书的成本，比印刷这本书贵 300 倍。[1]随着人们能够更便捷地获取思想，思想之间开始出现更多的竞争，这让更多人加入了思考的大军。新近加入思考阵营的人们用辩论和异议挑战彼此，碰撞出更多的思想。这一自我驱动的过程不断拓宽着知识的边界。

印刷的出现，让西方文明进入了发明、创新和扩张的黄金时代。

知识开始传播。不论去哪里，背包和鞍囊中的书籍、小册子和传单都会把知识传播到那里。在这种流动中，一个印刷商生产的书籍，会为其他印刷商提供灵感。如果某个城镇的印刷商觉得来自远方的某本书定会大卖，自己也开始印刷这本书，

1　Jane Gleeson-White, *Double Entry: How the Merchants of Venice Created Modern Finance* (New York: W. W. Norton, 2011), p. 70.

就能进一步扩大新创意和新思想的传播范围。

知识得以永存。手抄书承载的知识是脆弱的，甚至转瞬即逝。战争、疾病、饥荒等灾难频发，不仅会毁坏承载这些知识的书籍，还有可能毁灭能够将知识传递下去的几代人。但如果一本书有成百上千个副本散落在世界各地，那么知识被保存下来的可能性就大大提高了——这意味着，知识变得更有韧性了。

古登堡对历史的馈赠，体现在了文艺复兴上。[1]

当古罗马帝国在公元476年灭亡时，帝国治下由贸易驱动的经济体也崩溃了。连伟大的罗马城也开始衰落。城里的商业活动不断萎缩，由它们支撑的文学和对其他知识的探索也随之失去了生命力。

在那之后，知识被教士、修士和他们的贵族赞助人封存在手抄室和图书馆里。被誊抄在牛皮纸上的思想，很难对那些支持教士阶层的人造成什么颠覆性的影响。而活字印刷术的出现，刺激了个体的经济行为——印刷商不断发掘新思想，将它们印刷成册并销售盈利，打破了思想领域的一潭死水。对利益的追逐，使得复制信息这项工作，从信息看门人的手中转移到了信息传播者的手中。

其结果，就是人类的第一次信息革命。印刷商可以一次性印出数百本完全相同的书籍，让它们承载的知识更有可能长期保存，将思想的种子播撒开来。

活字印刷创造出一个鼓励传播、讨论和辩论的新世界，

1　古登堡发明活字印刷术时，文艺复兴运动已经在意大利北部兴起。因此不能说是印刷术"导致了"文艺复兴，但印刷术毋庸置疑地推动了这一运动的传播。

它本身也刺激了新思想的产生。印刷创造出一个让人们发声的平台，它让今天我们熟知的科学方法——提出假设并论证它——被用在了更广泛的领域。

在古登堡发明活字印刷后，印刷工坊用了不到半个世纪就遍布欧洲的所有主要城市。印刷像病毒一样扩散，一开始很慢，但后来不断加速。它带来了一场信息大爆炸。活字印刷术发明后头 50 年里印刷书籍的总量，超过了之前 1000 年里手抄书的总量。[1]信息及其承载的知识，传播至人类生活的每个角落，孕育了思想的大繁荣。

在 14 世纪中期发端于意大利北部的文艺复兴运动，在 15 世纪中期借助古登堡的发明广泛传播。被遗忘或已腐烂的拉丁文手稿被拯救出来，通过印刷重见天日。这些古希腊和古罗马的人文主义书籍，进一步促进了思想的交流。

如果没有印刷的力量，这场思想的大繁荣恐怕还只能局限在意大利北部，或者只能以缓慢的速度传播。正如一位观察者所说，文艺复兴是"一个'去分散化'时期：这场运动打破了中世纪让事物井然有序但将它们分隔开来的各种屏障"。[2]低成本的信息复制，正是打破这些屏障的工具。

今天的人们将文艺复兴视为一个美妙无比的时代，但与我们的想象大为不同的是，对亲身经历过那个时代的人来说，它一定毫无美妙可言。那个时代的各种发明与"复兴"都极具破坏性，颠覆了人们的日常生活。古登堡也许扩大了人们探寻知

1　Eisenstein, *Printing Revolution*, p. 13.

2　Erwin Panofsky, "Art, Science, Genius: Notes on the 'Renaissance-Dämmerung,'" in *The Renaissance: Six Essays*, ed. Wallace K. Ferguson (New York: Henry Holt, 1962), p. 128, cited in Eisenstein, *Printing Revolution*, p. 140.

识的范围，但这种改变动摇了每个人既有生活的稳定感和安全感，无论他身处哪个阶层。

大众媒体第一次出现了。各种变化及其催生的新思想，为印刷媒体提供了大量素材。印刷商们不断寻找可印刷的文本，古希腊和古罗马时期的经典著作被重新印刷并传播。文艺复兴时期的学者从这些经典中汲取智慧，提出自己的观点，激发出一场有关哲学、科学和艺术的大辩论。它由媒体驱动，热闹非凡，有着强烈的人文主义色彩。

思想滋生新的思想，带来更多的商业机会，这些机会反过来刺激了更多思想的碰撞。不断追求新内容的印刷商鼓励人们写下新思想，这不仅带来了人文和科学观念的变化，还重塑了商业形态。

1494 年，方济会修士卢卡·帕乔利（Luca Pacioli）撰写的《算术、几何和比例》一书，将威尼斯商人和银行家用得炉火纯青的复式记账法介绍给了全世界。帕乔利将金钱解释为一个数学命题（资产 = 负债 + 权益），向世界展示了如何在纸上"创造"财富。由此得到的财富，为探索、创新和扩张提供了资金。[1]

不断改进的印刷技术提高了印刷品的稳定性和传播效应，给商业带来了远比普及记账法更为深远的影响。通过印刷品，人们可以交换造船领域的创意和经验，不断改进技术，让船坞造出体形更大、航行距离更远的船只。通过同样的方式，人们不断交流和改进地图的绘制技术，这又扩大了这些船只的航行路线。

1　Gleeson-White, *Double Entry.*

大型船舶的主人迫不及待地汲取着印刷品带来的新信息。克里斯托弗·哥伦布（Christopher Columbus）到达西班牙后不久，就购买了几本新的地图集。其中首次印刷的《世界影像》提出了一些有关海洋边界的新理论。哥伦布在试图说服西班牙皇室资助他的远航计划时，就拿出了这本书以及其他一些书佐证他的设想。[1]

今天我们习以为常的很多事物，最初都是由印刷品带来的。比方说，随着造船工艺和航行技术不断改进，英国生产的羊毛制品开始流入意大利，冲击了后者的纺织业。意大利纺织业只得寻找自己的独特优势，转而制作更高端的纺织品；意大利将这一优势一直保持到了今天。

初次接触书籍的消费者常常发现自己是远视，需要戴眼镜阅读。这种对光学镜片的新需求，激发了光学领域的实验，推动了显微镜的发展和细胞生物学的发现。[2]

类似地，今天生活中随处可见的统计分析——从电视节目收视率到民意调查，再到保险费的计算——都始于 16 世纪印刷出版的人口普查结果。[3] 一度作为合同书写语和教会用语的拉丁文，也因印刷走向没落。印刷商纷纷出版用各地方言书写的读物来尽可能地扩大读者面，这使掌握拉丁语不再成为人们获取文字信息的先决条件。[4]

印刷还改变了统治者与被统治者的关系。任何一个人都有

1　Toby Lester, *The Fourth Part of the World* (New York: Free Press, 2009), pp. 250–52.

2　Steven Johnson, *How We Got to Now: Six Innovations That Made the Modern World* (New York: Riverhead Books, 2014), p. 4.

3　Tobias Dantzig, *Number: The Language of Science* (New York: Plume, 2007).

4　Marshall McLuhan, *The Gutenberg Galaxy* (University of Toronto Press, 1962), p. 228.

可能直接掌握科学知识，这不可避免地带来了这样一种观念：只有人民——而不是王公贵族——能决定什么是真理。[1]正如被印刷成文的科学辩论能进一步刺激科学探索，印刷也刺激了政治辩论。但印刷对政治的影响更大：它让政治决策变得更精确、更持久、更普适。装订成册的法律条文被分发给被统治者，供其使用，催生出一个基于先例的成文法体系。更重要的是，白纸黑字的法律文书让被统治者能够监督司法，这使民众已被赋予的权利几乎不可能再被剥夺。[2]

打倒新事物！

正是因为缺少类似印刷机的信息工具，此前的人们没能留下可以大规模传播的历史资料，来帮助印刷时代的人们更好地理解他们曾经历的变化。因此，反对变革的人很自然地将矛头指向了变化背后的驱动力。新技术的诞生，以及随之而来的潮水般的书籍，给某些人带来了麻烦，必须加以铲除。

活字印刷术在面世初期，曾得到权贵阶层的称颂。古登堡故乡的大主教将印刷版《圣经》称为"神圣的艺术"。[3]印刷商们不仅印刷出更多的《圣经》，还以低廉的价格印刷出海量能给教会带来收入的赎罪券。文字能以低廉的价格被复制，也使教会的官方文件更为一致，人们再也不用担心手抄本中的抄写

1　Jonathan Sallet, "Technology and Democracy: Dynamic Change and Competition," Twelfth Annual Aspen Institute Conference on Telecommunications Policy, Competition, Innovation and Investment in Telecommunications, August 11, 1997.

2　Eisenstein, *Printing Revolution*, p. 83.

3　Benson Bobrick, *Wide as the Waters* (New York: Penguin Books, 2001), p. 86.

错误或教义上的地域差异。[1] 即使是贫穷偏远的教区，也能用上和中心教区一样的教义和教规。

然而，不受控制地获取信息，很快就开始挑战教会和国家的稳定。陷入困境的当局试图压制这种信息叛乱，保住自己的地位。1475 年，古登堡的第一批商业印刷品面世仅 25 年后，教皇就授权科隆大学（距离美因茨不到 90 英里）审查书籍和它们的读者。11 年后，那位曾经称赞过活字印刷术的美因茨大主教下令审查所有书籍。最终，他颁布法令，任何未经事先批准就出版书籍的人都将被逐出教会。其他欧洲国家当局也下达了类似指令。最终，教皇利奥十世在 1515 年规定，除非得到教会的许可，任何人禁止印刷任何书籍。[2]

能最忠实地体现权贵阶层对活字印刷术的担忧的，是克罗伊登代牧发出的警告："我们必须根除印刷，否则印刷就会根除我们！"[3]

但在当时，后一种"根除"已经开始。轰轰烈烈的思想再生产运动势不可当。获得许可才能出版书籍的规定，没能阻挡马丁·路德的文字的传播。虽然禁书数量不断增长，世俗政权的统治者也开始和教会一起审查书籍，但执法的官僚远远跟不上经济利益驱动下印刷商的脚步。印刷激发的思想洪流滚滚向前。

对印刷影响力的担忧，并没有随着时间的推移而消失。在活字印刷术被发明近一个世纪后，瑞士学者康拉德·格斯纳

1　Man, *Gutenberg*, p. 91.

2　Febvre and Martin, *Coming of the Book*, pp. 244–45.

3　Gertrude Burford Rawlings, *The Story of Books* (New York: D. Appleton and Co., 1901).

（Conrad Gesner）着手为所有已出版的书籍制作目录，在1545年出版了《万有文库》。令人惊讶的是，他在为此书作序时警告人们，必须对"大量令人困惑且有害的书籍"做点什么。[1]

又过了一百年，人们对不受控制的信息流的担忧仍然没有减弱。法国学者亚德里安·贝雷特（Adrien Baillet）在1685年发出警告："我们有理由担心，每天以惊人速度增长的书籍，将使未来几个世纪的人类陷入与古罗马帝国毁灭后的几个世纪一样的野蛮状态。"[2]

印刷革命揭示出一种直至今日仍然适用的规律：新的网络技术在带来稳定之前，首先会带来剧变。

新技术对工作方式的影响，也会在之后的网络革命中复现。

在这一次网络革命中，生计受到影响的是修道院里的手抄员。斯蓬海姆修道院院长约翰内斯·特里特米乌斯（Johannes Trithemius）曾在1492年的《赞美手抄》一文中，对这项古老的手艺进行辩护。他将手抄誉为一种充满美德的文化传统，而将印刷斥为没有灵魂的技术。"在现世生活中，僧侣们最接近完美的时刻，就是在博爱的驱使下，在深夜中照看和抄写神的经文的时刻。"[3]特里特米乌斯还对印刷的实用性发出警告。他通过计算发现印在纸上的文字只能存活200年，而僧侣们抄写在牛皮上的文字能够留存千年以上。他还认为，抄写员们对拼写和文本正确性的要求更高，因此手抄本比印刷品更可靠。

1　Ann Blair, "Reading Strategies for Coping with Information Overload ca. 1550–1700," *Journal of the History of Ideas* 64, no. 1 (2003), pp. 11–28.

2　来源同上。

3　James J. O'Donnell, "The Pragmatics of the New: Trithemius, McLuhan, Cassiodorus," in *The Future of the Book*, ed. G. Nunberg (University of California Press, 1996).

特里特米乌斯的《赞美手抄》是对手抄员和被印刷逐渐取代的手抄技艺的杰出辩护。他是如此骄傲于这部作品，希望它被更多的人读到，以至于把这篇赞颂手抄的文章交给印刷商，印刷了出来！

创造今天

在回顾人类历史时，如果我们想在"过去"和"现在"之间画一条线，那么这条线应当从约翰内斯·古登堡的印刷机下穿过。

当然，在此之前，人类已有过更原始的网络。腓尼基人创造出一套书写体字母，意味着信息从那时起得到了保存和传递。埃及人创造了最原始的邮政系统。罗马人修建的连接整个帝国的道路网络，直至今日仍在发挥作用。在西方手抄员皓首穷经于抄写和保存知识时，东方人已开始探索知识的大规模复制。

但是，美因茨的印刷工坊，仿佛一个支点，撬动了历史。

古登堡的发明之所以具有如此决定性的意义，是因为它具有多重影响力。这个最初的信息网络，播撒了让思想萌芽的种子。将信息拆分成最小单位的做法，决定了信息和技术在未来几个世纪的关系。从封闭的高塔中释放出来的知识汇成洪流，重新定义了科学探索、经济形态和社会结构。

古登堡本人，正是 15 世纪社会和经济活动开始趋向扁平的例子。他出身新兴中产阶级，这一阶层在贵族与农奴之间挤出了新的社会和经济空间。通过打破知识壁垒，古登堡的发明加速了社会阶层的扁平化。

　　这一时期被现代经济学家称为"过渡技术"时期，这一时期出现的新技术让中产阶级开设的各种工坊的数量激增。[1]古登堡用机器生产文本，称得上手工艺的首次机械化。[2]印刷开创了资本密集型生产模式，在这个模式中，商人将资本用于技术研发、原材料库存和机械化生产，再通过销售获利。有人在观察后得出了如此结论："在美因茨印刷《圣经》和在底特律生产福特汽车，在本质上没有区别。"[3]

　　但是古登堡的印刷机不仅能印刷文字，它更是新发现与新发明赖以生存的平台。这项新的网络技术孕育了一个逐步累积的创新过程，改变了人类历史的进程。从这个意义上说，"网络定义了我们是谁"这一故事，就始于活字印刷创造的网络。

　　将信息分解再重新组合的天才想法，将成为后来所有信息革命的理论基础。古登堡的"分解-重组"创意反复出现，为其后的电报、再其后的数字计算机和今天的互联网技术奠定了基础。

　　美因茨的印刷工坊还标志着信息流动和信息使用的新开端。印刷让信息的组织日益分散。印刷品的复制和移动，尽管在当时还处在初级阶段，却开启了一种延续至今的新趋势——各式各样的信息存储器通过一个无处不在的网络互联。

　　古登堡的发明还表明，人与人连接方式的改变，能带来权力结构的改变。随着印刷网络带来更"分散的权威"，禁锢信息的高塔被摧毁，权贵阶层对思想和制度的垄断也随之被打破。

1　Paul Johnson, *The Renaissance: A Short History* (New York: Modern Library, 2000), p. 16.

2　McLuhan, *Gutenberg Galaxy*, p. 124.

3　Smithsonian Institution, *The Smithsonian Book of Books* (Washington, D.C.: Smithsonian Books, 1992), p. 122.

古登堡让我们抛却了一种以自我为中心的假想，即如今这个信息时代是人类历史上独一无二的。相对而言，古登堡的发明离我们并不远。从他的成功到我们身处的 21 世纪初，只需550 年；从中世纪的头五个世纪到美因茨的印刷工坊诞生，则历经千年。然而，正是得益于古登堡的网络技术，过去 550 年里发生的变革，要远远超过此前的 1000 年。古登堡留给我们的遗产，是信息流的加速和由此而来的加速变革。这张信息网络之后的所有网络，进一步加速了信息传播的速度和变革发生的速度。

连接

1838 年末的一天，在一台印刷机的活字盒前，阿尔弗雷德·维尔（Alfred Vail）——塞缪尔·F. B. 摩尔斯（Samuel F. B. Morse）那位经常被忽视的助手——在凝思，如何把约翰内斯·古登堡的发明接入电子网络的世界。站在印刷工坊里的维尔，正在寻找古登堡的灵感，试图以最快捷的方式实现信息的电子化传输。虽然关于是摩尔斯本人还是他的助手维尔发明了摩尔斯电码一直存在争议，但这个创意的核心理念毫无争议地来自古登堡：信息必须被拆分成最小单位，才能与技术成功对接。[1]

稍后我们将讨论电报的发明。倘若不是建立在古登堡的洞见之上，电报技术不可能带来伟大的网络革命。电报技术的早期尝试，与早期印刷术相似。就像人们曾将一整张书页雕刻在

1　Carleton Mabee, *The American Leonardo: A Life of Samuel F. B. Morse*, rev. ed. (Fleischmanns, N.Y.: Purple Mountain Press, 2000), pp. 201–06.

一块木板上，摩尔斯早期的设想也不够实用。在他最初设计的仪器中，一支铅笔被绑在一块电磁铁上，当纸带在仪器下方移动时，铅笔就会在上面写下数字。每一个数字都对应一个单词，只需要参考相应的密码本，我们就可以将数字还原成文字。

"我每天早起晚睡，但进展缓慢。"摩尔斯如此形容他为每一个单词赋予一个数字以编撰密码本的努力，称之为"烦琐至极、永无止境的工作"。在本质上，他的行为是在推翻字母表，用数字来代替由字母组成的单词。比方说，36 对应的单词是 abash（令人羞愧），37 代表这个词的一般过去时，38 代表这个词的一般现在时。39 代表 abate（减弱），依此类推。而Wednesday（星期三）这个词，对应数字 4030。[1]

和雕版印刷一样，摩尔斯更关注最终结果——一条远距离传递的信息，而不是实现这一结果的过程。这在概念上犯了和雕版印刷相同的错误：将信息视作整体，而不是更小单位的集合。

电报技术的"古登堡时刻"，正是它的发明者意识到一个词应当被拆分成一个个字母再进行传送的时刻。这一"灵光乍现"，让电报从一种笨拙而古怪的发明，发展成一种极其高效的信息传递技术。维尔拜访那家印刷工坊的目的，正是开发一种新的加密方式。他在清点了活字盒里每个字母的活字数量后发现，e 是最常使用的字母，于是把最简单的密码（单个点）分配给了字母 e。使用频率更低的字母则对应更复杂的密码组合。

---

1 Kenneth Silverman, *Lightning Man: The Accursed Life of Samuel F. B. Morse* (New York: Alfred A. Knopf, 2003), pp. 164–65.

　　将信息拆分成最小单位，让它更容易被操作。这个异常简单却无比强大的概念，正是信息技术的核心。是约翰内斯·古登堡将它引入了西方文明。

　　直到今天，古登堡的发明仍在通过数字网络发挥着连接的作用。计算机将信息拆分成由 0 和 1 组成的最小单位。渔网状的互联网将信息拆分成数据包，将它们传输到目的地，再将它们重新组合，就和古登堡把一个个活字拼成一整张书页一样。

　　约翰内斯·古登堡求索十来年，终于在 1450 年取得的技术成就，是今天我们的知识和灵感的基石。我们之所以能与来自美因茨的他建立起联系，正是因为他让人类的探索网络化。这种网络化活动带来的结果之一，就是基于假设和论证的科学研究方法，而后者引发了持续至今的科学大爆炸。今天，这种将信息分解成小单位的探索活动，仍然在信息与技术的对接上扮演着重要作用。

　　古登堡的发明不仅带我们走到了今天，它还是把我们推向明天的驱动力。

3

世界上第一条高速网络和距离之死

国会议员亚伯拉罕·林肯（Abraham Lincoln）在静谧的清晨时分起身。他打开灯，收拾好行李，去赶六点整的那班火车。他的目的地，是他在伊利诺伊州斯普林菲尔德的家。第30届美国国会的第2个会期刚刚休会，林肯先生可以回家了。

众议员林肯即将踏上的，是一段他必须忍受而非享受的苦旅。整段旅程耗时11天，包括3种不同的交通方式。这段旅程清晰地显示出美国这个年轻的国度，是如何受制于地理这种强大自然力量的。

1849年3月20日的那个清晨，林肯登上了火车，这趟车将在巴尔的摩–俄亥俄铁路上行驶一整天，抵达位于178英里之外的马里兰州坎伯兰的终点。在那里，他会换乘一辆九人座马车，颠簸整整20个小时，穿越阿巴拉契亚山脉，抵达俄亥俄河上的惠灵。在惠灵登船后，他将花3天时间沿俄亥俄河前行1100英里，然后沿密西西比河一路向北，在3月26日抵

达圣路易斯。在圣路易斯，他再次换乘马车，颠簸摇晃整整 5
天才能回到家中。[1] 能完成这样一段旅程，本身就是桩大新闻。
"尊敬的 A. 林肯先生周六晚回到本市。"《伊利诺伊日报》如
此报道。[2]

19 世纪中期的美利坚合众国，只是一个名义上的"合众
国"。地理距离和自然屏障将这个国家打碎成多个彼此孤立的半
自治地区。所有的商业和通信活动，都必须克服这些天堑。

但这个国家的未来，蕴藏在远离东海岸的广大西部疆域
中。有些人称之为美国的"天赋使命"。这个国家能否将所有
分散的部分连起来，将决定她能否实现这个使命。

在上述那段艰难旅程过去 12 年后，已当选美国总统的亚
伯拉罕·林肯踏上了一段方向相反的旅程。1861 年 2 月 11 日，
他在斯普林菲尔德踏上前往华盛顿的凯旋之旅，途中要经过
11 个主要城市。这一次，1900 英里的行程完全在铁路上进行，
而其中绝大部分路段是在过去 12 年间铺设完成的。如果直接
前往首都，那么林肯这一次只需搭乘两天的火车，就能完成
12 年前还要耗费 11 天的艰苦行程。

铁路以令人惊叹的速度开始将这个国家连接在一起。在
林肯踏上 1849 年的那段旅程时，全美铁路总长约 8000 英里。[3]
到 1861 年 2 月，北美大陆上已有 3 万英里的铁路纵横交错。
这些铁路终结了地理和距离的独裁，创造出今天我们习以为常

---

1 John F. Stover, *The Routledge Historical Atlas of the American Railroads* (New York: Routledge, 1999), p. 18.

2 William F. Baringer, *Lincoln Day by Day: A Chronology 1809–1865*, vol. 2, *1849–1860* (Dayton, Ohio: Morningside Bookshop, 1991), p. 10.

3 George Rogers Taylor, *The Transportation Revolution, 1815–1860* (Armonk, N.Y.: M. E. Sharpe, 1951), chart, p. 79.

的高度互联。

在回华盛顿的途中，当林肯把目光投向车窗外时，他不可能不注意到两次旅程之间发生的剧变。曾经彼此孤立、风俗各异甚至施行"独特制度"[1]的地区，被连在了一起。能否成功领导合众国适应这种互联带来的影响，是美国第 16 任总统即将面对的巨大考验。

距离之死

在美国建国之初，地理支配着这个新生的国家。如何将这个地域广阔但互不相连的国家凝聚在一起，让当时的政治家颇费思量。

历史上，国父们追求的"共和"理念只在狭小的地域范围内实现过——比如古希腊城邦和瑞士各邦。这片广袤而稀疏的新大陆能否凝聚起一个民主共和体，是一个重大的悬念。当 1789 年第一届美国国会在纽约召开时，这种担忧暴露无遗。议员们从 13 个州前往纽约所需的时间是如此之长，以至于凑齐能够议事的法定最少人数足足用了好几周。即使乘坐马车从相对较近的波士顿出发，每天行驶 18 个小时，也需要整整 6 天才能抵达纽约。[2]

当时，全美三分之二的人口居住在阿巴拉契亚山脉与大西洋之间约 50 英里宽的狭长地带上。近海运输使得货物和旅客沿着大西洋海岸线南北移动。在内陆，水道是当时的高速公路，但由于美国的河流大多为南北向，它们对美国向西扩张并

1　"独特制度"（peculiar institutions）指当时美国南部施行的奴隶制。

2　Gordon Wood, *Empire of Liberty* (Oxford University Press, 2009), p. 55.

没有起到多大的作用。

1810 年，即将成为纽约州州长的纽约市市长德威特·克林顿（DeWitt Clinton）提议，由人来完成一件大自然没有做到的事情：开凿一条东西向的水道。在这一设想的实现上，克林顿所在的纽约州具有两个优势。首先，这里的哈德逊河[1]自纽约港向内陆延伸 315 英里至阿尔巴尼，为向西进一步挖掘奠定了基础。更重要的是，位于阿尔巴尼的莫霍克山谷，是延绵 2500 英里的阿巴拉契亚山脉为数不多的几个山口之一。克林顿提议挖掘一条穿过这一山口的运河，将阿尔巴尼和伊利湖边的布法罗连起来，再从那里经由五大湖连接美国内陆。

长达 364 英里的伊利运河耗费 8 年时间、800 万美元资金，终于在 1825 年建成。在当时，伊利运河是这片新大陆上最伟大的工程项目，是用人力替代水力的壮举。大批工人手持镐头和铲子，在旷野中挖出一条 40 英尺宽、4 英尺深的沟渠。由于沿途地势起伏，他们还修建了 83 个水闸。

这条运河将运输一吨货物的成本，从每英里 20 到 30 美分，降到了 2 到 3 美分。原本要在崎岖不平的道路上行驶一个月才能从布法罗到纽约的旅程，如今只需 10 天。[2] 纽约港因此迅速繁荣起来，成为美国最活跃的港口，纽约市也一跃成为全美最大的城市。

不难想象，在看到运河给纽约市带来的繁荣之后，大西洋沿岸其他城市的居民会有怎样的反应。在运河修建之前，费城

1　哈德逊河得名于亨利·哈德逊，这位以探寻西北航道闻名的探险家曾以为这条河是西北航道的一部分。

2　Clifford F. Thies, "Development of the American Railroad Network during the Early 19th Century: Private Versus Public Enterprise," Independent Institute Working Paper 42, October 2001 (http://www.cato.org/pubs/journal / cj22n2/cj22n2-4.pdf).

的港口比纽约港繁荣得多，市区也更大。同样，巴尔的摩、波士顿和查尔斯顿这几个竞争激烈的港口城市，也都对纽约市凭借运河崛起感到忧心忡忡，试图找到办法突破地理障碍，连接西部。

最简单的办法，就是效仿纽约市修建运河。但问题在于，这些城市没有类似阿巴拉契亚山口的天然优势。为了让费城恢复昔日荣光，宾夕法尼亚州州议会拨款兴建了"公共工程干线"——总长350英里的一系列运河和缓坡。遇到天然屏障时，工人们需要把船上的货物卸到倾斜的平板上，越过屏障，再把它们装到另一艘货船上。由于修建和运营耗资巨大，这个工程注定难以盈利，更无法媲美伊利运河。[1]

然而，就在克林顿州长下令兴建的伊利运河完工的那一年，世界上第一条准点发车的蒸汽机车铁路在英格兰开始运营。没过多久，这项技术就将穿越大西洋，抵达美国。

三年后，在1828年7月4日发生的两件事彰显了巨变时代的到来。在华盛顿特区，当时的美国总统约翰·昆西·亚当斯（John Quincy Adams）为切萨皮克-俄亥俄运河奠基。在40英里以北的巴尔的摩，《独立宣言》签署者中唯一在世的查尔斯·卡罗尔（Charles Carroll），为巴尔的摩-俄亥俄铁路的修建铲土奠基。

兴建运河和铁路都是为了提振沿线经济，正如伊利运河振兴了纽约市。不过，这两个工程使用的技术，来自两个不同的时代。运河仍然是天然水路的延伸，与其形成鲜明对比的，则

---

1 Clifford F. Thies, "Development of the American Railroad Network during the Early 19th Century: Private Versus Public Enterprise," Independent Institute Working Paper 42, October 2001 (http://www.cato.org/pubs/journal/cj22n2/cj22n2-4.pdf).

是人类征服自然的壮举 —— 铁路。

巴尔的摩的第一条铁路在早期经历过各种失败的尝试 —— 从用马来拉车厢，到训练马踩着踏板推动车厢，甚至用船帆来推动车厢（毕竟巴尔的摩是个帆船重镇）。最终，它拥抱了英国人的新发明 —— 蒸汽机车。1830 年，巴尔的摩-俄亥俄铁路成为美国第一条能够准点发车的人货两用铁路。

在地面上铺设轨道，比开凿运河更便捷。当切萨皮克-俄亥俄运河终于在 1850 年抵达它位于马里兰州坎伯兰的终点时，巴尔的摩-俄亥俄铁路已在此通车 8 年之久。铁路不仅有着更短的修建时间，还能更快地运送货物。当货船还在以每小时 4 英里的速度航行时，最早的蒸汽机车已经在以每小时 20 英里的速度疾驰了（而且不断加速）。

以更快的速度运送人和货物，也意味着能把他们送到更远的地方。这场完美的联姻 —— 一边是看上去广袤无边的疆域，一边是似乎拥有无限能量的蒸汽机车 —— 开启了一场席卷全国的大整合。曾经将人们割裂开来的距离消失了。铁路网络成了个体和商业活动的大熔炉。

多亏了铁路，美国农业从自给自足、囿于一地的生产模式转型为大规模的商业活动。农作物数量大、价值低的特点，一直以来都限制了它们的运输范围。运输一捆重达 60 磅的小麦的成本之高，意味着农作物通常只能在当地销售。[1] 铁路改变了这种情况，因为它大大降低了远距离运输重货的成本。因

1　据估算，一捆小麦能实现盈利的最远运输距离约为 200 英里。（Arthur T. Hadley, *Railroad Transportation*, 1886, cited in Sarah H. Gordon, *Passage to Union: How Railroads Transformed American Life, 1829–1929*, Chicago: Ivan R Dee, 1997, p. 149）一捆小麦重 60 磅，一英亩土地能生产 25 捆小麦，即一块 100 英亩的农场能生产约 70 吨小麦。（Walter A. McDougall, *Throes of Democracy*, New York: HarperCollins, 2008, p. 128）

此，一位观察家将铁路比作一台能将农作物"泵"向远方的离心泵。[1]

铁路也降低了制造业所需的大宗原材料的运输成本。工业革命迟迟没有在美国发生，是因为美国缺乏工业所需的能源（除了大西洋沿岸的瀑布线带来的水力资源）。铁路解决了这个问题，它以低廉的价格从矿山运来用于燃烧的煤炭，将各种自然资源运至生产加工中心，最终把成品运到通过网络相连的全国各地。

在此之前，印刷网络加快了西方思想的转变。铁路网络则加快了商业模式和人们日常生活方式的转变。每一个被铁路触及的城镇，都发生了不可逆转的改变；而每一个被铁路绕过的地方，都落在了后面。没有什么比两座西部城市的不同命运，更能彰显铁路网络的力量了。其中一座西部城市是通向西部的门户——圣路易斯，另一座则是被印第安人称为"野蒜之乡"的伊利诺伊州小镇——芝加哥。[2]

1848 年 10 月 25 日，第一条横穿芝加哥的铁路开工，由此引发的一连串事件"不仅改变了美国，也改变了世界"。[3] 在那一天，加利纳与芝加哥联合铁路公司在橡树岭（也就是现在的橡树公园），为首段 8 英里轨道的铺设完成举行了庆祝活动。顾名思义，这条铁路将连接加利纳河——密西西比河的支流——沿岸的加利纳和密歇根湖湖畔的芝加哥。这条铁路

1　Nicholas Faith, *The World the Railways Made* (New York: Carroll & Graf, 1990), p. 115.

2　William Cronon, *Nature's Metropolis: Chicago and the Great West* (New York: W. W. Norton, 1991), p. 23.

3　Albro Martin, *Railroads Triumphant: The Growth, Rejection & Rebirth of a Vital American Force* (Oxford University Press, 1992), p. 166.

的修建原本是为了更便捷地在铁路线两端的水路之间运输货物。但接下来发生的事情，见证了一个旧网络被一个新网络取代的过程。

加利纳与芝加哥联合铁路公司的董事和贵宾乘坐马车，在"先锋号"蒸汽机车的带领下到橡树岭参加庆典。在各种讲话和庆祝活动结束之后，他们准备登上马车返回芝加哥。此时一位董事注意到，在围观的人群中有一架牛车，车上堆着高高的小麦和兽皮，顶上坐着一位农夫。一打听才知道，原来这位农夫打算前往芝加哥贩卖他的农产品。这位董事买下了一整车货物，将其装上火车，运回了芝加哥。[1] 就这样，这车货物为这条铁路带来了第一笔收入。更重要的是，它宣告了一种新型经济活动的诞生。仅仅过了一周，就有 30 车小麦在轨道尽头等着被火车运往芝加哥。[2] 自打运营第一天起，铁路就开始盈利。[3]

《芝加哥日报》在报道这条铁路的开通时，做出了如下观察："这匹奔驰在大草原地区的'铁马'已被驯服，而可以自由驰骋的它，显然也对这片广阔无垠的牧场感到相当满意。"[4] 开进这片"广阔无垠的牧场"的蒸汽机车，为这片土地上的丰富物产打开了市场，将自给自足、囿于一地的农业生产，变成了一种影响深远的商业活动。

没过多久，人们开始砍伐森林、破坏草地，来为农业生产

1　Patrick E. McLear, "The Galena and Chicago Union Railroad: A Symbol of Chicago's Economic Maturity," *Journal of the Illinois State Historical Society* 73, no. 1 (Spring 1980), pp. 17–26.

2　Stewart H. Holbrook, *The Story of American Railroads* (New York: Crown, 1947), p. 134.

3　Donald L. Miller, *City of the Century: The Epic of Chicago and the Making of America* (New York: Simon & Schuster, 1996), p. 95.

4　McLear, "Galena and Chicago Union Railroad."

的高速增长开路。芝加哥成了平原农作物抵达东部消费者餐桌的绝佳枢纽。在这条铁路通车后，只用了 4 年时间，通过铁路抵达芝加哥的谷物总量就超过了通过马车和运河运输的谷物的总量。[1]

此前只能依靠水路南北运输的商品，可以在东西之间流动了。过去，若想把西部农场里的大批农产品运往东部，需要先沿密西西比河南下至新奥尔良，再从那里通过海路抵达东部市场。然而，随着铁路网络的扩张，这些来自广袤平原的农产品首先被运往芝加哥，再进一步向东运输。

铁路不仅造就了芝加哥、印第安纳波利斯、哥伦布、托莱多、底特律等商业中心，还振兴了许多小城镇。深入腹地的铁路支线就像自中心分散开来的神经节。[2] 水路运输要求商业活动围绕水系进行，而铁路可以前往任何地方，甚至能直抵产能巨大的西部田野和矿山。多亏了铁路的到来，俄亥俄州、印第安纳州、伊利诺伊州腹地的许多地区首次出现了城镇。[3] 可从另一方面来说，铁路削弱了那些"靠水吃水"的城市的重要性。没有哪座城市比通往西部的门户 —— 圣路易斯 —— 更能体现这一点了。

圣路易斯位于被誉为"众河之父"的密西西比河西岸，是这条水路的商业中心。在加利纳与芝加哥之间的铁路线开通时，圣路易斯已是西部最主要的城市，而当时芝加哥还是一个只有几千居民的小镇。

对圣路易斯来说不幸的是，城中大佬切断了这座河岸城市

1　Martin, *Railroads Triumphant*, p. 166.

2　来源同上，p. 82。

3　Stover, *Routledge Historical Atlas*, p. 23.

与通向东部市场的铁路网络之间的所有关联。这些控制着水路运输的大佬更乐意把从西部运来的货物装上驳船，运到东海岸，再把它们卸到车上。圣路易斯的掌权者甚至拒绝修建一座可以连接这个城市与东部铁路的大桥。[1]

相反，芝加哥当局则积极推动铁路建设，甚至冒着触犯法律的风险确保通向东部的铁路能穿过该市。1851 年，当来自东部的铁路线似乎要从南部绕过芝加哥时，芝加哥人行动了起来。[2] 他们组织了大规模抗议活动。市议会拨了一笔不小的款项——整整 1 万美元——来对抗这个项目。当时的芝加哥市长、参议员斯蒂芬·A. 道格拉斯（Stephen A. Douglas）前往纽约，试图说服金融市场放弃资助这个绕道芝加哥的铁路项目。[3]

最终的解决方法是，一些人干脆在没有获得州许可的情况下，自行铺设了一条长 6.5 英里的铁路。它穿越乡村，一头连接来自东部的铁路，一头连接芝加哥。[4] 如果看看当时的地图，我们就能注意到从东部延伸过来的铁路，突然向北拐出一条通向芝加哥的旁支，而它本应该向西穿过通向芝加哥和密歇根湖的运河的南端，一路向西。

这一远见给芝加哥带来了巨变。到 1854 年，加利纳与芝加哥之间的铁路线开通 6 年后，芝加哥已是美国西部的铁路中

1　直到 1874 年，圣路易斯才同意修建这座铁路桥。但到那时，芝加哥早已成为西部铁路枢纽。

2　Holbrook, *Story of American Railroads*, p. 101.

3　Bessie Louise Pierce, *A History of Chicago*, vol. 2 (New York: Alfred A. Knopf, 1940), p. 57.

4　Richard C. Overton, *Burlington West* (Harvard University Press, 1941), p. 30; George H. Douglas, *Rail City: Chicago USA* (Berkeley, Calif.: Howell- North Books, 1981), p. 41.

心。到 1860 年，有 15 条铁路在这座城市交汇，每天有上百列火车进进出出。[1]

于是，芝加哥取代圣路易斯，成为当时美国的交通枢纽。"曾作为转口港大量吞吐农产品的圣路易斯，很快就只能'吞吐芝加哥的灰尘'了。"一位研究铁路的历史学家曾如此描述，"在之后半个世纪里，圣路易斯为自己的衰落做了各式各样的检讨，但都没有找到真正的原因，也就是它落后的心态让它忽略了物流设施的建设，它也没能建起那座横跨密西西比河的大桥，与来自东边的铁路相连。"[2]

蒸汽机车打破了地理障碍对文明扩张的束缚，开启了一场新的网络革命。在不到 10 年的时间里，铁路唤醒了草原，让密歇根湖畔沼泽地里一个寂寂无闻的村庄，一跃成为全美第二大城市。没有什么，能比这个故事更生动地展现疾驰的"铁马"是如何加速变革的了。

旧概念，新应用

与此前的活字印刷术和后来的网络技术一样，铁路也是既有技术重新组合的结果。这里所说的既有技术，指的是带凸缘的轮子和蒸汽机。

有证据表明，早在圣经时代，运货车就开始在轨道上滚动了。[3]到 17 世纪，人们或许在德国鲁尔河谷的煤矿附近首先

---

1 Maury Klein, *Unfinished Business: The Railroad in American Life* (University Press of New England, 1994), p. 10.

2 Martin, *Railroads Triumphant*, p. 167.

3 Christian Wolmar, *Blood, Iron, and Gold* (New York: PublicAffairs, 2010), p. 4.

给轮子装上凸缘，让它们能更好地卡在轨道上。[1] 到 18 世纪中期，铁轨开始取代木轨。因为铁轨更耐用，而且金属的摩擦系数更小，牲畜可以拉动更重的运货车。整个欧洲的产煤区随处可见由马拉动的货车，它们将大量矿产运出矿山，运往河流和运河。

当时的煤矿普遍面临的问题是，矿井挖得越深，渗入井道的地下水就越多。矿工们经常站在齐膝深的水中作业。因此，英国人托马斯·萨维里（Thomas Savery）在 1698 年发明的"火力抽水机"不啻一大突破。这种机器的工作原理是蒸汽的体积是同等质量的液态水的 1600 倍。[2] 因此，只需少量液态水就能产生大量蒸汽，这些蒸汽在重新冷却成液态水时能形成真空。萨维里设计了一种泵，可以利用这种真空从矿井中抽水。但随着距离加长，吸力会逐渐减弱，当深度超过 60 或 70 英尺时，萨维里的方案就失效了。[3]

托马斯·纽科门（Thomas Newcomen）在 1712 年通过利用另一种既有原理解决了抽水问题。和"火力抽水机"一样，纽科门的机器通过冷凝蒸汽产生真空。但是，他没有用真空直接吸水，而是用它来驱动活塞。

其实，蒸汽技术革命也是古登堡的印刷术结出的一个果

1　A. H. Wickens, *The Dynamics of Railway Vehicles—From Stephenson to Carter*, Proceedings of the Institution of Mechanical Engineers, Part F. *Journal of Rail and Rapid Transit* 212 (1998), p. 209.

2　Simon Winchester, *The Men Who United the States* (New York: HarperCollins, 2013), p. 248.

3　托马斯·萨维里曾经写道："当矿井为 60、70 或 80 英尺深时，我的机器可以轻易吸光里面的水。"但在实际使用中，他的机器只能在更浅的矿井里发挥作用。就算萨维里所言不虚，在 60 到 80 英尺深的矿井之下，还有大量煤炭没能得到开采。（Carl T. Lira, *Introductory Chemical Engineering Thermodynamics*, see www.egr.msu.edu/~lira/supp/steam/savery.htm）

实。和当时所有试图发明新技术来利用蒸汽的人一样，托马斯·纽科门没有受过多少正规的教育。但他通过阅读有关真空和活塞的书籍自学成才。他从书本上学到，在一个密闭容器里将液态水转化为蒸汽，会产生压力；将蒸汽冷却为水，就会产生相反的效果，即真空。根据这个原理，他发明了一种活塞，它可以在一个顶部开口的圆柱形腔室中上下活动。水产生的蒸汽将活塞往上顶，而当蒸汽凝结时，大气压会将活塞推回原位。纽科门在这个活塞上安装了一个类似跷跷板的横梁，用来连接矿井口的往复式抽水泵。当蒸汽将活塞往上顶时，横梁压下抽水泵的手柄；当大气压将活塞推回原位时，横梁又会将手柄拉起来。

纽科门设计的这个机器虽然有益于采煤业，但不够高效。活塞缸本身也是冷凝器，因此它每次冷却后需要被重新加热。又因为气缸必须加热到 100 摄氏度才能产生蒸汽推高活塞，这个机器的工作周期很长。[1] 由于这些缺陷，纽科门的机器需要消耗大量燃料。所幸它多被用在矿井里，而矿井能为它提供大量燃料。

又过了半个世纪，詹姆斯·瓦特（James Watt）终于在 1765 年春天解决了纽科门机器低效的问题，因此被誉为"蒸汽机之父"。瓦特的创意是分离加热和冷却过程，封闭活塞缸，改变活塞运动的驱动力。在纽科门机器中，大气压是主要动力，它将气缸中的活塞往下推；而瓦特蒸汽机的主要动力来自相反的方向——气缸中的蒸汽将活塞往上推。

为此，瓦特将蒸汽抽入一个由冷水包围的活塞缸中，蒸汽

1　纽科门偶然发现，水进入汽缸能使蒸汽更快地冷却，产生更大的拉力。但是，这样做仍然无法解决气缸需要重新加热的低效问题。

在其中可以迅速凝结。发动机的加热部分则始终保持高温，以不断产生蒸汽驱动活塞。蒸汽在活塞缸中迅速凝结，允许下一股蒸汽进入缸内，由此不断驱动活塞。这个机器比纽科门机器更强大，也更可靠，而且由于它不需要"加热—冷却—再加热—再冷却"的过程，它所需的燃料只是纽科门机器的三分之一。

尽管纽科门发现了如何利用蒸汽，瓦特让蒸汽成为一个新时代的引擎，但蒸汽机仍存在两种缺陷。

首先，它无法进一步提高马力。通过增加气缸中的压力来提高活塞功率，在当时无异于危险的自杀行为。瓦特坚决认为，过高的压力不够安全。[1]

其次，蒸汽机很难被移动。几吨重的机器过于笨重，无法运输。它产生的动力也无法克服轮子与地面之间的摩擦力。

这两个问题，被一个人同时解决了。1800 年，英国康沃尔郡一位名叫理查德·特里维西克（Richard Trevithick）的发明家，完成了在瓦特眼中只有疯子才敢尝试的事情。在康沃尔郡西部一个叫"希望之轮"的铜矿里，特里维西克建造了一个"强蒸汽机"，可以通过加大压力来产生更大的功率。在他获得成功后，威尔士一家铁制品工厂的主人将特里维西克从康沃尔郡请到了威尔士。

然后，一场赌局发生了。

1803 年的一天，在威尔士费迪斯蒂镇，铁制品工厂的厂主和他的朋友们看到一匹马拉着一辆货车在轨道上行走。蒸汽能否取代马？他们争论起来。厂主看到了机会。他用 500 几

1　Fred Dibnah and David Hall, *Age of Steam* (London: BBC Worldwide, 2003), p. 44.

尼作为赌注，赌他的新员工特里维西克能造出这样一台蒸汽机——它能拖着10吨重的铁矿石走完这段长达9.5英里的轨道。这可是一笔不小的赌注：在当时，一个普通工人一年到头也才挣50几尼。[1]

1804年2月21日，特里维西克的"强蒸汽机"实现了人们从未做到之事。"昨天我们让机器上路了，"这位发明家写道，"它拉动共装有10吨铁矿石的5辆车，再加坐在上面的70人，走完了全程。在工作状态下，一台机器每小时能走5英里。"[2]

不幸的是，"在工作状态下"透露出这次尝试的不祥结局。在归程途中，机器上的一个插销坏了，导致锅炉漏水，火也灭了。无法产生蒸汽的机器只能由马拖着，走完了最后一两里路。打赌双方究竟谁输谁赢，没有记录。但这场赌局有着里程碑式的意义：一台能够自我驱动在轨道上行驶的机器，拉动了几节首尾相连的装载人与货物的车厢。

特里维西克的蒸汽机拖着10吨重的货物走过数英里长的轨道，证明了机器自身的重量可以被大幅度降低，并且能持续产生动力来拉动重物。这项影响深远的技术改良，其实基于一个非常简单的做法：增加锅炉的温度。[3]

特里维西克的技术突破，就是彻底弃用瓦特的发明——冷凝器。特里维西克的"强蒸汽机"让蒸汽直接逸散到大气

1　*Railroad History*, National Railroad Museum, Green Bay, Wis.

2　National Museum of Wales, *Richard Trevithick's Steam Locomotive*, 2008.

3　几年之后，在1803年的圣诞节前夜，当地人惊讶地看到一台特里维西克的蒸汽机拖着一辆货车，在没有任何协助的情况下穿过了街道。不幸的是，这个神奇装置没能撑过节日。去酒吧庆祝的特里维西克的助手们忘记熄掉锅炉的火，压力不断升高，最终导致机器爆炸。（William Rosen, *The Most Powerful Idea in the World*, New York: Random House, 2010, p. 290）

中，而不是被引入冷凝器。他没有通过冷却蒸汽来制造真空，而是通过赶走蒸汽来达到相同的效果。见过一股股蒸汽从机器里逸散的观察者，曾经形象地描述机器好似在"喷烟"。

蒸汽的逸散，意味着气缸内压力的减小。[1]挑战在于如何增大压力以弥补这种损失，甚至产生更大的压力。特里维西克的办法是提高温度。"我的前辈将锅炉放在火上加热，"他解释道，"而我，让火在锅炉中燃烧。"[2]

在纽卡门、瓦特等人的设想中，蒸汽机的锅炉俨然一个巨大的烧水壶坐在热源上。它利用了部分热量，但同时有很大一部分热量逸散了。特里维西克设计了一种被水包围的内置锅炉，这种锅炉能捕获更多热量，将它们转化为蒸汽。据估测，每升高 30 华氏度，蒸汽机的功率就增加一倍。

这是一个巨大的突破：燃料带来的热量增加，导致功率成倍地增加。不需要冷凝器，更让蒸汽机的重量大幅降低。[3]特里维西克的最后一项突破，是烟囱。通过迫使蒸汽经由烟囱逸散，锅炉中的真空使更多的空气进入锅炉，空气中的氧气让火烧得更旺，从而产生更大的动力。

尽管展示了令人惊叹的"强蒸汽"和一个能够自我推进的

1　减小的压力相当于一个大气压（14.7 磅力／平方英寸）。得出这一结论的是当时的顶尖科学家戴维斯·吉尔伯特（Davies Gilbert）。特里维西克与他成了朋友并从他那里寻求过建议。（Anthony Burton, *Richard Trevithick: Giant of Steam*, London: Aurum Press, 2000, p. 59）

2　Rosen, *Most Powerful Idea*, p. 296.

3　在特里维西克之前，一位名叫奥利弗·埃文斯（Oliver Evans）的美国人就提出过类似构想（事实上，这一结论就是埃文斯通过计算得出的）。埃文斯曾在船上演示过这个机器，但从未在陆地上使用过（陆地上的摩擦力比水面大得多）。埃文斯为此发表了论文，甚至让一位朋友将论文带到了英国，希望能展示给"英国的蒸汽工程师们"。我们不知道特里维西克是否读到过这篇论文，但他的构想与埃文斯一样。

装置的商业前景，特里维西克的蒸汽机却生不逢时。它被禁足，它的轮子被卸下，最终它只能被用来驱动一辆拖动矿车的绞车。[1] 尽管蒸汽机成功了，它脚下的轨道却失败了。为了确保拖运矿车的马不会被绊倒，当时的轨道没有铺设横向枕木，两条平行轨道之间没有任何连接，各自独立。当重达 5.5 吨的蒸汽机车在轨道上行驶时，巨大的横向作用力让两条轨道的位置都发生了改变。蒸汽机车的巨大成就，成了轨道缺陷的牺牲品。

或许当时的人们已学会利用蒸汽来拖动重物在轨道上行驶，但轨道自身的缺陷让蒸汽技术的应用停滞了十来年。最终，在 1816 年，另一位自学成才的工程师乔治·斯蒂芬森（George Stephenson）解决了这一问题。他设计出连接两条轨道的横向枕木并申请了专利。[2] 用横向枕木固定两条平行轨道，可以抵御机车行驶时轨道受到的横向作用力。

没过多久，斯蒂芬森——他本人也在建造"强蒸汽机"——受到一群商人的委托，修建了一条长达 25 英里的公用轨道，连接了英格兰东北部的斯托克顿和达灵顿。[3]

1825 年 9 月 27 日，斯蒂芬森主持修建的斯托克顿–达灵顿铁路开始运营。蒸汽机车拉着载有数百人的车厢（这些车厢看上去就像安装了长凳的运煤车）在这条铁路上行驶了 12 英里。这是利用蒸汽机车的速度和耐力来运输人和货物的首次商业实践。"我们从未想过改进轨道来适应机车的速度，直到

---

1 Wolmar, *Blood, Iron, and Gold*, p. 6.

2 Rosen, *Most Powerful Idea*, p. 301.

3 George H. Douglas, *All Aboard! The Railroad in American Life* (New York: Smithmark Publishers, 1996), p. 17.

驰名的斯托克顿-达灵顿铁路开始运营。"一份英文报纸在五年后的一篇文章中做了如此回顾。[1]文中提到的机车，是同样由斯蒂芬森建造的"动力一号"。蒸汽机车的英文 locomotive，正源自 locomotion（动力）一词。

五年后，斯蒂芬森主持修建的另一条铁路，将当时世界上最繁忙的港口城市利物浦与 31 英里外的世界棉花之都曼彻斯特连了起来。[2]利物浦-曼彻斯特铁路很快就取得了商业上的成功。除了运输货物这一最初目的，这条铁路还孕育了其他许多新事物。它最初是为了运送棉花和煤而修建的，但很快就开始运输更多的商品。比方说，一些容易变质的食物开始出现在铁路沿线的家庭餐桌上，这类食物曾经因为体积太大难以运输，对普通家庭来说过于昂贵。此外，报纸也搭上了火车，开始在两个城市之间自由流动。[3]

第二次网络革命开始了。疾驰在钢轨上的蒸汽机车重塑了商业模式，也改写了人们的生活方式。[4]正如一位评论家观察到的，这是"自游牧部落定居于一地、种植谷物和饲养牲畜以来，人类经历的最全方位的一次改变"。[5]

1　*The Observer* newspaper, cited in *Age of Steam* (www.railcentre.co.uk).

2　Wolmar, *Blood, Iron, and Gold*, p. 10.

3　利物浦-曼彻斯特铁路通车之日，历史上第一次铁路事故造成的身亡事件发生了。在精英荟萃的通车仪式上，利物浦议员威廉·赫斯基森（William Huskisson）跨过轨道时速度太慢，被疾驰而过的"火箭号"机车撞倒。"火箭号"以每小时 36 英里的全速，将伤者送往最近的医院，但赫斯基森仍然不幸遇难。（Rosen, *Most Powerful Idea*, p. 309）

4　钢是一种合金，包含铁这种金属。尽管早期由马拉的货车曾行驶在铁轨上，但钢的承受力和耐用性使它成了最常见的轨道用材。

5　Jacques Barzun, *From Dawn to Decadence* (New York: HarperCollins, 2000), p. 539.

变革引发的动荡

这种改变，必然会带来动荡和质疑。1829 年，就在利物浦－曼彻斯特铁路通车的前一年，蒸汽机车跨过了大西洋，在彼岸塑造了——不只是连接了——美国地理。在铁路出现时，欧洲已有许多历史悠久、高度发达的城市，美国则不同。铁路穿越美国大片空旷的土地，将沿线的交汇点变成了一座座城市，将荒无人烟的草原变成了富饶的农场，将这个国家带入了一个崭新的工业时代。而这所有的一切，都让人们产生了不同程度的恐慌。

与英国的经历十分相似，美国最初建造的也是为马拉车设计的轨道。宾夕法尼亚州东北部一家运河公司曾在相距 9 英里的运河与无烟煤矿之间修建了一条这样的轨道。这家公司的总工程师希望借助最新发明的蒸汽机技术来克服这条轨道的陡坡，于是他派了一个助手去英格兰观察乔治·斯蒂芬森的工作。这位助手在那里买下了两台蒸汽机车，将它们运回了美国。

1829 年 8 月 8 日，其中一辆名叫"斯陶尔布里奇雄狮号"（以建造它的英国小镇命名）的机车首次拖着货车驶上了轨道。不幸的是，它遭遇了与特里维西克的机车相同的命运。轨道无法承受这台机车的重量。它被锁进了库房，再也没有重见天日。[1]

一年之后，巴尔的摩－俄亥俄铁路在尝试了五花八门的驱动方式（从马到帆）之后，终于决定试试蒸汽机车。1830 年 8 月 28 日，"大拇指汤姆号"小型蒸汽机车（得名于著名的巴

1　Douglas, *All Aboard!*, pp. 20–21; Taylor, *Transportation Revolution*, p. 77.

纳姆马戏团中的一位侏儒演员）成功拖着 36 位乘客驶上了这条轨道，最高时速达到了每小时 18 英里。[1] 这台机车的制造者彼得·库伯（Peter Cooper）从"斯陶尔布里奇雄狮号"的失败中吸取了教训，把它造得足够轻，因此不会破坏轨道。[2]

"大拇指汤姆号"让美国第一次见识到速度的力量。它比当时其他任何运输方式都要快上四到五倍，既是一个奇迹，又是一个谜。它的主人和乘客一开始甚至担心人的身体能否承受这样快的速度。搭乘首发列车的乘客中的许多人把自己当作实验室中的小白鼠，他们带着笔和纸，是为了测试自己在如此疾驰时能否进行连贯的思考。[3]

接下来发生的故事，预言了这个新技术将面临的挑战。想把这个"喷着烟"的竞争对手扼杀在襁褓中的马车商安排了一场比赛，让马车与蒸汽机车一争高下。比赛一开始，当机车还在缓慢加速时，马车已经一跃而出。但随着"大拇指汤姆号"开始全速前进，两者之间的差距迅速缩短，机车超过了马车。机车保持了遥遥领先的状态，直到一条鼓风机的皮带滑落，让它放慢了速度重新被马车超过。机车输掉了这场比赛，但没有输掉和马车的历史较量。巴尔的摩－俄亥俄铁路公司的董事会放弃了其他尝试，决定让整条铁路只跑蒸汽机车。[4]

在大西洋沿岸的城市中，查尔斯顿是另一个热情拥抱铁路、试图与纽约运河一争高下的城市。1830 年的圣诞节，美

1　Douglas, *All Aboard!*, p. 22.

2　库伯没有接受过很多正规教育。在投资产业积累了巨大财富后，他搬到纽约市，创立了库伯联盟。1860 年，亚伯拉罕·林肯就是在这里发表了他著名的演讲——《正义创造力量》。

3　John Steele Gordon, *An Empire of Wealth* (New York: HarperPerennial), 2004, p. 150.

4　Douglas, *All Aboard!*, p. 23.

国制造的"查尔斯顿好伙伴号"机车拖着几节坐满显要人物的车厢，在查尔斯顿–汉堡铁路上疾驰了6英里。[1] 就和在巴尔的摩一样，乘客们体验到了超现实的速度感。《查尔斯顿信使报》在报道此次行程时写道："这141位乘客以每小时15到25英里的速度在空中飞翔，时间和空间不复存在……世界被他们抛在身后。"[2]

对于移动速度从未超越其他动物的人类来说，一辆疾驰的蒸汽机车实在是一个难以理解的概念。"还有什么比'一台机车能以比马车快一倍的速度行驶'更荒谬可笑！"英国的《评论季刊》在评论利物浦–曼彻斯特铁路时这么说，"我们相信国会将要求所有获批的铁路把最大速度控制在每小时8到9英里内。"[3]

的确，当时的英国国会议员对速度充满了怀疑。当利物浦–曼彻斯特铁路设计师的儿子约翰·斯蒂芬森（John Stephenson）去国会为这条新铁路争取许可证时，他与一位议员之间发生了如下对话：

> "那么，斯蒂芬森先生，也许你能以每小时17英里的速度行驶？"
>
> "是的。"
>
> "甚至20英里？"

1　Holbrook, *Story of American Railroads*, p. 24; Douglas, *All Aboard!*, p. 223.

2　The Best Friend of Charleston Railway Museum (www.bestfriendofcharleston.org).

3　S.Siles,*The Life of George Stephenson, Railway Engineer*, cited in Matt Ridley, *The Rational Optimist* (New York: HarperPerennial, 2010), pp. 283–84.

"当然可以。"

"恐怕不会超过 25 英里了吧？你觉得有这种可能吗？"

"完全有可能。"

"但很危险吧？"

"完全不。"

"那么，告诉我，斯蒂芬森先生，你敢说你能达到每小时 30 英里吗？"

"当然。"

据记载，此时议员们全都陷在椅子里，狂笑不止。[1]

在大西洋彼岸的美国，蒸汽机车的速度愈发让人无法忽视它的存在，而且不断提升。从 1830 年"大拇指汤姆号"18 英里的时速开始，蒸汽机车的速度越来越快，每一次提速都创造了新纪录。到 1893 年，纽约中央火车站的"帝国特快号"以每小时 112.5 英里的速度，成为当时世界上移动速度最快的东西。[2]

不仅仅是机车在提速。美国也在以更快的速度铺设铁路，将广袤的疆域连在一起。这宣告了距离之死。[3]"大拇指汤姆号"和"查尔斯顿好伙伴号"面世仅 10 年后，美国铁路总里

1　J. G. Martin, *Seventy-Five Years' History of the Boston Stock Exchange* (Boston, 1871), cited in Thies, "Development of the American Railroad Network," p. 16.

2　Holbrook, *Story of American Railroads*, p. 95.

3　弗朗西斯·凯恩克罗斯（Frances Carencross）在《距离之死》（*The Death of Distance*, Boston: Harvard Business School Press, 1997）中创造了"距离之死"这一表达，原形容长途电信。在本书中，我用它来形容铁路对历史上一直主宰人类活动的地理障碍的影响。

程（3328 英里）就超过了运河总里程（3326 英里）。[1] 到 19 世纪 50 年代中期，美国总人口只占世界总人口的 5%，但这个国家拥有的铁路总里程数是其他所有地区总里程数的近四倍。到"大拇指汤姆号"面世 30 年后的 1860 年，美国铁路总里程数已达 3 万英里。[2]

速度改变了人们的日常生活，但这种变化受到的并不总是欢迎。在文字记载中，"哦，那美好的旧时光"之类的感慨首次出现，正是在人们谈论蒸汽机车时。纽约前市长菲利普·洪恩（Philip Hone）在 1844 年抱怨："铁路、蒸汽机、邮递包裹与时间竞赛并打败了它……哦，想想那沉重的邮政马车以 6 英里时速缓缓前行的美好旧时光！"[3] 如前文所述，当时一位记者还警告蒸汽机车是"对社会的一种不自然的推动力，将摧毁人与人之间的一切关系，推翻所有的商业规则，制造各种各样毒害生活的困惑和痛苦"。[4] 他是对的。

如果没有活字印刷，文艺复兴可能只是小范围的昙花一现。如果没有铁路的大量铺设，美国工业革命的进程可能会大大落后于欧洲，使其长期停滞于"欠发达国家"之列。

工业革命之所以在美国发生的时间更晚，主要是因为当时的美国缺乏足够的动力和市场。[5] 虽然东海岸的瀑布线地形提供了水力资源，但地理障碍限制了工业化的进程。城市和地区之间很难相连，使得当时的市场十分碎片化，也让大规模生产

1　Taylor, *Transportation Revolution*, chart, p. 79.

2　Stover, *Routledge Historical Atlas*, p. 20.

3　Gordon, *Empire of Wealth*, p. 151.

4　Rudi Volti, *Society and Technological Change* (New York: St. Martin's Press, 1955), p. 17.

5　Martin, *Railroads Triumphant*, p. 219.

缺乏动力和可持续性。铁路网络的普及，让这两种障碍几乎同时消失了。

铁路运来的煤炭，可以驱动固定式蒸汽机，使工业生产不必局限在东部沿海。工业生产的商品，再由铁路运送至不断扩张且日益互联的市场中。在满足工业生产需求的同时，铁路又进一步刺激了对工业生产的需求。

铁路变成了工业的永动机。它起初被用来运输矿产，但没过多久它自己就成了其中一种矿物——煤——的最大消费者。建造铁路还需要消耗大量其他工业产品。木材加工场需要驱动蒸汽机生产枕木和栈桥所需的木料。同样地，为了生产足够多的蒸汽机和轨道，炼钢业的规模也在不断扩大。这所有的产品，自然都是通过铁路运输的。

除了原材料，铁路还需要一种前所未有的行业支撑体系来确保火车的正常行驶。机器和机车的维护，以及这些维护所需的相关设备的生产，推动了机械工业的发展和相关技能的普及。到 1870 年，铁路建设需要的机械设备占到了全美生产的机械设备总量的 20%，需要的轧钢占到了轧钢生产总量的 40%。[1]

铁路对工业生产的需求，催生出一种类似汽车疾驰时的"滑流"现象，它带来的市场驱动力又推动了其他产业的发展。各种建造铁路的生产活动，催生出可以应用在别处的技术。生产并维护机器与机车的机床，在改装后可以被用来生产农场和工厂所需的新设备。结实且廉价的跨河铁路的大梁，没过多久也被用来建造更高大的房屋。与铁路相关的木材、钢铁和工业设备的生产过程，孕育了一系列可以驱动其他商业活动

1　Faith, *World the Railways Made*, pp. 129–30.

的技能。虽然铁路造价高昂，但通过运输大宗矿产收回成本后，运输其他物品的边际成本就低多了。越来越多的原材料和包括报纸、信件在内的产品开始被装上火车。不过在当时，铁路线的制定，以及它能否盈利，仍主要取决于大宗货物的运输需求。[1]

铁路是人类最早大规模运营的商业。在几乎所有的商业模式还是局限在当地市场的家族经营时代，铁路业务已经异乎寻常的庞大且复杂。它成了当时美国最大的雇主，而对铁路网络的管理需求，催生出一个官僚阶层。仅铁路建设本身，就已经是有史以来对人类管理能力的最大挑战。成千上万分布在全国各地的铁路工人的生产活动，必须与大宗原材料及补给的远距离运输相配合。

铁路建成之后，它的运营又给管理者带来了新的挑战。火车需要配备工作人员，需要定期的维护和充足的供给，还需要装卸货物、按时运行。难怪当时铁路的管理层大多是军人，因为除铁路之外，这个国家当时只有一个大型机构——军队。约120名西点军校的毕业生成了铁路部门的高级管理人员，他们管理的下属中也有不少人曾是他们在军中的下级。[2]

管理如此庞大的铁路，需要系统和纪律。今天我们熟知的许多管理概念都源自铁路。1846年，巴尔的摩–俄亥俄铁路公司拟议的新管理体系确立了不同职能部门的汇报层级。伊利铁路甚至更进一步，为它的4000名员工一一确定了职责和权限，并建立了绩效标准和惩罚措施。[3]此类尝试开创了一种普适流

1　Faith, *World the Railways Made*, p. 134.

2　Walter A. McDougall, *Throes of Democracy* (New York: HarperCollins, 2008), p. 148.

3　来源同上。

程，毫不奇怪，这种流程的层级结构与军队十分类似。

铁路的新型管理结构很快出现在其他企业中。面向全国市场的大规模工业生产将大量工人纳入了这种普适流程，为此企业管理层需要制定架构和监督机制。这种层级分明的企业，也为个人发展提供了路径。在农场里工作的农民是没什么机会升职的，但在工业化的企业中，工人完全可以怀揣跻身中产阶级的梦想。

铁路不仅将大自然的各种恩赐运往制造业的中心，还将大量操作、维护机器的工人运往这些地方。在铁路时代拉开序幕的1830年，全美只有90座人口超过2000的城镇。到1860年，这样规模的城镇已经增长到392个。[1]这些新兴经济活动中心的吸引力，改变了美国地图的样貌。铁路创造出新的城市中心，将田野上的农民和刚靠岸的移民源源不断地送入新城镇。到1890年人口普查时，大部分美国人已经居住在城市而非农村。[2]

铁路网络与城市中心的扩张遵循同一条规律。当城市吸引更多的人定居时，每个人都不得不放弃自身的一部分独立性。城市生活向个体施加了一种围绕企业集体主义而起的新型社会准则。广袤的田野被狭窄的公寓大楼取代，人们开始相互依存，这引发了一系列新的社会问题。高密度人群产生了数量惊人的废弃物，促使城市发展出一整套完善的公共卫生和垃圾处理系统。为了避免黄热病等传染病在城市中快速蔓延，还需要建立净水系统。大量病人在城市中出现，使小镇医生被规模化的医疗机构取代，而后者又以类似大规模生产的方式提供医疗

---

1 Jonathan Hughes and Louis P. Cain, *American Economic History*, 7th ed. (New York: Pearson, 2007), p. 160–61.

2 Gordon, *Passage to Union*, p. 272.

服务。工业生产对受过教育的劳动力的需求，又使只有一两间教室的小型乡镇学校被"教育工厂"取代，大量没读过书的年轻人走进这些"教育工厂"，几年之后，他们所学的知识就足以让他们成为工业机器上的一个个齿轮。

在证明自己比大自然更具优越性之后，铁路这一新技术更进一步，开始在人类事务中树立权威。今天我们眼中的许多传统，在那个时代，都是铁路带来的颠覆之举。

铁路改变了法律。最先被撼动的，是私有产权的神圣性。在英国普通法中，政府有权为公共利益征用私有土地（即"国家征用权"）。当不断延伸的铁路需要用到越来越多的土地时，铁路公司声称，他们从政府那里获得的运营许可证已包含征地权。不讲人情的铁路公司派出西装革履的律师和会计上门征地，丝毫不顾土地的主人曾经为这片土地付出的心血。

新兴的铁路网络还以另一种方式损害了个人安全及财产。再一次，法律做出了对技术有利的改变。既有的"严格责任原则"——责任人必须做出赔偿——被动摇。新的"过失原则"开始被广泛使用。对责任的判定不再围绕究竟是谁造成了损害，而开始围绕损害事件是如何发生的，以及被告是否采取了合理的预防手段。于是，哪怕一趟经过的火车溅出的热煤渣将你家的谷仓点燃了，法官的关注点也不再是谁引发了这场火灾，而是铁路公司是否采取过措施来减少煤渣的飞溅，比如在烟囱顶部装上罩子。

除了让法律屈服于铁路的意志，铁路甚至还开始撼动"上帝之律"。连神圣的安息日传统也被蒸汽机车打破。铁路公司最初拒绝在安息日运营，但在星期天运输旅客和货物带来的利润，很快让虔诚的信仰为其让路。

教会的训诫和大规模抗议活动，都没能阻止这种亵渎神灵的行为。发现示威游行不管用后，虔诚的人们转向了法律。但在新事物与旧传统之间，法律的天平再次向前者倾斜。宾夕法尼亚州最高法院的一次判决，凸显出这一问题在情感和政治上的复杂性：法庭批准了铁路在星期天运营，可这一判决的理由竟然是，铁路能为穷人在星期天去教堂提供便利。[1]

铁路甚至开始干预一项一直以来都被认为是上帝才能做出的安排：确定一天中的时间。19 世纪中叶的美国使用"太阳时间"，但当时不同地区的"太阳时间"多达近百种。某一地区的时钟，一般是根据太阳相对地标建筑物（通常是教堂尖顶）的位置来调整的。当时伊利诺伊州有 27 种时间，印第安纳州有 23 种，威斯康星州更是多达 38 种。当人们以 4 英里的时速移动时，一段行程的耗时之长使人们可以忽略各地的时间差。但随着铁路运行速度的提升，各地的时间差给铁路运营带来了混乱。比方说，当时的布法罗火车站就挂着三只钟，分别显示不同目的地采用的时间。[2]

最终，在 1872 年，各家铁路公司的负责人召开了"通用时间公约大会"，试图寻求解决办法。但争论是如此激烈，以至于通用时间的支持者也花了 11 年才达成一致。1883 年 11 月 18 日，"铁路标准时间"生效，将北美大陆分割成五个时区（包括一个分配给加拿大的时区）。但在铁路系统之外，这套时间的使用并不是强制的。

---

1 Opinion of Hon. John M. Read, Supreme Court of Pennsylvania, *In Favor of the Passenger Cars Running Every Day of the Week, Including Sunday* (Philadelphia, 1867), cited in Gordon, *Passage to Union*, p. 114.

2 Stover, *Routledge Historical Atlas*, p. 44.

在纽约和波士顿，铁路时间被广泛使用，在其他地方则不然。在俄亥俄州的哥伦布和印第安纳州的韦恩堡，人们无视通用时间公约，认为它只会给老实的工人增加负担。印第安纳波利斯的《哨兵报》如此评论："太阳不再是这份工作的主宰……这是一场叛乱，一场造反……人们必须按铁路时间结婚，按铁路时间死亡……我们相信太阳、月亮和星星会努力无视铁路时间的命令，但它们最终也不得不屈服。"[1]

美国联邦政府站在了标准时间的反对者一边。司法部长称，除非国会通过立法承认通用时间公约，否则他禁止政府部门调整时间。美国国会议员完全知道自己在处理的政治炸弹意味着什么，他们花了35年，才终于在1918年通过立法承认了公约。

但蒸汽机车不会等待。铁路时刻表开始影响日常生活中的时间安排。铁路沿线城镇的时间不再依照当地人的生活节奏而定，而开始由一个来自远方的力量决定。对一个社区来说，最重要的那几班列车决定了社区活动的时间安排，人们不再按照喜好来安排时间，而是按照如何才能赶上一班长途火车来安排时间。

这种时间安排，以及准时的重要性，让22岁的理查德·W. 西尔斯（Richard W. Sears）看到了机会。西尔斯是明尼苏达-圣路易斯铁路在明尼苏达州罗斯伍德北站的负责人。1886年，当地一家珠宝商店拒绝了一批手表订单，西尔斯则接手了这笔订单，并向制表匠承诺，每卖出一只手表，就付给后者12美元。西尔斯准确地做出判断，铁路时刻表会让旅客

---

1 Holbrook, *Story of American Railroads*, p. 357.

格外在意准点性，这能让他们成为理想的顾客。西尔斯说服沿线其他车站的负责人加入他的销售团队，铁路为他们提供了一个互联的销售网络。仅仅用了 6 个月，西尔斯就净赚 5000 美金，他辞了职，成立了西尔斯手表公司。第二年，他聘请了第一名雇员——一位名叫阿尔瓦·库蒂斯·罗布克（Alvah Curtis Roebuck）的钟表修理工。

铁路在打开平原市场，将销售员和小商小贩送往这个市场后，又推动了邮政系统的扩张。这种扩张又催生出邮购目录业务——人们可以根据目录下单，等待铁路将货物送上家门。西尔斯及其助手罗布克，还有蒙哥马利·沃德（Montgomery Ward）等邮购先驱就是在那时迅速抓住了这一机遇。当时的全国铁路枢纽芝加哥，几乎同时成了邮购业务的中心。

抵制

毫不意外的是，随着铁路碾过更多的传统，它开始遭到人们的抵制。那些反对变化的人警告，疾驰的蒸汽机车会让奶牛不再吃草，母鸡不再下蛋。被火车浓烟污染的天空会让飞鸟落地而亡，被蒸汽机车取代的马会灭绝，让生产干草和燕麦的农民破产。[1]

"对距离的夸夸其谈——区区 100 英里！——会让所有的概念被夸大，"印第安纳州文森内斯市的一家报纸在 1830 年

---

[1] Samuel Smiles, *The Life of George Stephenson, Railway Engineer* (Follett, Foster, and Co. 1859), p. 205. 有趣的是，正如"无纸化"的个人电脑反而促进了纸张消费量，俗称"铁马"的火车也加大了人们对马匹的需求，因为人们需要更多的马车和马拉货车来把铁路货物运送到最终目的地。（McDougall, *Throes of Democracy*, p. 150）

发出这样的警告，"为什么你无法让你的学徒留下来专心工作？因为每个星期六的晚上，他都必须搭火车去俄亥俄，好和他的心上人过星期天。步履沉重的公民将和彗星一样飞来飞去。所有的传统都将终结。"[1]俄亥俄州一所学校的董事会则将铁路斥为"撒旦将不朽灵魂带向地狱的工具"。[2]

那些生计受到铁路影响的人，则给这种困惑和担忧火上浇油。在英国，铁路勘探员会遭到当地企业雇佣的暴徒的袭击。[3]在美国，生意受损的企业自发成立治安会，在夜色的掩护下，拆掉白天刚铺好的轨道。

不过，反对阵营并不总是诉诸暴力。和之后的网络革命遭遇的一样，反对者开始动用公关手段发起法律和政治上的挑战。"精明的律师动用了一切他们能想到的手段，来让当地的马车制造商、货运商、马车夫、酒店和餐厅老板、批发商，以及所有依赖这种'开明的落后'的人，继续过他们的好日子。"铁路历史学家阿尔布罗·马丁（Albro Martin）发现。[4]

当费城在 1839 年试图将两条铁路连起来时，一张海报出现在了全城的各个角落。海报没有透露谁是这一抵制行动的出资人，也没有透露这些出资人的真正意图，也就是保住他们自己的营生——将一条铁路上的乘客和货物送往另一条铁路，并在这段旅程中售卖食品杂货。相反，这张海报把连接两条铁路描绘成对公共安全的可怕威胁，尤其对妇女和儿童来说。海

1　Seymour Dunbar, *A History of Travel in America*, vol. 3 (Indianapolis: Bobbs-Merrill Co., 1915), p. 938, quoting the Vincennes *Western Sun*, July 24, 1830.

2　Wolmar, *Blood, Iron, and Gold*, p. 78.

3　Michael Freeman, *Railways and the Victorian Imagination* (Yale University Press, 1999), p. 16.

4　Martin, *Railroads Triumphant*, p. 49.

报的主体是一辆马车被疾驰而过的蒸汽机车撞翻，女人和孩子纷纷避让，下方印着大字："母亲们，看好你们的孩子！"就好像危害安全还不是铁路最糟糕的影响，这张海报还用稍大些的字体来激发费城人的自豪感——连接这两条铁路，会让费城成为"纽约的郊区"！

阻止铁路扩张最具代表性的努力，来自曾经主导西部地区交通运输的蒸汽船公司。由于铁路让河道迅速丧失了优势，蒸汽船公司想尽一切办法阻止铁路公司建造跨越河道的桥梁。和所有奏效的反对策略一样，蒸汽船公司宣称，这样做是为了公

费城商人在 1839 年制作的反对铁路的海报
来源：美国国家档案馆，华盛顿特区

共利益——水上航行的安全性。

　　第一座横跨密西西比河的大桥在 1856 年 5 月 6 日完工，它连接了伊利诺伊州的罗克岛和艾奥瓦州的达文波特。仅仅两天后，"埃菲·阿夫顿号"蒸汽船就撞上了这座桥。船上燃起的大火烧毁了部分桥身，让这座在当时堪称工程奇迹的大桥被迫停用。

　　此时，紧跟在"埃菲·阿夫顿号"之后的一艘船打出一条横幅，上面印着"密西西比河大桥被毁，让我们欢呼"，周围的船上也传来阵阵庆祝的口哨声和鸣笛声。这表明此次撞击远非一次"意外"，它标志着水路和铁路——以及与之对应的水路城市圣路易斯和铁路城市芝加哥——之间的冲突的激化。[1]

　　"埃菲·阿夫顿号"蒸汽船的主人把罗克岛大桥的主人告上了法庭，称大桥会危害水上航行。他们要求后者赔偿 20 万美元，希望这笔赔款能昂贵到让这座大桥无法盈利，并迫使铁路公司继续采用老方法：将货物卸到岸上，再雇佣汽船运过河。[2]大桥的主人则聘请了亚伯拉罕·林肯担任他们的首席律师。

　　由一个当地陪审团坐镇的审判进行了两周。林肯用了最后两天做总结陈词。他的核心论点是，人们既有沿河活动的权利，也有横跨河流的权利。[3]"东西向的旅行和南北向的旅行有着同等的权利，"林肯说，"本法庭应当给予这座桥足够的尊

1　Wolmar, *Blood, Iron, and Gold*, p. 91.

2　James W. Ely Jr., "Lincoln and the Rock Island Bridge Case" (Indianapolis: Indiana Historical Society).

3　来源同上，p. 8。

重，而不是充满蔑视地对待它。"[1]

林肯的辩论在今天的我们看来或许很有说服力，但在当时，这一事件是如此具有革命性，引发了如此强烈的公众情绪，影响到如此重要的当地企业，以至于陪审团也陷入了僵局。9名陪审员投票支持这座桥，3名投了反对票。这个结果是当时公众情绪的一个缩影，反映出新技术给传统生活方式的稳定感和安全感带来的挑战。幸运的是，对林肯和铁路公司而言，陪审团的僵局使这座大桥得以保留。《芝加哥论坛报》因此评论，这个结果"事实上标志着这座大桥的胜利"。[2]

铁路对传统习俗的攻击，也让南方各州的国会代表忧心忡忡。这些州秉持着州权至上、必须保护当地机构的原则，其结果就是，美国南方的铁路不仅里程短，而且网络稀疏。即使修建了铁路，也都是为了服务铁路所在的州，而非范围更大的地区。大部分南方铁路修到州界处就断头，不与临州的铁路相连。这导致美国内战开始时，全美有三分之二的铁路位于"梅森-迪克森线"以北。[3]

美国内战是高度互联的工业化北方与彼此孤立、施行所谓"独特制度"的南方之间的冲突。战争爆发后，南方在接受新技术时的不情不愿，为它带来了军事上的不利后果，加速了内战的结束。当联邦军可以充分利用北方的大规模铁路网络时，南方军队却无法通过铁路线运送军队和装备。面对这一劣势，南方联盟总司令罗伯特·E. 李（Robert E. Lee）倡议南方各州

1　*Hurd v. Rock Island Railroad Company*, U.S. Circuit Court, Northern District of Illinois, August 1857.

2　Ely, "Lincoln and the Rock Island Bridge Case," p. 9.

3　Douglas, *All Aboard!*, p. 96.

将各自的铁路连起来，提高军队的运输能力。可他的请求无人响应。南方各州的固守陈规引发了这场战争，也塑造了这场战争的结局。[1]

而此时的北方，由于战事使南方代表缺席国会，由联邦政府拨款支持铁路向西扩张的政策也没有遇到任何阻力。在南北战争最白热化的阶段，亚伯拉罕·林肯以拯救联邦为名，大力支持铁路扩张。1862 年 7 月 1 日，林肯签署了《太平洋铁路法》，批准了政府的一项计划，使联合太平洋铁路从密苏里河向西延伸，中太平洋铁路则从萨克拉曼多向东延伸，建成了第一条横跨北美大陆的铁路。

深远的影响

1869 年，当一根金长钉将东西两段铁路连在一起时，它也宣告了"距离决定人类命运"的终结。蒸汽机带来的速度，意味着地理位置失去了主宰权。从斯托克顿和达灵顿之间修建的第一条铁路，到在犹他州的荒野中被敲下的金长钉，仅过去了 44 年。从未有过如此变革性的力量，以如此快的速度改变了人类历史的进程。

这条贯穿美国大陆的铁路，是对"杰斐逊主义"（美国国父之一托马斯·杰斐逊曾认为美国应当以农业为基石）的最后一击。这个日益互联的国度也开始日益工业化。工业化的进程甚至开始向农村推进，对农产品不断扩大的市场需求使土地产权更加集中，农业生产逐步机械化。靠农业自立的观念，逐渐

1　Gordon, *Passage to Union*, p. 134.

转变成靠工业自立。这场变革进一步冲击了杰斐逊及其同僚秉持的"有限政府"理念，但同时彰显了美国宪法固有的灵活性。

一直通过拨付土地和制定其他政策来推动铁路扩张的美国政府很快就发现，它不得不开始平衡铁路的经济力量。1867年成立的全国格兰奇农业保护者协会，标志着美国历史上第一次草根政治运动的兴起。在之后的几十年里，格兰奇协会一直致力于要求对铁路，尤其是铁路票价采取更多的监管措施。

由于大部分小型农庄只连通一条铁路线，铁路公司可以把票价提高到动力和市场能承受的最高水平，即经济学家所说的"垄断租金"。农产品从小镇运到邻近的枢纽城市时——比如明尼阿波利斯、芝加哥、堪萨斯城或奥马哈，哪怕是短途运输，票价也可以高达长途运输的两倍，因为长途线路上铁路公司之间的竞争更为激烈。

格兰奇协会将农民组织起来，抵制铁路的强大势力。作为个体的农民显然无法与铁路强大的政治力量抗衡，但团结在一起，这些农民就可以对大型铁路公司发起挑战。格兰奇协会的早期成功体现在州级立法中，但仅局限于少数几个州。1887年，在协会的施压下，美国国会通过了《州际商业法》，成立了第一个独立的联邦监管机构——州际商业委员会。这标志着美国用大政府来抗衡大企业势力的开始。[1]

在农民们团结起来的同时，工人们也展开了类似行动来伸张自己的权利。他们发现，自己正在变成公司预算中冷冰冰的数字，而铁路工作是一种"危险到不近人情的职业"，铁路摧

---

1 Stover, *Routledge Historical Atlas*, pp. 46–47.

残着工人，就和它摧残着轨道、枕木和机车一样。[1]

1877 年，当美国东部的大部分铁路公司裁减薪水时（有些公司还裁减了不止一次），工人们用集体行动做出了回应。那一年铁路大罢工席卷全美，直到联邦政府出动军队才平息。但大势已成。工人们发现，获得雇主关注和尊敬的唯一方式是集体行动，于是工会诞生了。铁路工人依靠人数众多和目标一致的优势，在庞大的企业面前保护自己的权益。他们先后组织成立了四个"兄弟会"：火车司机兄弟会（1863 年）、售票员兄弟会（1868 年）、消防员兄弟会（1873 年）和乘务员兄弟会（1883 年）。

在第一次世界大战期间，为了防止工人运动，铁路被收归国有。战争结束之后，美国国会针对铁路工人的权益制定了一系列法律。这些法律——包括八小时工作制的规定——为其他行业的工作环境立法提供了样板。

铁路公司及其顾客，再加上铁路工人，共同开启了大企业、大工会、大政府的新时代。

当查尔斯·卡罗尔为巴尔的摩-俄亥俄铁路铲土奠基时，他将自己开启的未来与签署《独立宣言》一事作比较："我认为我刚才所做的，是我人生中最重要的事情之一，它的意义或许仅次于我在《独立宣言》上签字，甚至同等重要。"[2] 卡罗尔在 1776 年签署的《独立宣言》宣告了一个新国家的诞生。他在 52 年之后铲下的这一锹土，则开启了这个国家的发展进程，让美国崛起成为世界经济、工业扩张和创新的中心。美国

1　Albert J. Churella, *The Pennsylvania Railroad*, vol. 1 (University of Pennsylvania Press, 2012), p. viii.

2　Gordon, *Empire of Wealth*, p. 148.

经济不但塑造了一个不断发展的政府，而且在不断受到后者的影响。

今天的我们仍然居住在由铁路创造的世界中。[1]在由铁路驱动的城市化进程中，我们学会了如何将城市组织起来以提供公共医疗、公共安全和公共教育服务。铁路催生的愈发庞大的企业，需要由一个同样庞大的、在结构上也相似的集权政府来监管。铁路在 19 世纪创立的传统和机构，仍然主导着今天我们的生活方式。

连接

正如今天的我们仍能感受到铁路影响的余波，在驱动当代生活加速变化的计算机技术中，仍能发现蒸汽技术的影子。

"我向上帝祈祷，让蒸汽来完成这些计算吧。"一位英国数学家曾这么说。他做这番令人沮丧的祷告时，正值美国第一条铁路——斯多克顿-达灵顿铁路——通车。[2]这位名叫查尔斯·巴贝奇的数学家终其一生都在探索如何将蒸汽技术用于计算，而他的发明也成了今天计算机技术的前身。

巴贝奇认识许多早期铁路的先驱者，也参与过许多有关蒸汽机车的技术讨论，比如两根轨道之间的距离（即轨距）为多少最合适。1830 年利物浦-曼彻斯特铁路首次通车时，他提议为蒸汽机车安装一个被后人称作"捕牛器"的设备，以清除轨

---

1   Tony Judt, "The Glory of the Rails," *New York Review of Books*, December 23, 2010, and January 13, 2011.

2   Doron Swade, *The Difference Engine: Charles Babbage and the Quest to Build the First Computer* (New York: Viking, 2000), p. 10.

道上的障碍物。[1]不过，将他和今天的网络联系在一起的，其实是他的另一个创意——将蒸汽动力运用在机械化计算中。

1821年夏，巴贝奇和一位同事正在检查一组为皇家天文学会准备的数表。这组数表是当时的"计算员"脑力计算的结果。这样计算很有可能出错，因此通常的做法是把每项任务交给两个不同的计算员，他们的计算结果会被交叉比对，如果结果不一致，就需要重新计算。

检查这些表格是一件极其烦琐的工作。一个检查员向他的同事读出一长串数字，后者将它们与自己正在检查的那一串数字进行比对。这一工作需要高度集中的注意力，而且极其无聊，检查员稍一走神就有可能从头再来。正是在这样的时刻，巴贝奇向上帝发出了那个祷告。[2]

次年6月，巴贝奇已经设计出一种计算机的原型，他将这种计算机命名为"差分机"。这个机器由多根与地面垂直的杆子组成，每根杆上储存着0到9中的一个数字，每个数字都是杆上9个齿轮相互作用产生的结果。在数学和精密仪器制造两个领域，差分机都堪称一座丰碑。当时也有一些简单的计算工具，但每逢进位就需要人工干预（如此也带来了潜在的错误），差分机将进位过程自动化了。[3]也就是说，查尔斯·巴贝奇将数学机械化了。

在不断改进差分机的运算机制时，巴贝奇有了一个更具野心的愿景，他认为"计算全过程看起来都已在机械的掌握之

1　Anthony Hyman, *Charles Babbage, Pioneer of the Computer* (Princeton University Press, 1982), p. 143.

2　Swade, *Difference Engine*, p. 10.

3　来源同上，pp. 28–30。

中"。[1] 他开始设想一种更复杂的机器，称之为"分析机"。这种机器可以把上一组计算的结果用作下一组计算的开始。他形容其为"可以咬到自己尾巴的机器"[2]。而这，正是现代计算机的核心理念。

1834年夏到1836年夏这两年间，巴贝奇构想出了这台机器所需的组件——它们所组成的，其实就是今天的计算机。在无比细致的设计图纸中，巴贝奇展示了一个按内部指令运行的中央处理器（"作坊"）、可扩展的内存（"仓库"）、用来输入数字的打孔卡片和用来输出计算结果的打印机。这台机器可以进行十进制的计算，也可以进行"if-then"的条件分支计算——也就是说，在需求下达前就准备好结果（相当于今天的"微编程"），还可以用多个处理器拆分任务来加快计算速度（类似今天的"并行处理"）。[3]

然而，查尔斯·巴贝奇没能造出他构想的任何一台机器。尽管他的确造出了一台小型差分机，但由于他和自己的总工程师发生了矛盾，再加上英国政府终止了对他的资助，这台机器远远没有实现它的最大潜力。分析机也没能被造出来。尽管它的各组件都造好了，但这些组件从未被组装成一台完整的机器。如果这台机器真的被造了出来，它定是一座和小型蒸汽机车差不多大的庞然大物。

不过，在1991年，伦敦科学博物馆实现了巴贝奇没能做到的事情。基于他的设计图纸，使用19世纪中期的技术，这

1　Hyman, *Charles Babbage*, p. 165, quoting Babbage's *Passages from the Life of a Philosopher* (1864).

2　来源同上，p. 164。

3　Swade, *Difference Engine*, pp. 114–15.

家博物馆造出了一台有 8000 个组件的差分机。它完美实现了巴贝奇 160 多年前设想过的性能，能够进行无误差的计算。[1] 眼下，这家博物馆正试图按照巴贝奇的设计图纸建造一台分析机。[2]

在 20 世纪 30 年代，大西洋两岸的多个研究团队都在苦苦探索如何制造世界上第一台电子计算机。令人惊讶的是，他们都对巴贝奇的工作一无所知。他们不知道，早在一个半世纪前，在那令人激动的蒸汽时代，一个天才已做出过类似的探索。

1　Swade, *Difference Engine*, pp. 114–15.

2　John Markoff, "It Started Digital Wheels Turning," *New York Times*, November 7, 2011.

4

世界上第一个电子网络和时间的终结

查尔斯·米诺特（Charles Minot）越来越不耐烦。这位铁路公司高管急于西去的旅程，但他乘坐的列车停靠在纽约州特纳站的一条侧线上。主线只有一条，一列早该经过的东去列车晚点了。米诺特只得等待，再等待。

在铁路发展早期，要想让相向而行的列车共用一条轨道，调度人员必须严格遵守时刻表（当时的工作人员称其为"书"）。在时刻表上，某些班次（比如快车）享有行车优先权，每列火车在行驶时都有相应的缓冲期，允许它早到或迟到一些。这意味着，如果一列车迟到了，但还在缓冲期内，那么相向而行的列车只能停在侧线上，等前者经过后才能开上主线。如果缓冲期结束时列车还没到，那么等待中的列车就可以在挥旗员的指挥下缓缓前行，并时刻关注前方是否来车。当两辆列车的司机望见对方后，其中一列会前往最近的侧线，让另一列先通过。

当这种操作遇到"墨菲定律"时，调度系统就会失灵。米诺特就遇到了这样一个时刻，成了被迫等待的一方。作为纽约-伊利铁路的总监，米诺特以追求成效和脾气暴躁无礼出名。[1]在1851年的这个秋日，他的遭遇让他做出了美国铁路史上史无前例的一件事：他用沿铁道铺设的电报线联系了前方多个车站，以调度前方列车。

他首先发电报给最近的前方车站——14英里外的纽约州戈申站，询问那列东去的列车是否已经开过该站。他迅速得到了答复：还没有。他立刻发出了另一封电报："致戈申站主管和调度员：截住那列车，等待进一步指示。签名：总监查尔斯·米诺特。"然后，他向自己搭乘的这列车的司机下达了指令，遵循当时的规定，这是一条手写的指令："前进至戈申站，不管前方是否来车。"[2]

显然，这位司机不像米诺特那样愿意把这列火车的命运交给电报线上的几个火花。他可不管电报这种新鲜玩意儿用点点画画说了些什么。他不同意开车，除非他亲眼看到东去的列车从他面前驶过。

米诺特动用职权把司机撇开，开始自己控制列车。紧张的司机退到了最后一节车厢的最后一排，坚信列车将迎头撞上那列东去的快车。

当米诺特顺利到达戈申站时，东去列车仍未到达。他重复了之前的操作，发电报给下一站，了解那列车是否已经开过。收到否定的回复后，他让自己的列车继续前进。抵达下一站时

1　"A Monument to Charles Minot"（www.telegraph-history.org/charles-minot/index.html）.

2　来源同上。

他重复了此步骤。直到抵达第四站时，姗姗来迟的东去列车才终于出现。

就这样，查尔斯·米诺特利用当时唯一比蒸汽机车跑得更快的东西——电报——实现了对"铁马"的调度。

没过多久，铁路和电报就开始共享资源。商业电报线沿着铁路线铺设，火车站职员兼任发报员。作为回报，有关铁路调度的电报优先并免费发送。曾将当地居民和货物与外部世界相连的实体枢纽——火车站——成了当地的信息中心。

对新兴的电报网络来说，这是一个突破性的时刻。"在企业家们做出的各种有关电报技术的大大小小的创新中，没有哪个比发现电报与铁路的共生关系更为重要，也更令人兴奋。"[1]随着这对共生事物不断扩张，由电线交织的网络创造出被今天的我们称为"电信"的服务。这标志着为信息时代搭建基础设施的开始。

"天才的灵光乍现"

就在斯多克顿-达灵顿铁路通车那一年（1825年），美国独立战争中的英雄人物——拉法耶特侯爵（Marquis de Lafayette）——正在美国进行凯旋之旅。这是他第四次、也是最后一次访问美国。拉法耶特曾在战争中与华盛顿将军并肩作战，并在美国殖民地争取法国支持中起到了关键作用。因此，纽约市当局决定将他的画像与华盛顿、克林顿、杰伊、汉密尔顿等英雄人物的画像并排悬挂在市政厅中。

1　Albro Martin, *Railroads Triumphant: The Growth, Rejection & Rebirth of a Vital American Force* (Oxford University Press, 1992), pp. 23, 24.

他们委托知名美国艺术家塞缪尔·F·B·摩尔斯完成这幅画像。2月初，摩尔斯离家前往华盛顿特区与拉法耶特会合。从位于纽黑文的家到首都，他需要在马车上颠簸四天。

1825年2月9日，摩尔斯在英雄光环的笼罩下在白宫度过了一个夜晚。这位艺术家不仅拜访了时任总统詹姆斯·门罗（James Monroe），还与众议院刚以微弱多数选出的候任总统约翰·昆西·亚当斯攀谈。这是一个令人兴奋的夜晚。急于与妻子分享的摩尔斯，写了一封长信向妻子复述当晚的见闻。在结尾他写道："我渴望听到你的消息。"[1]

然而，收信人卢克雷蒂亚·摩尔斯（Lucretia Morse），已于三天前去世。[2]

第二天，摩尔斯收到一封父亲的来信。"我亲爱的儿子，"他的父亲写道，"我怀着无限的沉痛与悲伤通知你，你挚爱的妻子意外去世了。"[3]

这位新鳏夫立刻踏上了返乡的行程，在妻子葬礼结束几天后才回到家中。

四年后，仍然沉浸在丧妻之痛中的摩尔斯出发前往欧洲，希望做一次或许可以治愈伤痛的长时间旅行，并学习欧洲大师的绘画技巧。三年后的1832年10月，他登上"萨利号"邮政船返回美国，在航行途中，他经历了一个被后来的他颇不自谦地形容为"天才的灵光乍现"的时刻。

1　Kenneth Silverman, *Lightning Man: The Accursed Life of Samuel F. B. Morse* (New York: Alfred A. Knopf, 2003), p. 73; Tom Standage, *The Victorian Internet: The Remarkable Story of the Telegraph and the Nineteenth Century's On-line Pioneers* (New York: Berkeley Books, 1999), p. 25.

2　Carleton Mabee, *The American Leonardo: A Life of Samuel F. B. Morse, rev. ed.* (Fleischmanns, N.Y.: Purple Mountain Press, 2000), p. 98.

3　Silverman, *Lightning Man*, pp. 73–74.

那个夜晚，餐桌上的讨论话题转向了一个新概念——"电磁"。摩尔斯后来回忆道："当时我想，如果在电路的任何一段上电都能变成肉眼看得到的东西，那么我们就有理由认为信息可以通过电流实现即时传输。"[1]

对于一个一直专注于艺术而非科学的人来说，这个洞见实属不寻常。而长达六周的海上行程给了摩尔斯许多时间，让他在素描本上涂画了许多笔记和图表，列出了诸多需要解决的问题。

尽管他骄傲地把那个时刻称为"天才的灵光乍现"，并且之后他也请当时同船的乘客为他作证——是他最先构思出了电报，但其实当时的摩尔斯对电力传输的物理学知识几乎一无所知。当时的他也不知道，类似的理念已经存在了约 80 年，并已有过多次实践。

但从某种意义上来说，摩尔斯的无知却成了他的优势。他把实际物理问题放在一边，专注于信号输入和输出的原理。从一开始，摩尔斯就认为信息应当能以实体形式被永远保存。他在"萨利号"上得出的另一个结论，是一条消息应当用数字而非字母来表达，因为数字只有 10 个，而字母有 26 个（如果加上大写字母、标点和其他符号，那就更多了）。摩尔斯设想用电流的强弱组合——以点和划表示——来代表需要被传输的数字。他甚至开始琢磨这些点和划的排列组合方式。[2]

为了将这些数字转化为单词，摩尔斯构思了一种密码本，它为每个单词分配了一组数字。要撰写一封电文，发报员只需在密码本上找到单词，发送对应的数字。在接收端的人可以回

1　Silverman, *Lightning Man*, p. 154.

2　Mabee, *American Leonardo*, p. 151.

推这一过程来得到对应的单词。

为了组合这些信号，摩尔斯将一些带着锯齿的金属片插入一段一米长的木槽中。他将其命名为"箱尺"。木槽由一根曲柄带动，可以横向移动。它的上方有一根横向木条，木条的一端钉着一根小棍，当木槽横向移动时，上方的小棍就会沿着金属锯齿上上下下地运动。木条的另一端连着电池。当小棍朝上移动时，木条的另一端就会落下，接通电路；当小棍朝下移动时，木条的另一端就会抬起，断开电路。这些不同的电流组合方式，对应着从 1 到 10 的数字。比方说，数字 1 对应一个单齿，数字 2 对应"单齿—空白—单齿"，从数字 6 开始使用长空白，对应"单齿—长空白"。[1]

在接收端，摩尔斯设计了一卷可以拉长的纸条，一块绑着钢笔或铅笔的电磁铁像钟摆一样悬在纸条上方。他称其为"记录器"。电流的接通和断开会让笔在纸面上来回滑动，划出 V 字线条，与发送端的电流对应。比方说，数字 23 在纸上呈现为 VV VVV。[2]

并非新想法

1832 年 11 月 16 日，"萨利号"抵达纽约，摩尔斯下船时告诉船长："船长先生，如果你在未来某一天听说电报成了世界奇迹，请记住，它是在'萨利号'这艘好船上被发明出来的。"[3]

尽管摩尔斯发出了这样的宏愿，但和所有伟大的网络技术

1　Silverman, *Lightning Man*, p. 148.

2　来源同上，pp. 148–49。

3　Mabee, *American Leonardo*, p. 154.

突破一样，电报其实也是其他技术不断融合的结果。最早用线缆导电的故事颇具神秘色彩。[1] 在 1729 年的伦敦，斯蒂芬·格雷（Stephen Gray）把金属线挂在麻绳上，将摩擦产生的电从一端传到了另一端。[2] 早在 1753 年，一位署名 "C.M." 的人就在一封信中提出了通过金属线传递电脉冲的构想。当时一篇发表在《苏格兰人》杂志上的文章介绍了这封信中的想法，文章的标题是《一种快速传递信息的方法》。[3]

这篇文章提出的构想是单独发送每个字母，然后在接收端独立触发信号。这个创意在 21 年后由法国发明家乔治斯·勒·塞奇（Georges Le Sage）实现，并在日内瓦展示。[4] 到 1804 年，有人基于相同的创意构想出一种更加奇怪的应用：加泰罗尼亚科学家唐·弗朗西斯科·萨尔瓦·坎皮略（Don Francisco Salva Campillo）提议将每根金属线的末端绑在人的身上，当接收到电流时，这个人就可以大声喊出对应的字母。[5]

摩尔斯当时也不知道，大西洋彼岸的美国已经建造了数个用电磁传递信号的系统。早在 1827 年，长岛上就出现了

1　其他技术的发展对电报也至关重要。基于路易吉·伽伐尼（Luigi Galvani）在 1780 年发明的电池，亚历山德罗·伏打（Alessandro Volta）在 1800 年发明了能够保持电流恒定的电池。丹恩·汉斯·克里斯蒂安·厄斯特（Dane Hans Christian Ørsted）在 1820 年发现了电与磁的关系，安德烈－玛里·安培（André-Marie Ampère）于同年在巴黎首次应用电磁。这些都为电报的发明提供了科学基础。

2　John Desmond Bernal, *A History of Classical Physics* (New York: Barnes and Noble Books, 1997), p. 284.

3　Standage, *Victorian Internet*, p. 17.

4　Mabee, *American Leonardo*, p. 192.

5　"Looking for the Electric Telegraph" (www.connected-earth.com); Paul DeMarinis, "The Messenger," 1998 (www.well.com/user/demarini/messenger.html).

一个原始的展示项目。[1] 然而，历史上第一封电报的发明权归属于约瑟夫·亨利（Joseph Henry）。1831 年 1 月，也就是摩尔斯被"天才的灵光乍现"击中的前一年，亨利教授在本杰明·西里曼（Benjamin Silliman）的《美国科学与艺术杂志》（即后来的《美国科学杂志》）上发表了一篇文章，他提出了一个创意，之后又造出了一个展示装置，这个装置可以用电指挥电枢敲击一口在别处的钟。它的原理与电报完全相同：通过接通或断开电路，在另一端产生所需的效果。[2]

通过将信息与物理载体相分离让它更快地传播，是人类早已熟知的道理。几个世纪前人类已经能够用烟或火远距离传输信号。"电报"的英文单词 telegraph 就源自法语 télégraphe（意为"远距离书写"），这个词最早被法国人克劳德·查普（Claude Chappe）用来命名他开发的一个视觉传输系统。

用烟或火传递信号的早期技术有很大的局限：它们只能用来传递意义宽泛、需要结合上下文才能理解的信息（比如，它可以表达"发现敌人"，但无法表达"100 个骑兵在 4:00 经过并朝西南方向前进"）。1791 年 3 月 2 日，查普克服了这个局限，将一条有 9 个单词的消息在 4 分钟内传到了 10 英里外。[3]

查普的第一台"远距离书写"装置采用了一些一面涂成黑色、一面涂成白色的面板。人们可以通过面板的不同组合发送信号。后来，查普又发明了一套旗语系统。但法国大革命的爆发打断了他的研究，在革命的狂热中，任何传递消息的新方法

1　Richard R. John, *Network Nation: Inventing American Telecommunication* (Belknap Press of Harvard University Press, 2010), p. 46.

2　Mabee, *American Leonardo*, p. 191.

3　这句话是 Si vous réussissez, vousserez bien-tôt couvert de gloire，意思是"如果成功，你将获得荣耀"。（Standage, *Victorian Internet*, p. 9）

都受到了怀疑。不过，拿破仑在 1799 年掌权后接受了这个新技术，并下令按照查普的构想建造了一系列用来传递信号的高塔。和摩尔斯一样，查普也编撰了一套密码本。[1]

查普的创意很快被推广到全欧。在美国，类似的系统也应运而生，尤其在海港附近，它被用来报告船舶进港的消息。波士顿和旧金山的电报山就是这类系统的遗留物——在这样的地势高点，人们可以通过望远镜观察远处的活动，而从这里发送出去的光信号也能被远处的人们观察到。[2]

到 1837 年，在改进了早期的电子通信构想后，英国科学家查尔斯·惠斯通（Charles Wheatstone）和他的搭档威廉·库克（William Cooke）在伦敦成功把信息从尤思顿火车站传到了 1.5 英里外的坎登城火车站。他们设计的装置十分笨重，5 个针形箭头在一个菱形网格中排成一排，分别与 5 根金属线相连。发报员可以让电流通过其中一条线路传至缠绕在对应箭头上的电圈，电流会让箭头向左或向右偏斜[3]，而两个箭头的夹角，就指向菱形网格中的一个字母。

除此之外，菱形网格只有 20 个点，因此它只能显示 20 个字母（无法显示字母 c、j、q、u、x 和 z）。尽管如此，它仍然实现了通过电脉冲传递信息。英国政府向惠斯通和库克的发明授予了专利。[4] 1838 年，始发于帕丁顿站的大西部铁路沿线的电线铺设完毕，"惠斯通和库克系统"首次投入商用。

1　Standage, *Victorian Internet*, p. 13.

2　John, *Network Nation*, p. 54.

3　每条电线都连接到类似一个操纵杆的控制器上。当操纵杆垂直时，电路断开，针垂直。向左拉操纵杆，指针也向左偏；向右拉操纵杆，电流反向流动，指针向右偏。

4　J. L. Kieve, *Electric Telegraph: A Social and Economic History* (Newton Abbott, U.K.: David & Charles, 1973), pp. 18–26.

1837 年 2 月，就在"惠斯通和库克系统"首次在伦敦展示的那一年，美国财政部长列维·伍德伯里（Levi Woodbury）应国会要求下令收集关于兴建"远程信号系统"的可行性报告。国会设想的是一个查普式系统，提交上来的 18 份可行性报告中有 17 份讨论的都是查普的视觉信号系统，只有塞缪尔·摩尔斯提交的报告设计了一套电子信号系统。[1]

此时的摩尔斯已是纽约大学的设计艺术教授，他一直在校园中作画、教书和实验。他用手边能找到的各种材料，不断改进他在"萨利号"上的设想。比方说，"记录器"最初就是用一个画布框做的，摩尔斯把它钉在桌子上，下面悬挂着那块电磁铁。[2] 在他提交给伍德伯里部长的可行性报告中，摩尔斯报告了他的实验结果，并承诺未来还会报告新进展。[3]

在后来的一份进展报告中，摩尔斯称他已成功将信号传至一段 10 英里长的金属线的另一端。他十分看好自己取得的进展，自信地预测："我们现在毫不怀疑……在任何距离上都能实现类似的效果。"[4] 克服导线的电阻，实现远距离传输，的确是电报技术的一个真正突破，因为随着距离的增加，电阻会导致信号减弱，直至消失。但找到办法解决了这一问题的人，并非摩尔斯。尽管摩尔斯后来竭力否认有人在他之前就想出了办法，宣称电报完全是他和他的"天才的灵光乍现"的产物，但事实并非如此。

1　Richard R. John, "The Selling of Samuel Morse," *Invention & Technology*, Spring 2010. 有趣的是，国会 2 月就开始收集可行性报告，可摩尔斯迟迟没有应答，直到 9 月 27 日他才提交自己的报告。（Mabee, *American Leonardo*, p. 196）

2　Mabee, *American Leonardo*, p. 183.

3　Silverman, *Lightning Man*, p. 160.

4　来源同上，p. 161。

在摩尔斯给财政部长写信六年前，约瑟夫·亨利教授发表在《美国科学与艺术杂志》的那篇文章就已指出，电的强度（电压）比数量（电流）更重要。摩尔斯在写信前不久还只能实现近距离传输，要让电报发挥实际作用，信息传输的距离必须长得多。纽约大学的另一位教授莱昂纳多·盖尔（Leonard Gale）向摩尔斯介绍了亨利的文章，并提议摩尔斯用多电池取代单电池来增强电压。盖尔还向摩尔斯介绍了亨利的一个观察：可以通过增加绕线的数量和密度来增加电磁铁的功率。在根据盖尔的提议做出两项改进后，摩尔斯的电报传输的距离从40英尺猛增到了10英里。[1]

正是这些突破，使摩尔斯可以向伍德伯里部长吹嘘他"在任何距离上都能实现类似效果"。第二年（1839年），当摩尔斯开始挑战更远距离的传输时，他拜访了亨利教授，离开时又带走了一个好点子，帮助自己减轻了远距离信号损耗。

亨利的办法是在电阻使电能几乎衰减至零的那段电线上安装一块电磁铁，即使非常微弱的电流也能将它激活，而一旦激活，这块电磁铁就接通了一段新的高压电路。新产生的强大信号完美克隆了原始信号，沿着导线继续传播、衰减，直到被下一个继电器再次放大。

与摩尔斯不同，约瑟夫·亨利是一位谦逊的科学家。他的信念是任何科技进步的成果都应该开放给全社会免费使用，为全人类的福祉服务，而不是用来满足一己之利。因此，他没有为自己的任何一项发明申请专利。摩尔斯则完全不受这种无私

1　Silverman, *Lightning Man*, pp. 159–60; Mabee, *American Leonardo*, p. 192.

观念的影响，他用上了不少亨利的想法，却很少承认这一点。摩尔斯在 1840 年为"自己的"发明申请专利时，就包括了亨利无私分享给他的技术。

约瑟夫·亨利后来成了史密森尼学会的首位会长和林肯总统的非官方科学顾问。他对摩尔斯卖力"证明是我自己……发明了用电传递信息"的做法颇为不屑。[1]亨利曾举证："据我所知，摩尔斯先生没有在电、磁或电磁领域做出过任何一项可以应用于电报的发现。"[2]

摩尔斯去华盛顿

或许摩尔斯并非道德楷模，但他毫无疑问是这个看上去依然神奇、能够跨越时空的电子技术最不遗余力的推动者。虽说他在科学知识上有所欠缺，但他用自己的闯劲弥补了这一欠缺。

摩尔斯带着他的电报装置上路了。1838 年 1 月初，新泽西州莫里森市的《泽西人》报道了这个装置在该市的一次展示，文章标题是《摩尔斯教授的电磁发报术》。次月，摩尔斯和他的同事兼助理阿尔弗雷德·维尔去首都华盛顿展示他们的装置。

众议院商业委员会所在地成了这套电报装置盛大揭幕的地方。摩尔斯和维尔将两卷 5 英里长的电线推进一个会议室，议员们纷纷前来围观。总统马丁·范布伦（Martin Van Buren）和他的内阁则从宾夕法尼亚大道另一头的白宫出发前往该会议

---

1 Silverman, *Lightning Man*, p. 153.

2 Mabee, *American Leonardo*, p. 311.

室。摩尔斯让范布伦小声说出他要传送的消息。在接收端，电文显示出了这条消息："敌人来了。"[1]

在一个连电都还只是一种模糊的科学概念（爱迪生的灯泡要到 1879 年才被发明出来）的年代，摩尔斯展示的电报技术令人瞠目结舌。

"世界即将终结。"维尔听到一位旁观者这样说。[2]

"时间和距离都被消灭了。"另一位在场人士准确做出了这番观察。[3]

但仅凭这些政治人物发自肺腑的感叹，还不足以预示一场革命的到来。1838 年 4 月 6 日，众议院商业委员会报告称，有议员提出一项草案，建议拨款 3 万美元修建一条 50 英里的电报测试线路。这份报告将电报描述为"一场革命，其道德之宏伟，无法被其他任何艺术和科技发明超越"。[4]

然而，这个草案很快偃旗息鼓。曾因 2 月的那次展示雄心勃勃的摩尔斯被浇了一盆冷水，因为议员们很快发现，让自己选区的选民们同意把一大笔钱花在一个他们完全听不懂的技术上，会带来怎样的政治后果。1837 年的经济大恐慌刚结束没多久，美国正值财政紧缩，此时投票支持一个天桥把戏般的技术，在政治上的确不是什么明智之举。

再一次，摩尔斯对声名的追逐让他做出了不那么光彩的举动。其他众议员们不知道这项拨款草案的主要发起人已在私下从摩尔斯那里获得了好处。在 2 月的展示与 4 月的草案提出之

1　Silverman, *Lightning Man*, p. 168.

2　Mabee, *American Leonardo*, p. 207.

3　来源同上。

4　Silverman, *Lightning Man*, p. 169.

间，摩尔斯私下将其技术所有权的四分之一授予了商务委员会主席、来自缅因州的众议员弗朗西斯·O. J. 史密斯（Francis O. J. Smith）。但即使这项草案有着如此强大的支持者，大部分众议员还是认为通过电花传递信息的想法太过荒唐，投票支持这个想法在政治上过于冒险。

要到整整五年后，美国众议院才会再度讨论电报问题。在这五年间，摩尔斯曾访问欧洲，但没能为他的技术申请到专利，也没能吸引到投资者。在这个过程中，他意识到，"天才的灵光乍现"也击中过其他人。惠斯通和库克这对搭档就早于摩尔斯实现了自己的技术构想。在沿着英格兰大西部铁路铺设了他们的电报系统后，这对搭档正在设法将自己的技术带到大西洋彼岸的美国。

不成功的欧洲之旅让摩尔斯颇为失望，也促使他把注意力转向了其他兴趣。在巴黎宣传自己的电报技术时，他遇见了路易斯·达盖尔（Louis Daguerre）并观摩了后者的早期摄影技术。回国后，摩尔斯将自己的艺术专长和这项新技术结合起来，成立了"摄影画作"工作室。[1] 他还以反移民反天主教的立场参加过 1841 年的纽约市长竞选，不过落选了。

令人惊讶的是，塞缪尔·摩尔斯直到这时还没能为他的电报技术申请到专利。他在 1837 年就收到过一份专利办公室寄来的"预告"文件，这相当于一种占位权，意味着相对其他技术这项技术会被优先考虑，但还缺乏技术流程的相关细节。直到 1840 年 6 月 20 日，专利办公室才将第 1647 号专利授予"通过电磁的应用，对用信号来传递信息的方法做出

1　Silverman, *Lightning Man*, pp. 196–98.

的一项有用改进"。[1]

1841 年，美国国会对信号传递技术的热情被再度点燃。在最近一次国会选举中，辉格党赢得了参众两院的多数席位，而该党认为应当由政府来推动国内基础设施的建设（所谓"境内改进"）。国会再一次开始考虑视觉信号系统，并考虑资助一个项目。作为这个项目的试运行部分，国会大厦的屋顶（当时还没有建造穹顶）还竖起了一个旗语装置。此时，摩尔斯聘请了游说者艾萨克·科恩（Isaac Cohen）来宣传他的电报技术，但科恩没能成功。[2]

当第 27 届美国国会在 1842 年 12 月返回进行为期三个月的最后一次会议时，塞缪尔·摩尔斯亲自上阵了。他曾私下勾连的众议员史密斯没有竞选连任，已离开国会。摩尔斯找到了一个新的（并且正当的）盟友——众议院商务委员会成员、来自纽约市的议员查尔斯·弗里斯（Charles Ferris）。

一条电报线在众议院商务委员会的办公室与参议院海军事务委员会的办公室之间架设起来。摩尔斯再一次向所有人演示了他的技术。但这一次，并不是每个人都深受折服。"我仔细观察了他的表情，想看清他是否精神错乱，"印第安纳州参议员 O. H. 史密斯（O. H. Smith）这样写道，"在离开房间之后，其他参议员也告诉我他们对此毫无信心。"[3]

摩尔斯陷入了绝望，而且濒临破产。在即将离开华盛顿时

1　Silverman, *Lightning Man*, p. 212. 就在摩尔斯获得专利 8 天前，英国的惠斯通和库克这对搭档刚刚在美国获得了"指针电报"技术的专利。

2　对摩尔斯而言幸运的是，科恩同意在游说成功后收费。（Mabee, *American Leonardo*, p. 251）

3　Seymour Dunbar, *A History of Travel in America*, vol. 3 (Bobbs-Merrill, 1915), p. 1048.

他算了算，买完回纽约的火车票后，他名下将只剩37.5美分。[1]

最终在1842年12月30日，商务委员会向众议院提交了弗里斯众议员的一项提案（H.R. 641）。众议院要求将这份报告复印5000份，[2] 这显示出议员们对这个话题的浓厚兴趣。他们显然明白，他们需要对自己的选民解释这个听起来颇为疯狂的想法。

当然，这个靠电花传递消息的想法，首先要经受众议院中怀疑者的拷问。1843年2月21日，众议院全体议员开始辩论商务委员会的一项提案，即拨款3万美元来"测试由美国政府设立一个电磁电报系统的可行性"。[3] 辩论很快就变成了一场大混战。

来自田纳西州的议员凯夫·约翰逊（Cave Johnson）是反对阵营的领导人。"（他）对着众议员语无伦次地责骂着、怒吼着、尖叫着，口吐白沫，好似魔鬼附身。"一张报纸如此记录。[4] 约翰逊甚至提出动议修改提案，将一半拨款用于研究用催眠术传递信息。这一说法激起在场议员的哄堂大笑和冷嘲热讽。摩尔斯此刻正坐在旁听席上，就在他感受着对自己的种种嘲讽时，另一位众议员表示反对这项动议，请求将"资助催眠术"的提出裁定为不合乎规程。主持官不仅没能让辩论重归严肃，还让更多人发出了爆笑，因为他裁定，由于"缺乏科学分析来判断催眠术产生的磁力与电报采用的磁力的相似程度"，

1　Mabee, *American Leonardo*, p. 259.

2　*Journal of the House of Representatives*, December 30, 1840, p. 118.

3　Silverman, *Lightning Man*, pp. 219–21.

4　"Newspaper Accounts Regarding the Telegraph," *Industrial Revolution Reference Library*, vol. 3, *Primary Sources*, ed. James L. Outman, Matthew May, and Elisabeth M. Outman (Detroit: U-X-L Thomson Gale, 2003), p. 83.

这个修正动议符合规程。在议员们好好乐了一番后，修正动议获得了 22 张赞成票，但最终被否决。[1]

最终，在两天之后的 2 月 23 日，众议院以 89 票对 83 票勉强通过了拨款提案。有 70 位众议员选择弃权，既不赞成也不反对。[2]

众议院通过提案无疑是一次胜利，但时间已所剩无几。离第 27 届美国国会休会只剩 8 天。摩尔斯将游说重点转向了参议院。在 3 月 3 日——国会的最后一个工作日，塞缪尔·摩尔斯坐在旁听席上，绝望地看着参议员们按部就班地完成当天的日程。他的参议员朋友告诉过他不要抱太高期望。几天前提案在众议院辩论中引发的大混战，让人不难想象参议院的反应。而在这最后的关头，任何拖延都是致命的。

然而，奇迹发生了。参议员们一直工作至深夜，最终通过了拨款提案。这次投票的官方记录十分简短，毫无众议院辩论时的嘲弄调侃之意："众议院提出的向测试电磁电报计划拨款的议案，在三读后通过。"[3] 没有反对票。当晚，泰勒总统签署法案，使它正式成为法律。

摩尔斯先生可以放手实现他的电报梦了。

但行得通吗？

国会拨款的 3 万美元，约相当于今天的 100 万美元。[4] 摩

1　*Congressional Globe*, 27th Congress, 3rd Session, p. 323.

2　Silverman, *Lightning Man*, p. 221. 众议员、美国内战英雄、长篇小说《宾虚》的作者刘易斯·华莱士（Lewis Wallace）曾将自己后来的国会选举失利，归咎于选民们对他投票支持这一荒唐项目的不满。（Lew Wallace, *An Autobiography*, 1906, p. 6, cited in Mabee, *American Leonardo*, p. 258）

3　*Congressional Globe*, 27th Congress, 3rd Session, p. 387）

4　"Inflation Calculator," DaveManuel.com (http://www.davemanuel.com/inflation-calculator.php).

尔斯给自己冠以电磁电报项目总监的名头，从财政部长那里拿到拨款，准备开工建设。尽管缺乏科学专长，他仍然得到了这个职位，这无疑让摩尔斯认为自己也有监督这个项目的建造过程的能力，哪怕没有管理专长。但两种专长的欠缺，很快就让他付出了代价。

1843 年 10 月 21 日，比原计划推迟了三周之后，项目正式在巴尔的摩端开工建设。已经运营了 15 年的巴尔的摩-俄亥俄铁路同意让摩尔斯沿着它已取得用地权的路线，将电线一路铺设到华盛顿。[1] 因为担心有人破坏，也因其仇视外国恶人的沙文主义倾向，摩尔斯决定将电线穿进一种特制的柔软铅管中。摩尔斯聘用了他的专利搭档、前众议员弗朗西斯·O. J. 史密斯购买导管、电线并雇人完成挖沟埋线的工作。史密斯很快就把挖沟埋线的合同给了自己的妹夫，而后者又把工程转包给了一个名叫埃兹拉·康奈尔（Ezra Cornell）的犁推销员。

在巴尔的摩火车站外，康奈尔为这个项目特别设计的埋线装置被投入使用。在八头驴的拖动下，犁头钻入泥土中，挖出一道窄沟，犁顶安装的一卷内置绝缘线的铅管随之被送入犁头后方的沟槽中，随着犁向前拖动，沟槽两边塌下的土就会将铅管埋住。[2]

但向前推进了 10 英里后，摩尔斯的工程就和沟槽两边的土一样"塌方"了。埋在地下的铅管出现了裂缝。摩尔斯找到了一个新的铅管供应商，但后者的产品仍有缺陷。此时已是12 月，冬天来了。

---

1 尽管协议规定巴尔的摩-俄亥俄铁路公司可以免费发送电报，但直到发生前文所述的查尔斯·米诺特的遭遇之后，这一约定才真正实现。

2 Silverman, *Lightning Man*, p. 225.

摩尔斯本打算在12月国会重新开会前完工。但到了12月，他的工程还卡在距离巴尔的摩只有10英里的马里兰州里雷。最糟糕的是，因为铅管泄露导致信号接地，就连已铺好的那段线路也无法工作。

让摩尔斯焦头烂额的不仅仅是技术问题。他的老搭档史密斯的行事，还和当年在众议院时一样不够光明磊落。第二个铅管供应商的要价比第一个供应商低了1172美元。没什么道德原则的史密斯向摩尔斯提议向政府隐瞒这一点，好私分这笔钱。[1] 摩尔斯拒绝了，这让两人的关系开始变僵。[2]

摩尔斯虽然不愿私吞公款，但认为一点小小的欺骗还是可以接受的。他定期向财务部长汇报项目进展情况，以获得下一笔拨款。与此同时，报纸也在报道他的进程。因此，他绝不能让外界知道项目失败了。摩尔斯需要为停工和重新评估情况找一个说得过去的理由。

了解工程内幕的埃兹拉·康奈尔表示愿意配合摩尔斯。他让摩尔斯给出的说法是他的犁沟工具出了故障，在驾驶过程中撞上了一块大石头，犁头碎成了几块。[3] 摩尔斯宣布项目进入冬歇期，他将用这段时间修理工具，并测试已铺好的线路。

摩尔斯自己前往华盛顿过冬。他住进了老同学、专利局局长亨利·埃尔斯沃思（Henry Ellsworth）的家中。这位局长还给摩尔斯在专利局的地下室找了间屋子存放材料。整个冬歇

1　Mabee, *American Leonardo*, p. 267.

2　最终，史密斯将其中一半收入囊中，而摩尔斯将另一半作为节省下来的成本归还给了政府。

3　Robert Luther Thompson, *Wiring a Continent: The History of the Telegraph Industry in the United States, 1832–1866* (Princeton University Press, 1947), p. 22.

期，摩尔斯忠实的助手阿尔弗雷德·维尔和埃兹拉·康奈尔把自己埋进了书堆。和他们的老板不一样，他们相信"天才的灵光乍现"不会仅仅击中摩尔斯一人。他们决定学习其他人的经验。维尔在一份英国出版物中读到惠斯通和库克这对搭档也曾尝试在地下埋线，也遭遇了种种麻烦，最终他们决定将电线挂在空中。维尔再一次在摩尔斯的成功中扮演了决定性作用——尽管后来摩尔斯将所有功劳都算在了自己头上。他说服了摩尔斯，唯一可行的办法是在空中架线。

此时项目已濒临破产。到 12 月，摩尔斯已经用掉了国会3 万美元拨款中的 2.3 万美元。而他拿得出手的，是一段只铺了 10 英里并且无法工作的电线。维尔在给太太的信中写道："我一点也不怀疑，在我们有任何进展前，拨款就会被耗光。"[1]在专利局的地下室里，摩尔斯的团队一整个冬天都在做一份极其枯燥的工作：将电线从铅管中取出，剥掉绝缘层，好让这些电线未来被挂在杆子上。为了填补日渐萎缩的账户，摩尔斯把所有的铅管都当废品卖掉了。

维尔说服摩尔斯采用惠斯通和库克的做法将电线挂了起来，但还存在一个问题：如何在电线接触电线杆时防止电线接地。他们从埃兹拉·康奈尔酒店房间里梳妆柜上的玻璃旋钮那儿得到了灵感。玻璃不导电，因此可以将电线固定在玻璃上绝缘。摩尔斯最终采用的玻璃绝缘体，与给他们带来灵感的那个玻璃旋钮非常相似。[2]

虽然技术困难还不至于激化矛盾，但停止挖沟埋线的决定

1　Silverman, *Lightning Man*, p. 230.

2　Lewis Coe, *The Telegraph: A History of Morse's Invention and Its Predecessors in the United States* (Jefferson, N.C.: McFarland & Co., 1993), p. 23.

终于激怒了史密斯。摩尔斯有所不知，史密斯已经买下了康奈尔挖沟设备的一半股权。摩尔斯的决定不仅让史密斯的妹夫丢了生意，也摧毁了史密斯自己的发财美梦——他本想通过向未来的电报公司出售康奈尔设备的使用权来大赚一笔。两人的矛盾变得公开化并且火药味十足。自此，摩尔斯只能通过书面方式与这位老搭档交流。[1]

无论如何，1844 年 3 月中旬，摩尔斯团队终于沿着巴尔的摩-俄亥俄铁路开始以 200 英尺的间距挖地洞。每个洞里插进一根 30 英尺高、树皮都没剥掉的树干，树干顶部则架设一个横臂用来托起电线。电线被包裹在涂有虫胶的棉花中，安装在玻璃绝缘体之间。

用这样的方式铺设了 7 英里的电线之后（这一次以华盛顿为起点），摩尔斯做了一些测试——成功了！每一天，线路都会再往前延伸一段，并再做测试。每一天，这个团队都在刷新美国人通过电报线传输信息的最远距离的纪录。

到 5 月 1 日，电报线离巴尔的摩只剩一半距离了，而辉格党当天要在巴尔的摩开会提名总统候选人。首都华盛顿的人们都屏住了呼吸，等待来自巴尔的摩的火车带来辉格党的提名结果。天性爱作秀的摩尔斯看到了一次绝佳的宣传机会。他派维尔去电报线的最远端安纳波利斯，在那里迎上了开往华盛顿的那列火车。维尔向车上的人打听到巴尔的摩的选举结果后，立刻给身在华盛顿的摩尔斯发了封电报。当这列火车在一个小时又一刻钟后抵达华盛顿时，辉格党提名亨利·克莱（Henry Clay）和西奥多·弗雷林格森（Theodore Frelinghuysen）的

1　Silverman, *Lightning Man*, pp. 230–31.

消息已传遍全城。

在一次次的实验和挫败之中，塞缪尔·摩尔斯恋爱了。53岁的他爱上了 18 岁的安妮·埃尔斯沃斯（Anne Ellsworth），而安妮正是他寄居的房子的主人、专利局局长亨利·埃尔斯沃思的女儿。"我渴望来自亲爱的安妮的真诚的爱。"摩尔斯在 2 月写给安妮父亲的信中这样说。阿尔弗雷德·维尔担心恋爱会分散摩尔斯在电报项目上的精力，他在给一位兄弟的信中写道："秘密在于，摩尔斯是如此深陷爱情，有一半时间他都不知道自己要干什么。"[1]

这段恋爱似乎只是摩尔斯的单相思，但它带来了历史上最令人难忘的一句话。摩尔斯请安妮提议一句话用作完工后的电报线发送的第一封正式电报的电文。安妮从《圣经·民数记》第 23 章第 23 节中选取了一句话："上帝创造了何等奇迹！"（What hath God wrought!）

1844 年 5 月 24 日，塞缪尔·摩尔斯坐在位于国会大厦东侧的最高法院会议室中，将安妮·埃尔斯沃思选择的这句话发给了身在 40 英里外的巴尔的摩的阿尔弗雷德·维尔。随后，维尔将这句话发回给国会大厦，以示确认。

在华盛顿和巴尔的摩，这段电文都以点和划出现在一条移动的纸带上。这是阿尔弗雷德·维尔在原有技术上做出的又一重大改进（但后来人们还是将它归功于摩尔斯）。维尔发明了一种发报键，用它来取代摩尔斯设计的更原始的"箱尺"和带锯齿的金属片；而在接收端，摩尔斯最初设想的那个笨重的绑着电磁吊锤的"记录器"，也被维尔设计的一种可以在纸上压

1　"The Selling of Samuel Morse," *Invention & Technology*, Spring 2010, pp. 45–46.

出点和划的装置取代。

　　在之后的很多年里，第一条电文究竟使用了哪个标点符号一直是未解之谜。人们曾普遍相信这条电文是一句以问号结束的疑问句。[1] 但《圣经》中的原话不是这样的。在《民数记》中，这句话是对雅各布和以色列的赞美词的最后一句，跟着一个叹号。摩尔斯发出的其实只是"上帝创造了何等奇迹"，他没有使用任何标点符号，而电文到达另一端并被转录下来时被加上了一个问号。[2]

　　这条里程碑式的电文也表明，当时的摩尔斯和维尔还没有意识到，在接收端的人可以仅凭收听电报发声器上的点和划将电文翻录下来。在第一条电文使用的装置中，电报发声器在一条移动的纸带上打下印记。比如，一点两划代表字母 W，四个点代表 h，一点一划代表 a，一划代表 t。

　　这条不朽的电文发出三天后，摩尔斯再次展示出他爱作秀的天性。这一次还是围绕一个在巴尔的摩召开的政治集会——民主党全国代表大会。这次大会将提名民主党总统候选人，竞争十分激烈。代表们先是在两位候选人马丁·范布伦和刘易斯·卡斯（Lewis Cass）之间陷入僵局，在第九轮投票时集体转向了詹姆斯·K. 波克（James K. Polk）。此时巴尔的摩已接通电报线，维尔通过电报向华盛顿国会山上聚集的人们不断发送最新消息。

1　摩尔斯在 5 月 24 日给弟弟西德尼的信中附上了一段新闻稿，他想将它投放在《纽约商业期刊》上。在这段描述中，摩尔斯在这句引语的结尾处用了问号。

2　摩尔斯后来送给了安妮一份原始电文的副本。在这个副本中，摩尔斯在句子结尾处手写了一个问号。考虑到摩尔斯对安妮的爱慕之情，这是否是恋人之间的某种秘密信号，询问的是两人的未来？后人无从知晓。（John, *Network Nation*, p. 52）

第二天，5月28日，电报传来了关于波克的竞选搭档的消息。为了赢得范布伦支持者的选票，民主党大会提名纽约州参议员西拉斯·赖特（Silas Wright）作为波克的竞选搭档。和当时的许多参议员一样，赖特此时并不在大会现场，而是选择待在华盛顿。当维尔发报给摩尔斯告知赖特被选为竞选搭档后，摩尔斯将这一新闻告诉了赖特本人。但这位参议员并不希望自己被提名。他请摩尔斯回电，告知自己拒绝接受民主党大会的任命。当维尔将这封电报送至大会现场时，代表们深为震惊，不仅是因为提名决定刚被宣布没多久，更是因为赖特从这么远的地方拒绝了此项荣誉！大会给赖特发了一封电报，请他重新考虑。赖特回电称不会改变自己的决定。[1]

但最大的奇迹，也许来自田纳西州众议员凯夫·约翰逊。他正是在众议院审核拨款提案时满怀嘲讽地提出将"催眠术"加进提案的议员。在目睹华盛顿与巴尔的摩之间通过电报进行协商之后，电报技术曾经的死敌找到摩尔斯，主动表示："先生，我认输。这是一个了不起的发明。"[2]

像病毒般蔓延

没过一年，凯夫·约翰逊就再一次被卷入了一场围绕电报的大辩论。1845年3月，美国国会将华盛顿至巴尔的摩电报线的控制权，从财政部转移给了邮政部。同月，凯夫·约翰逊被波克总统任命为邮政总长。摩尔斯曾经的死敌，成了摩尔斯

1　赖特更倾向于竞选纽约州州长。他在1844年成功当选，担任这一职位至1846年。

2　Mabee, *American Leonardo*, p. 279.

项目的负责人。

1845 年 4 月 1 日，邮政总长约翰逊下令对已归他掌管的这条线路上的电报收费。每发送 4 个字母收费 1 美分。但这笔收入不足以支付这条线路的运营成本。6 个月后，电报收入总计 413.44 美元，而同期的运营支出高达 3284.17 美元。[1]

技术上的成功没能给电报带来足够多的收入，仅仅是因为当时的美国人还无法想象这个技术突破对他们有什么用。摩尔斯再次用上了他的营销技巧，他安排象棋手坐在线路两端对弈，来向公众展示电报可以远距离实时传递消息。

直到最近才被电报技术征服的凯夫·约翰逊，却没有囿于眼前的利益。尽管这位邮政总长不相信电报能实现盈利，但他仍然希望继续将这个技术控制在政府手中。他在向国会递交的第一份年报中写道：“这个如此强大的工具究竟是用来为善还是作恶，不能由不受法律控制的私人决定。”[2] 对一个曾经在众议院大肆嘲讽电报技术的人来说，这是观念上的一个巨大转变。

但其他政策制定者很难理解约翰逊的远见。波克总统一向不赞成由政府出钱兴建基础设施。南卡罗来纳州参议员乔治·麦克杜菲（George McDuffie）的一番话，更能反映美国当时的最高领导层根本无法理解摩尔斯和约翰逊的愿景。“电报到底能用来干什么？”麦克杜菲问道，“传输信件和报纸？更何况可能有人用它来恶作剧，商人们也会用它来传递自己

1　Report of the Postmaster General, Ex. Doc. No. 2, 29th Congress, 1st Session, p. 860.

2　来源同上，p. 861。

的秘密信息。"[1]

就在政府犹豫是否涉足电报业之际，投资者和企业家看到了机会。凯夫·约翰逊认为电报应当由政府持有的理由之一是私营电报线已在各地兴建，政府再不插手就将错失良机。随着摩尔斯开始按地区出售他的电报专利使用权，各地出现了私营电报公司，它们在募集到资金后就开始兴建和运营电报线路。到 1851 年，全美已有超过 50 家独立电报公司。[2]

与印刷技术（以及一个半世纪后的互联网技术）的普及过程相似，电报最初也发展得很缓慢，在一段时间后才猛然加速。1844 年在华盛顿和巴尔的摩之间修建的那条 40 英里长的测试线路，到 1848 年时已延伸至 2000 英里。在接下来的两年中，电报线里程数猛增 6 倍，超过了 12000 英里。到 1852 年，里程数几乎再度翻倍。到 1860 年，全美电报线里程数据据估计已超过 50000 英里。[3]

随着商业电报服务逐渐铺开，对它的疑虑开始像病毒般蔓延，加深了公众理解和接纳这个新技术的难度。曾经抱怨过铁路的亨利·戴维·梭罗，同样对电报技术带来的新变化感到不适。"我们正在加速修建一条从缅因州到得克萨斯州的电报线，"他在《瓦尔登湖》中写道，"但也许，缅因和得克萨斯之间没什么好交流的。"[4]

梭罗和他的同时代人，被卷进了一个既不是他们主动追

---

1 *Congressional Globe*, 28th Congress, 2nd Session, 1344–45, p. 366.

2 Jill Hills, *The Struggle for Control of Global Communication: The Formative Century* (University of Illinois Press, 2002), p. 29.

3 Thompson, *Wiring a Continent*, 240–41, chart. 尽管缺乏确切的数据，1852 年的人口普查报告仍显示有 10000 英里的电报线路正在兴建中。

4 Henry David Thoreau, *Walden* (1854; New York: Dover Publications, 1995), p. 34.

求、也不被他们理解的新世界。19 世纪中叶是有史以来网络技术给人类社会带来的变革最为剧烈的时代。首先，铁路的延伸让距离不再成为问题。一位作家有感而发："铁路杀死了空间，我们只剩时间。"[1] 但紧接着，电报似乎又用闪电的力量消灭了时间。几个世纪以来人们熟悉的生活方式仿佛在一夜之间被颠覆。"试着想象，"一位评论家写道，"不受约束的美国人一脚踩在马粪中，一脚踏进电报局时那种充满矛盾的焦虑感吧。"[2]

与之前（以及之后）的技术革新带来的焦虑一样，电报带给人的不安，也以很多令人惊讶的方式表现出来，比如，人们担心电报可能会损害人身安全。如果闪电是危险的，那么捕捉闪电岂不更加危险？当有人在 1844 年提议在纽约市修建一条电报线时，提议被否决了。其原因就是让闪电穿过铺设在屋顶的电线，可能会吸引更多闪电。[3]

对无法理解的事情，人们通常会找一些超自然的解释。和约翰内斯·福斯特带着新印刷的《圣经》去巴黎时的遭遇一样，巴尔的摩的神父们确信通过测试电报线传来的即时信息是黑魔法。摩尔斯的一位发报员曾将人们的恐惧情绪通过电报告诉他在华盛顿的同事，并警告："如果我们继续测试，电报带给我们的伤害会超过它带给我们的好处。"[4]

一家报纸也选择相信这种解释，将电报形容为"一种几乎

1　German author Heinrich Heine, cited in Nicholas Faith, *World the Railways Made*, p. 42.

2　Walter A. McDougall, *Throes of Democracy* (New York: HarperCollins, 2008), p. 106.

3　Thompson, *Wiring a Continent*, p. 29.

4　Standage, *Victorian Internet*, p. 52.

超自然的力量"。[1] 就在人们试图理解这种无影无形的电子传信现象时，其他各种各样的"远距离传信"学说纷纷出炉。一种结合了催眠术、电生理学和基督教新教学说的新通灵术变得非常流行。通灵者宣称，如果电报能突破空间障碍，那么它也一定能穿越死亡空间。因此，他们可以通过通灵仪式，在生者和死者之间传递"精神电报"。[2]

时间的终结

美国社会也许还"一脚踩在马粪中，一脚踏进电报局"，但它的重心正不可遏制地从马粪移向电报局。

在电报出现前，"人们要花费如此长的时间等待他们所需的信息，以至于他们多数时候是在信息缺席的情况下做出了人生决定。"[3] 将信息与它的物理载体相剥离，是信息时代的第一步。铁路加快了信息在物理载体上的传递速度，而电报将信息从它的载体上解放了出来。

华盛顿-巴尔的摩线传递的第二封电报，是阿尔弗雷德·维尔发给塞缪尔·摩尔斯的，电文是："有什么新闻吗？"[4] 电报将永远改变即时信息——包括新闻事件、财经消息和商业活动——以及这类信息被使用的方式。"电报也许冲击不

---

1 *National Police Gazette*, May 30, 1846, cited in Silverman, *Lightning Man*, p. 240.

2 Jeffrey Sconce, *Haunted Media: Electronic Presence from Telegraphy to Television* (Duke University Press, 2000), p. 12.

3 Irwin Lebow, *Information Highways & Byways* (New York: IEEE Press, 1995), p. xiii.

4 Menahem Blondheim, *News over the Wires: The Telegraph and the Flow of Public Information in America, 1844–1897* (Harvard University Press, 1944), p. 33.

到杂志，"《纽约先驱报》主编詹姆斯·戈登·本内特（James Gordon Bennett）如此观察，"但你若是一张报纸，就只能向被淘汰的命运低头。"[1]

不过，本内特和一众报纸主编没有向命运低头，而是重塑了他们的产品。在电报出现前，本内特及其同僚已经将报纸从最初面向有钱人的政党小报，转变为了普罗大众也能负担得起的"一分钱新闻"。这类大众报纸登载本地新闻（绝大多数都耸人听闻），经营上依靠广告收入。电报拓宽了报纸的内容，让信息在报纸到达之前就开始传播。在一个来自远方的即时信息还是奢侈品的世界，电报让即时信息变得唾手可得且必不可少。

在摩尔斯修建第一条测试电报线四年后，纽约市的六家报纸（包括本内特的《纽约先驱报》）在1848年为了避免"向被淘汰的命运低头"，暂时搁置了彼此之间的激烈竞争，转而利用新技术来改写自己的命运。这六家报纸开始分摊外派记者的采访费用和通过电报发回报道的费用。他们将这个合作社称为"纽约联合通讯社"（New York Associated Press）。在此之后，以《磁电新闻》之类的标题命名的专栏，成了报纸上最吸引读者的内容。没过几年，这个合作社就开始向全国各大报纸收费提供由电报发送的新闻提要，并把自己的名称缩短为"美联社"（Associated Press）。

用电报传递信息甚至改变了新闻写作的风格。在电报出现之前，报纸上的文章多以叙事文学的风格撰写。电报带来了一种更现代的风格：最重要的内容被写进最开头的几段，之后才

1　Standage, *Victorian Internet*, p. 149.

是较为次要和更具体的内容。这种延续至今的新闻写作风格，是为了方便购买这条新闻的报纸在不影响关键内容的前提下根据版面需求做出删减。

最重要的内容，无疑是那些可能导致市场波动的新闻。在电报催生的第一批企业中，有七家是商品交易所，它们在1845 年到 1854 年短短几年间先后成立。在布法罗、芝加哥、托莱多、纽约、圣路易斯、费城和密尔沃基的交易所中，通过电报传信的交易员们买卖着小麦、玉米、燕麦和棉花。[1]

电报催生的不仅仅是金融市场。铁路降低了产品的运输成本，而电报协调了这些产品的分配。大量分散的囿于一地的小企业，被迅速整合成大经济体。电报可以帮助企业在地区甚至全国层面协调供需，使它们面向全国进行生产和销售。

铁路和沿铁路铺设的电报网络，最能体现这种工业协调能力的巨大影响力。在查尔斯·米诺特的故事中我们看到，当时美国大部分铁路只有一条轨道，这是为了节约成本和建设时间。但随着铁路运输量不断增长，单线运行遇到了瓶颈。铁路公司依靠电报来绕开瓶颈，协调整条铁路线上的火车运行。据估算，在 1890 年，通过电报维持单线运行节省下的轨道用钢，相当于全美两年半的钢铁总产量。而电报为铁路节省的运营开支，比它节省的钢铁开支多一倍。一位历史学家将电报给铁路节省的开支描述为"或许是电报带来的最大、最无可争议的一笔经济收益"。[2]

1　Richard DuBoff, "The Telegraph in Nineteenth-Century America: Technology and Monopoly," *Journal of the Society for Comparative Study of Society and History* 26, no. 4, (October 1984), p. 574.

2　Paul Starr, *The Creation of the Media: Political Origins of Modern Communications* (New York: Basic Books, 2004), p. 172.

随着电报连接供需两头，创造出地区性乃至全国性的市场，它也为反竞争的垄断势力的出现铺平了道路。电报成了经济的两面神。它一方面通过快速传递信息孕育新的市场，另一方面帮助大型企业进一步整合并操控市场，挤压竞争空间。[1]铁路将原材料运送到枢纽地区进行大规模生产，再将产品运到互联的市场中，而电报成了人们管理和协调整个过程的工具。通过创造规模经济，不断整合与互联的大企业的市场优势越来越明显，最终将小企业逐出了市场。[2]

在这场经济大动荡中，将这个国家编织在一起的新技术，最终也导致了这个国家的解体。随着新网络不断跨越空间，它们打破了各个地方的地理阻隔，而这些地理阻隔曾是各地特质与传统的天然屏障。对这一现实最为敏感的，是仍在施行奴隶制这种"独特制度"的南部各州的政治代表。1846年美墨战争期间，美国国会曾考虑立法资助一条连接华盛顿与新奥尔良的电报线，以便与前线进行更高效的沟通。但提案遭到了否决，这显示出南方代表对加速全国互联的做法仍然充满敌意。州权捍卫者、参议员约翰·C.卡尔霍恩（John C. Calhoun）所在的南卡罗来纳州完全禁止这条电报线经过该州。卡尔霍恩领导的反对阵营认为，联邦政府授予的穿越南部各州州界的铁路用地权违反了美国宪法。

六年后，1852年的美国人口普查报告包含了十几页电报线路规划图和一张已有线路图。在"梅森–迪克森线"以北，

1　JoAnn Yates, "The Telegraph's Effect on Nineteenth Century Markets and Firms," *Business and Economic History*, 2nd series, vol. 15 (1986), pp. 149–50.

2　Alfred Chandler, *The Visible Hand* (Belknap Press of Harvard University Press, 1977).

电报网如蜘蛛网般密集；而在"梅森－迪克森线"以南，只有稀疏的两条电报线，一条在东海岸，另一条在密西西比河谷。

林肯先生的 T 邮件 [1]

1860 年，正在争夺共和党总统提名的亚伯拉罕·林肯前往纽约。他不仅要去争取东部共和党同僚的支持，还要去利用纽约作为全美媒体中心的优势——正是电报，赋予了纽约这种优势。

果不其然，林肯在库伯联盟学院的演讲，通过电报成了全国性大新闻。捐资兴建库伯联盟学院的彼得·库伯正是当年"大拇指汤姆号"机车的制造商，也是电报技术的早期投资者之一。林肯有意识地使用了简短有力的政治口号，在演讲最后他说："我们要坚信正义即力量，并且在这个信念的指引下，敢于像我们理解的那样，把我们的责任履行到底。"他的策略起了作用：将观点诉诸清晰、直接、有力的语言，通过电报迅速传遍全国。

林肯的策略非常成功。这位来自西部的瘦高个儿最初被由电报驱动的媒体介绍给全美国人，而现在，媒体开始报道来自伊利诺伊州的林肯先生已成为共和党总统候选人的有力争夺者。当林肯关于奴隶制的观点通过电报广泛传播时，危机开始在南部各州酝酿；而当电报将林肯当选总统的新闻传遍全国时，南部的怒火终于被点燃了。

电报技术加速了全国危机的到来，但也帮助林肯赢得了斗

1　原文为 T-mails，telegraph（电报）一词的首字母为 T，此处指相对传统信件而言。——译者注

争。作为历史上第一位用电子通信治理与管理国家的领导人，亚伯拉罕·林肯成了第一位"在线"总统。[1]

1861 年，当林肯抵达华盛顿参加就职典礼时，连战争部都还没接通电报，更别提白宫了。需要向远方哨所发送消息时，美国陆军总部也不得不和其他人一样，派人拿着手写的消息去华盛顿中央电报局排队等着发报。国家领导人和他们的选民一样，对电子通信半信半疑。没错，报纸、铁路、金融机构和企业已经开始利用电报快速传递信息，但人们还不知道如何用这个技术来治理国家——尤其是一个处于战争中的国家。

入职 14 个月后，亚伯拉罕·林肯经历了一个灵光乍现的时刻。可叹的是，这一时刻距离塞缪尔·摩尔斯的"上帝创造了何等奇迹"已经过去了整整 18 年。当南方联军将领托马斯·乔纳森·"石墙"·杰克逊（Thomas Jonathan "Stonewall" Jackson）突然下令进军华盛顿，导致整场战争的性质发生改变时，林肯通过改变自己的领导方式做出了回应。他开始绕过军队指挥系统（并以此给他手下那些顽固的将军一点颜色看），通过电报向杰克逊行军路线附近的北方军队将领直接发出指令。"下令你……立刻调集两万人（20000）前往谢南多厄，"林肯发报给欧文·麦克道尔将军（Irvin McDowell），"你的目标是阻击杰克逊和埃威尔的军队。"

这是人类战争史上前所未有的一幕。从来不曾有一位国家领导人，明明身处首都，却身临前线般向军队发出实时命令。此时，白宫隔壁的战争部终于新增了一个电报室，这间屋子成

1　Tom Wheeler, *Mr. Lincoln's T-Mails: The Untold Story of How Abraham Lincoln Used the Telegraph to Win the Civil War* (New York: HarperCollins, 2006).

了美国第一个战情室。

在美国内战期间，亚伯拉罕·林肯使电报这种新网络成了个人意志的推动者。他对国家决策机制的成功改造因为没有先例而显得更加意义重大。在林肯之前，没有领导人和他一样拥抱一项新技术，但在他之后，每一位领导人都借鉴了他的做法。

在林肯1862年的国会演讲中有一段告诫之语，也许并非针对电报技术，但清晰地体现出他对新事物的态度，正是这种态度让他看到并抓住了电报带来的机遇。"面对新情势，我们要运用新思维。"他说。他的告诫有着跨越时空的意义。一轮又一轮的网络技术，让我们永远面对着新情势。

对新事物的预言

在电报将信息的传递速度与其物理载体的运输速度相分离时，信息时代的种子就已种下。驱动着今天的网络和各种设备的二进制信号，就始于电报的点和划。但比起电报的技术效应，更重要的或许是它的社会和经济效应，而后者仍在影响我们这个时代。电报消除了信息传递过程中的时间因素，让现代人对信息产生了一种期待：只要拥有信息是可能的，那么就必须拥有它。

在摩尔斯发出命中注定的首封电文5年后，美国专利局局长托马斯·尤班克（Thomas Ewbank）在1849年提交给国会的报告中谈到了后来决定人类未来的两种技术。在提及电子信息传递的奇迹时，他惊叹："摩尔斯和他同时代人驾驭了最微妙、最冲动、最出色的一种工具，教会它静候在侧……一旦收到传递消息的命令，它就摇身一变，成了快递员，跑得比人思考的速度还快，仿佛拥有自由意志。"

接下来，尤班克的话似乎表明他预见到了我们的这个时代，"虽然机器不能像人一样思考，但它能做的，正是人经过长期艰苦思考才能做到的，而且它做得比人好得多。"他提到了英国数学家巴贝奇："在编制天文和海事数表时，准确无误至关重要……（但）要做到准确无误十分耗时耗力，而单凭人脑无法确保准确无误的复杂计算……已被开发出来的自动装置能以极高的准确度和令人惊叹的速度解决这些数学问题。"[1]

这预示了即将发生的事情：高速传递的信息与能"思考"的机器相结合。

连接

当亚历山大·格雷厄姆·贝尔发现电线可以传递声音时，他本来是在寻求进一步改进电报技术的方法。对电报服务的巨大需求，促使人们不断探寻将不同的信息压缩在一根线路上的办法，从而避免消耗更多的电线。贝尔提出了一种假设：如果以不同的音调（频率）发送电报信号，就可以把几条信息"塞"进同一条电线。为了实现设想中的不同音调，贝尔使用了单簧管等木管乐器中的簧片。他的设想是，通过震动簧片产生的点和划被传输到电线的另一端时，只有与频率类似的簧片产生共振，才能被显示出来。

1875 年 6 月 2 日，贝尔在实验中用到的一个簧片被卡住

1　*Report of the Commissioner of Patents for the Year 1849*, pp. 489–90 (https://archive.org/stream/reportofcommissiunit#page/n495).

了。当他的助手托马斯·沃森（Thomas Watson）敲击了一下簧片试图把它松开时，贝尔在电路另一端听到了一记响声。[1] 声音竟以电子的方式被传输了！贝尔发现，当触发声音的装置和电路另一端记录声音的装置有着相同的谐波特性时，让电报键上上下下运动的电磁效应也可以被用来传递声音。

　　就在当晚，沃森制作了两个分别置于电路两端的装置。每个装置中有一个电枢，电枢一头接着一片拉长的膜片，另一头接着一块电磁铁。在发送端，声音通过一个圆锥导向膜片，震动的膜片通过电枢激活电磁体并产生电流。在线路另一头的接收端，这个过程被反向操作，电磁刺激电枢，电枢引发膜片震动。沃森的记录显示，他"可以准确无误地听到（贝尔的）声调，甚至能分辨一两个词"。[2]

　　电磁作用于电枢的机制运用了与电报相同的物理学原理。但贝尔和沃森需要的不仅仅是能够接通或中断电流，他们还需要调整电流来模拟语音信号。[3] 两人在贝尔的波士顿宿舍中闭门钻研了好几个月，才找到产生这种可变电流的方法。

　　要将声音变成电流，贝尔首先需要用膜片捕捉声波，震动的膜片通过电枢连接一块电池；然后，为了捕捉说话时音调的变化，贝尔需要在电枢与电路的闭合触点之间加入阻抗。第一次成功实现了阻抗功能的是酸性溶液。贝尔将针状电枢的一头接触膜片，另一头放置在通电的酸性溶液中上下

1　T. A. Watson, *Exploring Life* (Appleton Books, 1926), p. 68, cited in Brian Winston, *Media Technology and Society: A History from the Telegraph to the Internet* (New York: Routledge, 1998), p. 45.

2　Watson, *Exploring Life*, p. 71, cited in Winston, *Media Technology and Society*, p. 46.

3　Lebow, *Information Highways & Byways*, p. 35.

浮动。电枢针的震动，使得它离同样浸在酸性溶液中的电路闭合触点时远时近。尽管酸性溶液可以导电，但导电性并不高。电枢针越靠近电路闭合触点，被传导的电流就越强。与电报的二进制信号不同，贝尔设计的这种电路能够产生与声波相似的电流。[1]

1876 年 3 月 10 日，贝尔不小心洒了一点酸，他呼叫助手来帮忙："沃森先生——请过来——我需要你。"贝尔在当天的日记中写道："令我非常高兴的是，他真的过来了，宣称他听到并且听懂了我的话。"

"沃森先生——请过来"将和"上帝创造了何等奇迹"一样，被永远载入史册。当天晚些时候，亚历山大·格雷厄姆·贝尔给他的父亲写信："我觉得我终于为一个重要的问题找到了解决方法。电话线将和自来水和煤气一样走进千家万户，人们不必出门就可以彼此交谈的那一天很快就会到来。"[2]

贝尔在 1876 年为自己的发明申请了专利。该专利被描述为"对电报技术的改进"。[3]

在人类从电报迈向互联网的过程中，电话其实可以被视作一次倒退。因为电报技术使用的是二进制信号，就和今天的数字脉冲一样，而电话使用的是一种模拟信号——基于语音的电流。在人类迈向数字未来的进程中，电话的贡献并不

1　Seth Shulman, *The Telephone Gambit: Chasing Alexander Graham Bell's Secret* (New York: W. W. Norton, 2008), p. 12.

2　来源同上，pp. 12–13。

3　贝尔实际上是在 1876 年 2 月 14 日提交专利申请的，几周之后，他才说出"沃森先生——请过来"那句话。一种猜测是，贝尔就一项尚未做出的发明申请专利，是为了打探其他人的研究进展——他知道有些人也在做类似的研究。塞思·舒尔曼（Seth Shulman）的《电话怪人》（*The Telephone Gambit*）一书对此做过有趣而深入的讨论。

在于这一技术本身，而在于它让电话网络变得无处不在。当被伪装成电话信号的数字信息通过贝尔的大规模电话网络传播时，技术上的倒退，却蕴含了具有里程碑意义的进步价值。

第三部分

革命之路

19 世纪属于那些征服了蒸汽和电花的人。到 1910 年，全美铁路总里程数已达 351767 英里（相比之下，道路总里程数仅为 204000 英里），铁路连接着全国大大小小的城镇，将资源吸引到城里的制造中心。铁路把原材料运到这些枢纽地区，人流也紧随而至。从 1840 年铁路出现到 1910 年，美国大城市的人口翻了 17 倍。到 1910 年，几乎三分之一的美国人居住在人口规模超过 10 万的城市中。[1]

自然景观中出现了一卷卷电报线。到 1900 年，仅西联电报公司（Western Union）一家就经营着总长超过 100 万英里的电报网络。[2] 亚历山大·格雷厄姆·贝尔的预言成真了。到新世纪初的 1907 年，美国人拥有 760 万部电话，"会说话的盒子"果真走进了千家万户。[3]

这所有的网络都在随着 20 世纪的到来持续扩张，也在各自孕育着将要塑造这个新世纪并为未来搭建舞台的力量。这些力量汇聚在一起，就开启了人类历史上的第三次网络革命。

19 世纪的网络通过克服距离和时间的限制，改变了实体互联的本质。20 世纪的网络引入了计算数学，通过一个将网

1　Jonathan Hughes and Louis P. Cain, *American Economic History*, 7th ed. (Glenview, Ill.: Pearson, 2007), pp. 287, 356.

2　Wikipedia, s.v. "Western Union."

3　Paul Starr, *The Creation of the Media: Political Origins of Modern Communications* (New York: Basic Books, 2004), p. 202.

络相连的网络，以逐渐降低至零的成本，实现了几乎所有信息的互联。技术走到今天，经历了多个阶段的演进，不仅涉及计算工具本身和连接这些计算工具的网络，还涉及了将互联的计算能力无线运用在任何地方的方法。

重塑了实体网络的前三次技术突破，为新的虚拟网络的到来奠定了基础。查尔斯·巴贝奇设计的分析机的工作原理，最终演变为计算机技术。通过一个个继电器传输电报的二进制电流信号，演变为计算机的逻辑电路。约翰内斯·古登堡将信息拆分、传输、重组的构想，最终演变为用计算机解决问题、用网络交换信息的手段。

5
运算的引擎

艾奥瓦州中部，12 月的寒风呼啸而过，刺透所及一切。一位年轻的教授离开家中热气洋溢的晚餐餐桌，顶着风前往校园中的办公室。

34 岁的约翰·文森特·阿塔纳索夫（John Vincent Atanasoff）是物理学副教授，执教于埃姆斯的艾奥瓦州立学院（现为艾奥瓦州立大学）。他一直痴迷于一个想法：用机器求解复杂的代数方程。"我那晚去办公室，本想花一个晚上解决一些问题，"他后来回忆，"但我当时的精神状态很糟，毫无头绪。"[1]

这是 1937 年。对计算机器的探索已经停滞了好几个世纪。当时可以用机器进行计算（仅限加法），如果碰到包含多个步骤的变量方程，就需要人工干预。事实上，"计算机"

1　Clark R. Mollenhoff, *Atanasoff: Forgotten Father of the Computer* (Iowa State University Press, 1988), p. 157.

（computer）这个词最早就指的是专门从事计算的人，他们端坐在一排排看不到尽头的桌子前，先用铅笔和纸、计算尺和机械计算器各自解出复杂代数问题的一部分，然后结合其他人解出的部分，缓慢而艰苦地迈向最终答案。

在这个 12 月的寒冬夜晚，书桌边的阿塔纳索夫教授实在找不到灵感。于是，"我做了我在这种状况下常做的事……我走出办公室，找到我的车，开始开车。"[1]

驶离校园，他左拐开上了林肯高速公路，穿越埃姆斯。向东行驶至内华达（当地人口中的"内维达"）时，教授进入了恍惚状态，他一边注视着眼前的道路，一边反复思考他的那道难题。

很快，他已经离开埃姆斯 200 英里，离密西西比河越来越近。这是一段无比漫长的旅程，但教授脑中的艰难跋涉，让这段旅程在不知不觉中掠过。密西西比河对岸就是伊利诺伊州，这里不像艾奥瓦州那样实施严格的禁酒令，人们还能在路边小酒馆里喝一杯威士忌。"我驶入伊利诺伊，下了高速，开上一条小路，来到一个灯火通明的路边酒馆……我坐下，点了一杯喝的……当酒端上来时，我意识到自己没那么紧张了，我的思绪又回到了用机器做计算。"[2]

约翰·阿塔纳索夫坐在远离吧台的转角桌旁，喝着波旁威士忌和苏打水，思路逐渐清晰。当他离开酒馆时，现代计算机的基本框架已经在他的脑海中组装完成：

当时计算器中的齿轮和杠杆将被电子元件取代，后者可以

---

1 Clark R. Mollenhoff, *Atanasoff: Forgotten Father of the Computer* (Iowa State University Press, 1988), p. 157.

2 来源同上，p.158。

创建逻辑电路。

由于电流有两种状态——开和关，因此计算机不再采用十进制，而将采用二进制。

用真空管提供数字开关信号，用不同真空管的开关组合代表不同的数字。

用储存电荷的电容器储存中间计算结果，用额外的电荷"轻触"电容器，避免内存的损失。

就这样，世界上第一台电子数字计算机没有在声名显赫的东部研究型大学，而是在艾奥瓦州埃姆斯的玉米地里诞生了。1938 年底到 1939 年初的那个冬天，在研究生克利福德·贝瑞（Clifford Berry）的帮助下，约翰·阿塔纳索夫搭建了这台计算机。它有一张桌子那么大，长 76 英寸，宽 36 英寸，高 40 英寸。这台放在艾奥瓦州立学院物理系地下室里的"阿塔纳索夫–贝瑞计算机"，可以求解由 29 个线性方程构成的有 29 个未知数的方程组。[1]

这个项目花了 650 美元，其中 450 美元来自贝瑞的研究生津贴。

阿塔纳索夫这项发明的意义，堪比古登堡制作的第一盘活字模。而两人的境遇也十分相似：古登堡的发明很快因其身陷债务困境被他人掠走，而阿塔纳索夫的技术突破，也很快被他人据为己有。[2]

1　Jane Smiley, *The Man Who Invented the Computer* (New York: Doubleday, 2010), p. 64.

2　Alice Rowe Burks, *Who Invented the Computer? The Legal Battle That Changed Computing History* (Amherst, N.Y.: Prometheus Press, 2003).

用于计算的机器

在 20 世纪前三分之一结束时，把数学问题机械化的方法有五千多年没有发生过变化了。唯一的例外来自英国数学家查尔斯·巴贝奇。我们已经在本书第三章听过他发出的感叹："我向上帝祈祷，让蒸汽来完成这些计算吧。"[1]

巴贝奇把计算过程机械化的第一次尝试——他在 1822 年发明的差分机，就好像数千年前巴比伦人发明的算盘的升级版。在巴比伦算盘上，算珠串在一根根直柱上，每根直柱分别代表十、百、千等单位，因此能够实现数学运算的基本结构：通过在每一根直柱上添加或减去一个算珠来得出结果。

把算盘机械化的第一次尝试发生在 1642 年。[2] 那一年，19 岁的法国天才少年布莱兹·帕斯卡（Blaise Pascal）制作了一个鞋盒大小的装置。这个被恰如其分地命名为"帕斯卡加法器"的装置装有一系列联动齿轮。盒子顶部的窗口显示运算结果。只需拨入一个新数字，齿轮就会和算盘上的算珠一样转动相应的格数，并通过窗口显示相加结果。[3] 帕斯卡最绝妙的创新在于，他在齿轮间加了一种棘爪，可以实现进位。当右方齿

1　Doron Swade, *The Difference Engine* (New York: Viking, 2000), p. 10.

2　据说在约 1623 年，德国人威廉·希卡德（Wilhelm Schickard）已搭建出一台"计算钟"，通过竖杆和圆筒计算输入的数字。不幸的是，希卡德死于瘟疫。后人直到近些年才在他与同时代另一位数学家的通信中发现了他的设想。

3　由于齿轮只能朝一个方向转动，帕斯卡加法器在做减法时要用到一种叫作"9 之补数"的数学技巧，"补数"指任意一个数字与位数相同、每一位都是 9 的数字之差。比方说，要计算 800 减 500 的差，加法器会使用一根杠杆将输入的数字转化成其补数。输入 500，机器上会显示其补数 499。将杠杆回归原位，输入 800，将其与 499 相加，得到 1299。将最大一位数（这里是 1）与后几位数相加，就能得出正确答案 300。

轮从 9 转到 0 时，棘爪会掉下，将左方齿轮推进一格。[1]

　　巴贝奇设想的差分机使用了类似的直柱、齿轮和杠杆，不过它们都由蒸汽推动。想必各位还没忘记他在向上帝祈祷时计算的那个天文数表吧。计算这样的数表是一项极其烦琐的工作，需要重复输入相同的数字（九九乘法表就是一个需要重复输入的例子）。正是这样的重复输入让巴贝奇开始思考，这个过程能否机械化。[2]

　　巴贝奇只造出了他构想的差分机的一小部分。[3] 不过，1837 年，在用数百页设计图纸详细阐释自己的构想的过程中，他的思路得到了进一步的扩展。他设想了一种更高级的计算机器，可以用得到的结果开展新的计算。[4] 这是概念上的一个重大突破——一台可以将上一次计算的结果主动提供给下一次计算的机器。他将构想中的这台机器称为"分析机"。

　　通过从差分机转向分析机，查尔斯·巴贝奇成了缩小**计算**与**运算**差距的第一人。**计算**工具（算盘、帕斯卡加法器、差分

1　帕斯卡加法器在进位时常卡住。30 年后，德国人哥特弗里德·威廉·冯·莱布尼茨（Gottfried Wilhelm von Leibniz）使用一根镶有 9 个不同长度齿轮的圆柱，将进位传递到下一列。莱布尼茨将这一装置称为"步进轮"，后来巴贝奇的发明正是建立在其基础上。由于不再使用帕斯卡的进位杆，它的齿轮可以双向转动，因此也就不再使用笨拙的"9 之补数"进行减法计算。（Stan Augarten, *Bit by Bit: An Illustrated History of Computers,* New York: Ticknor & Fields, 1984）

2　巴贝奇并非唯一有过此类想法的人，这在技术发展史上并不罕见。18 世纪初，德国陆军上尉 J. H. 穆勒（J. H. Müller）提出过类似想法，并向政府申请了建造款项。政府拒绝后，这一项目终止。

3　由于财务状况出现问题，加上巴贝奇与自己雇来建造机器的人发生矛盾，他最终只搭建出一台高 24 英寸、长 19 英寸、宽 14 英寸的机器，这只是他构想中的差分机的一部分。正如第三章所说，伦敦科学博物馆在 1991 年终于按照巴贝奇的设计图纸搭建出整台差分机，能够进行巴贝奇设想中的计算。

4　James Gleick, *The Information: A History, a Theory, a Flood* (New York: Pantheon Books, 2011), p. 101.

机）只能对一个变量做一次计算——加或减（或通过重复计算实现乘或除）。**运算**工具则可以接受多个变量，基于已有结果进一步计算。尽管分析机从许多方面来看就像一个巨大的帕斯卡加法器，但巴贝奇为它构想了其他一些新功能，这些新功能在今天的我们看来，可以说是现代计算机的必备功能。巴贝奇用 19 世纪的语言这样描述它们：

程序：用打孔卡片输入的指令。这种技术直到 20 世纪下半叶还在被用来输入计算机数据。

仓库：接收和保存指令的组件。今天我们称之为随机存取存储器（RAM）。

作坊：工业时代的古老术语，指通过齿轮的相互作用进行运算所用的组件。今天我们称之为中央处理器（CPU）。

机筒：指示何时以及如何操作作坊的控制组件。巴贝奇设想了一些突出物，它们能推动不同的杆来实现对序列的处理，有点像音乐盒中的带钉滚筒。

记忆器：为处理进位问题，一个加法运算被分成两步——相加与进位，其间记忆器会暂停机器等待加法完成。

和巴贝奇此前的其他构想一样，分析机并没有被造出来。但这个设计在人类思想史上的突破，因那数百页图表和注释幸存了下来。

在机械化计算仍基于古老算盘的时代，查尔斯·巴贝奇已经构想出了一台运算工具。

当时这一技术的突破性，超出了语言的描述能力。巴贝奇找不到合适的词汇来描述一台不仅可以计算，还可以根据计算结果进一步行动的机器。最后他只能借助那个时代的技术奇迹，把分析机比作"一台可以自己铺设轨道的机车"。[1]

尽管巴贝奇构想的运算工具是 19 世纪最伟大的智力成就之一，但相关实验随着巴贝奇在 1871 年离世终止。[2]这个突破性构想被当作一个离奇的念头，尘封在技术的故纸堆中。[3]

工业革命是导致巴贝奇的想法无疾而终的重要原因之一。随着工业活动的拓展，对各种各样的事物进行计算的需求也越来越大——从火车车厢到它们运送的货物，更别提来源和用途各异的大量现金流了。科学研究可能需要复杂的多变量运算，但商业活动只需要简单可靠的基本计算。正是在这个时期，第一批"计算机"出现了：从事计算的人。他们被召集在一起提供类似会计的服务，而越来越复杂的计算工具——包括帕斯卡加法器，出现在了他们的工作台上。

当时世界各地的发明家都在利用工业革命带来的机械进

---

1 James Gleick, *The Information: A History, a Theory, a Flood* (New York: Pantheon Books, 2011), p. 114.

2 巴贝奇的儿子亨利在 1889 年搭建出分析机的一部分（即"作坊"的一部分）。

3 英国诗人拜伦勋爵的女儿艾达·洛夫莱斯（Ada Lovelace）不觉得巴贝奇的想法"古怪"。在那个由男性主导的年代，艾达是一位思想解放的女性，她热爱数学，并因此与巴贝奇取得了联系。二人的通信也改变了历史。艾达曾将一篇有关巴贝奇发明的意大利文论文翻译成英文，并在注释中添加了一段对如何将信息输入分析机的评论。尽管围绕巴贝奇是否对这一评论有过贡献仍然存有争议，但这段文字仍是对今天我们口中的"软件"的第一个书面描述。艾达还意识到，分析机具有数学运算以外的实用价值。她写道："这台机器可以和排列字母或任何其他通用符号一样，准确地排列和组合数值。"（Steven Johnson, *How We Got to Now*, New York: Riverhead Books, 2014, p. 248）

步提高计算器中齿轮的精密度，希望后者能像瑞士表中的齿轮一样运转。在美国，一位名叫威廉·S. 宝来（William S. Burroughs）的前银行职员发明了一种手动计算器。当时操作任何计算器都需要拉杆之类的动作，而宝来的计算器通过键盘输入数字，还能将计算结果打印在一卷纸上。宝来加法器公司因此成了计算器市场的主力军。[1]

就在宝来还在用曲柄和杠杆操作计算器时，一位名叫赫尔曼·何乐礼（Herman Hollerith）的美国人口普查局前雇员已经开始着手研究如何将电子技术与机械技术相结合。他的动力，正来自当时美国越来越大的人口统计压力。美国宪法规定每 10 年进行一次人口普查，可这个国家的人口正在快速增长。在 1880 年的人口普查中，1500 名文员花了整整 7 年才统计完约 6000 万份问卷。人们担心，1890 年的人口普查还没统计完，就要进行下一次普查了。[2]

何乐礼的发明——一种打孔卡片制表机——的灵感来自一个法国人和一次火车旅行。那时为了防止人们逃票，检票员会在每张火车票上打几个孔来记录乘客的外貌特征。"我当时正在西部旅行，那时的车票被称为'打孔照片'。"何乐礼后来回忆。每张车票上都打了好几个孔，每个孔都有重要作用，"检票员……可以通过打孔描述一个有着浅色头发、深色眼睛和大鼻子的乘客。"这让何乐礼灵光一闪，他意识到，人口普查统计也可以采用这种方法。

打孔卡片本身并不是什么新概念。1801 年，法国纺织商

1　Augarten, *Bit by Bit*, p. 82. 1913 年时，宝来公司已拥有 2500 名员工。

2　Eric G. Swedin and David L. Ferro, *Computers: The Life Story of a Technology* (Johns Hopkins University Press, 2005), pp. 20–21.

约瑟夫·马力·雅卡尔（Joseph Marie Jacquard）就发明了一台由打孔卡片控制的自动织机。打孔卡片穿过织机，纺锤从打孔的地方落下，就能织出图案。[1]这项发明带来了一场纺织技术革命（也让很多纺织工人丢了饭碗）。在此之后，巴贝奇也曾设想用打孔作为分析机的数据输入方式。

何乐礼继承了雅卡尔的理念，将其用在数学运算中，并把电引入了运算过程。当打孔卡片穿过制表机时，一组通了电的针滑过卡片，一根针从打孔的地方落下，掉入一小瓶水银中，这时电路就会接通，计数器就能发出一个信号。

1890 年的人口普查开始了，在制表机投入使用仅 6 周后，何乐礼的机器就报告了结果：当时的美国有 66622250 人。除了提升速度，制表机具备的电动机械能力还让它能以前所未见的精度处理信息。你可以提出任何问题——美国有多少农民？多少寡妇？一个州或县有多少数代同堂的家庭？只要找出相应的人口卡片，把针排好，制表机就能告诉你答案。

何乐礼成立了一家公司来继续研制他的机器。这家名为"制表机公司"的企业，就是国际商业机器公司（IBM）的前身。

从计算到运算

尽管何乐礼的高速制表机令人印象深刻，但它们所做的还不是**运算**。要朝着运算的方向迈进——也就是回到查尔斯·巴贝奇一个世纪前的构想，我们需要再认识两个人。这两

1　James Burke, *Connections* (New York: Simon & Schuster Paperbacks, 1995), p, 111.

个人，分别站在人类历史上最深重的一场灾难的对弈阵营中。

艾伦·图灵（Alan Turing）不是那种能和你喝一杯的人。他无礼、暴躁、衣衫不整，但天分极佳。他没什么朋友，而同时代智力水平能匹敌他的人就更少了。[1] 在 1936 年发表的论文《论可计算的数字》中，这位时年 25 岁的英国数学家认为，只需一台能够进行运算的机器，就能解决数学逻辑中最复杂的一个问题。在一个人们还在用纸和笔进行计算的时代，艾伦·图灵设想的是他的同时代人从未想过的一种东西：一台将算法自动化的机器。

令人惊讶的是，图灵从未听说过查尔斯·巴贝奇，可相隔一个世纪的两人都构想出了可以运算的机器。让巴贝奇痴迷的，是如何造出这样一台机器；而图灵完全沉浸在形而上的智力活动中。他的构想——一台将算法自动化的机器——标志着人类思想史上的一次重大突破，这台概念中的机器被后人称为"图灵机"。[2]

在英吉利海峡的另一侧，柏林一间公寓中的一个年轻人已经搭出了一台简易的图灵机。就在图灵本人还在进行头脑风暴的 1936 年，26 岁的德国飞机工程师康拉德·楚泽（Konrad Zuse）在他父母家的客厅里搭建了一台巴贝奇式通用计算机。

1　Augarten, *Bit by Bit*, p. 145.

2　George B. Dyson, *Darwin among the Machines: The Invention of Global Intelligence* (New York: Basic Books, 1997), pp. 53–58. 第二次世界大战爆发后，图灵的数学天才让他加入了英军在布莱奇利园的密码破译小组。尽管在战争早期，英军就开始使用机电设备来破译德军密码，但它们还不是图灵机。到 1943 年，备受赞誉的"巨人"计算机已经实现了技术上的巨大突破，它是一台"完全采用二进制的电子分析计算机，其结构设计旨在解决逻辑问题，能将加密文本破译为平实英语，还能重建加密过程，并解析德军密码系统的密钥"。（Georges Ifrah, *The Universal History of Computing*, New York: John Wiley & Sons, 2001, p. 218）

但和图灵一样，楚泽也从未听说过巴贝奇。

与巴贝奇的构想一样，楚泽的机器也有一个负责进行运算的中央处理器、一个控制组件、记忆器和用来输入数据的打孔卡片／打孔带读取器。但和巴贝奇不同，楚泽用二进制取代了十进制，并使用了布尔代数——这是代数的一个分支，只使用 0 和 1 两个数字。[1]

二进制大大简化了运算过程。巴贝奇构想的机器需要使用一大堆复杂的齿轮和杠杆，而楚泽的机器只需布满插槽的简易金属片，在插槽中，一根针位于左侧还是右侧决定了它代表的是 0 还是 1。楚泽给这台机器起了个颇有创意的名字——Z1。

Z1 是将计算机操作概念化的一次重大突破。而楚泽的下一台机器 Z2，实现了制造上的突破。与机械零部件的发展同步，Z2 使用了二手的电话继电器。约瑟夫·亨利在 1831 年为电报设计的将衰减的电报信号重新放大的继电器，在楚泽的机器中成了电流的开关。实现了开关功能的 Z2 好似一个独立运行的电报网络，只不过它用 0 和 1 取代了点和划。

随着第二次世界大战打响，楚泽的技术被用在了德国飞机工业中。1941 年 12 月，他造出了 Z3，这台机器可以更快地计算飞机机翼在压力下运动的轨迹。如果说 Z2 是一台基于继电器的计算机原型，那么 Z3 就是世界上第一台可操作的、由程序控制的通用型计算机。[2]

此时康拉德·楚泽其实已经造出了图灵机。但他的三台机

1　Augarten, *Bit by Bit*, p. 89.

2　由于 Z3 使用了电话继电器，它仍是一台机电设备。但楚泽和同事赫尔穆特·施莱尔（Helmut Schreyer）曾设想过一台使用全电子真空管的机器。

器全都在盟军的空袭中被炸毁。[1]战时的保密措施和盟军的空中优势摧毁了楚泽的工作，这意味着他的创新没能影响电子计算机的发展。和巴贝奇的发明一样，康拉德·楚泽的发明也被不断前行的世界遗忘了。

现在，让我们把视线重新投到美国艾奥瓦州中部的玉米地里。约翰·阿塔纳索夫在伊利诺伊州小酒馆里灵感爆发的那个瞬间，发生在 1937 年 12 月。1940 年 8 月，他在酒精刺激下的创想，已经出现在艾奥瓦州立学院物理系的地下室里。同年 12 月，阿塔纳索夫去费城参加美国科学促进协会的年会。在那里，他遇见了约翰·莫奇利（John Mauchly）。莫奇利是附近的乌尔辛纳斯学院物理系的唯一一教员，也对算法的自动化充满了兴趣，正在搭建一种模拟器试图追踪气候周期。阿塔纳索夫向莫奇利分享了他的构想，甚至邀请后者去埃姆斯亲眼看看自己正在搭建的那台机器。

在 1941 年，开车穿越半个美国还不是一件简单事。尽管如此，同年 6 月，约翰·莫奇利就踏上了这样一段公路之旅，只为去看一眼约翰·阿塔纳索夫的计算机。这位来自东部的客人住进了阿塔纳索夫家中，看到了运行中的"阿塔纳索夫-贝瑞计算机"，与它的发明者就技术细节进行了长谈，阅读了 35 页有关这台机器的分步骤详解。他从这位艾奥瓦州教授身上汲取了所有相关知识后，回到了东部。

离开埃姆斯不到 3 个月，约翰·莫奇利就完成了一篇论文，将阿塔纳索夫的想法作为**自己的构想**提了出来。似乎为了证明科学也无法抵御厚颜无耻之人，莫奇利甚至继续和阿塔纳

1　Ifrah, *Universal History of Computing*, p. 206.

索夫保持着通信，讨论后者的技术突破，却丝毫没有提及自己在工作中窃取了这位艾奥瓦教授的创意。

然后，战争爆发了。

约翰·阿塔纳索夫在 1942 年 9 月离开艾奥瓦州，去华盛顿的海军军械实验室从事战时工作，将他的计算机留在了埃姆斯。

回到费城的约翰·莫奇利加入了宾夕法尼亚大学摩尔工程学院。当时摩尔工程学院承接了一个政府项目，要制造一台可以制作弹道数表的机器，莫奇利加入了研发团队。他从阿塔纳索夫那里窃取的想法，成了这个项目的核心理念。[1] 莫奇利设计的"电子数值积分计算机"（因其英文字母缩写为 ENIAC，也被称为"埃尼阿克"），后来被誉为世界上第一台电子计算机。这一成果为他带来了巨大的声誉和财富。[2]

"埃尼阿克"是一座重达 30 吨的庞然怪兽，由 18000 个真空管和长达数英里的线路组成。它能做到前人无法想象之事。计算人员需要花上 20 个小时才能算出的导弹弹道，"埃尼阿克"只需要 30 秒！[3] 虽然约翰·莫奇利和他的同事 J. 普雷珀·埃克特（J. Presper Eckert）拓展了阿塔纳索夫的概念，使其规模化。但事实仍然是，阿塔纳索夫才是这些想法的原创者。

在开发"埃尼阿克"时，莫奇利和埃克特又有了一个新创意。"埃尼阿克"通过把电线插入插线板上的不同插孔来接收

1　有趣的是，莫奇利在这里没有采用阿塔纳索夫的二进制和布尔代数，而它们本可以简化任务。

2　令人惊讶的是，在开发"埃尼阿克"期间，莫奇利曾拜访在海军军械实验室任职的阿塔纳索夫，继续从后者那里获取灵感。

3　Swedin and Ferro, *Computers*, p. 39.

指令，而他们在摩尔工程学院设计的第二台计算机用存储器取代了插线板。[1]这台"离散变量自动电子计算机"（EDVAC）也终于告别十进制，采用了二进制。[2]

战争结束后，莫奇利和埃克特在 1946 年离开摩尔工程学院，成立了自己的公司。和何乐礼一样，他们也看到了人口普查带来的计算需求。他们的新公司在 1951 年向美国人口普查局交付了一台"通用自动计算机"（UNIVAC）。这是第一台投入商用的电子计算机。有趣的是，这台机器虽然和 EDVAC 一样采用存储器，但从二进制倒退回了十进制。

由于现金流方面的问题，莫奇利和埃克特最终在 1950 年将公司卖给了办公用品制造商雷明顿兰德公司（Remington Rand）。[3]五年后，雷明顿兰德公司与史派里公司合并为史派里兰德公司（Sperry Rand）。1986 年，史派里兰德公司与宝来公司（它的前身就是威廉·S. 宝来创立的那家计算器公司）合并为优利系统公司（Unisys）。

这让约翰·阿塔纳索夫终于等来了他应得的承认。

莫奇利和埃克特 1946 年从摩尔工程学院辞职前，曾和学院发生过纠纷，争议的焦点在于究竟是他们还是学院拥有"埃尼阿克"的专利权。这对合作伙伴成功申请到的专利权是他们商业活动的基础，也是竞争对手的眼中刺，因为后者不得

1　在这项工作中，莫奇利和埃克特得到了约翰·冯·诺伊曼（John von Neumann）的极大帮助。诺依曼是匈牙利移民、普林斯顿大学的教授、"曼哈顿计划"的参与者。

2　尽管 EDVAC 项目在 1945 年就已开始，但直到 1952 年才完成，比 UNIVAC 项目完成的时间还要晚。

3　莫奇利和埃克特也曾考虑将公司卖给 IBM，但被后者拒绝了，因为 IBM 律师担心这笔交易无法通过反垄断审查。当时 IBM 已经在机械制表机（何乐礼的遗产）和计算器市场占据了主导位置。

不为使用这一知识产权付费。曾有竞争对手对这一专利权发起过挑战，但美国的一个地方法庭在 1963 年做出了有利莫奇利和埃克特及其公司的裁决。法官特别指出，没有证据表明"埃尼阿克"的相关概念"有过更早的公开使用"。[1]

　　史派里兰德公司向竞争对手不断收费的做法，终于促使其中一家——霍尼维尔——再次对莫奇利和埃克特的知识产权发起挑战。这一次，原告方提供了新线索：已被遗忘多时而从未获誉的约翰·阿塔纳索夫的工作，以及阿塔纳索夫将这一成果分享给约翰·莫奇利的证据。历经九个半月的复杂听证，美国地区法院法官厄尔·R. 拉尔森（Earl R. Larson）裁定，"莫奇利和埃克特并没有首先发明自动电子数字计算机，而是从约翰·文森特·阿塔纳索夫博士那里获得了这一想法。"[2]

　　尽管这一纸判决奠定了约翰·文森特·阿塔纳索夫电子数字计算机之父的地位，但阿塔纳索夫被历史承认的道路仍然一波三折。拉尔森法官的判决是在 1973 年 10 月 19 日做出的，这个判决原本值得全国报纸把"阿塔纳索夫——真正的计算机之父"写进头条，但第二天，深陷"水门事件"的总统理查德·尼克松（Richard Nixon）解雇了水门事件的特别检察官，导致司法部长辞职抗议。被政坛"星期六夜大屠杀"攫住了全部注意力的媒体，完全没有注意到这一司法判决，以及它背后那个发生在数字时代初现曙光之际的精彩科学故事。

1　*Sperry Rand Corporation et al. v. Bell Telephone Laboratories, Inc.*, 317 F. 2d 491 (2d Cir. 1963).

2　*Honeywell, Inc. v. Sperry Rand Corp, et al.*, 180 USPQ 673 (D. Minn 1973).

于方寸之间运算

六年后，莫奇利的合作伙伴埃克特出现在史派里兰德公司刊登在《华尔街日报》的一则广告中。他站在该公司最新款一体式计算机 1100/60 前，旁边是体形巨大的"埃尼阿克"，广告词是"谁能想到歌利亚的父亲会把大卫带到人间？"[1]这句话精炼地概括了计算机技术的一个重要进展。就和最初给巴贝奇带来灵感的蒸汽机变得越来越小一样，计算机也在变得越来越小，而且越来越强大。

重达 30 吨的"埃尼阿克"，最后缩小到了指甲盖大小。这个过程中的第一个突破是晶体管的发展。贝尔实验室的科学家威廉·肖克利（William Shockley）因此获得了诺贝尔物理学奖。[2]

正如我们之前探讨过的，早期计算机大量使用真空管作为电信号的放大器和开关。肖克利的晶体管能发挥同样的作用，但它的重量、体积和耗能都比真空管小得多。这样的"一石三鸟"，是通过"硅半导体三明治"实现的。

半导体的导电能力介于导体和绝缘体之间。[3]肖克利发现，通过向半导体中加入杂质——比如硅，就可以控制它的导电性能。他还发现，和制作三明治一样将不同种类的硅叠放在半导体中，可以使电沿一个方向流过半导体。晶体管的英文 transistor，就是 transferring（传输）和 resistor（电阻）的嫁

---

1   Burks, *Who Invented the Computer?*, p. 13.
2   肖克利与同属贝尔实验室的约翰·巴丁（John Bardeen）和沃尔特·布拉顿（Walter Brattain）分享了 1956 年的诺贝尔物理学奖。
3   Wade Rowland, *Spirit of the Web* (Toronto: Somerville House Publishing, 1997), p. 311.

接，意思是将电流传过一个电阻。

肖克利在 1955 年离开贝尔实验室，搬到了加利福尼亚州圣何塞市外的圣塔克拉拉山谷，在那里成立了肖克利半导体公司。肖克利诺奖得主的光环吸引了众多出色的年轻人加入他的公司，但肖克利专制的管理风格不久就让他们深感不满。1957年，公司的八位工程师——杰伊·拉斯特（Jay Last）、朱利叶斯·布朗克（Julius Blank）、尤金·克莱纳（Eugene Kleiner）、罗伯特·诺伊斯（Robert Noyce）、戈登·摩尔（Gordon Moore）、吉恩·霍尔尼（Jean Hoerni）、谢尔顿·罗伯茨（Sheldon Roberts）和维克多·格林尼奇（Victor Grinich）——宣布集体出走。尽管肖克利本人已有先例——他自己就曾出走过贝尔实验室，但他还是将这些年轻人称为"八叛徒"。

不过，这些年轻人没过多久就成了"八仙童"。他们获得了来自仙童摄影器材公司的投资，成立了仙童半导体公司（Fairchild，即飞兆半导体公司）。这让圣塔克拉拉山谷的果园旁出现了第二家半导体公司。就这样，"硅谷"诞生了。这八位年轻人不仅开创了新技术，还开发了一种新型管理制度：以股票期权作为激励机制，公司去层级化，一个更加灵活、开放、高效的工作环境。[1]

如何改进半导体技术，将不同功能的电子元件整合在一起，成了计算机研究领域的"圣杯"。得州仪器公司早期制造的半导体元件使用的锡丝是如此之细，以至于工人们需要用镊子和显微镜才能将它们放入电路。这和电路板的原理一样，不同之处在于各元件不是被焊接在一块板子上，而是被焊接在

---

[1] "Flashback: The History of Computing," *Computerworld*, May 19, 1999.

一块固态半导体上。这块半导体被称为"集成电路"。[1] 但在早期，脆弱的焊点会导致连接时断时续，有损集成电路的实用性。

在仙童半导体公司成立两年后的 1959 年 1 月，"八仙童"之一的罗伯特·诺伊斯发明了第一个实用集成电路。通过在一块硅上蚀刻半导体电路，诺伊斯造出了可以高效集成电路的微芯片。他团队中的其他人则开发并造出了相关生产工艺和设备。[2]

就在做出这一系列技术突破的同时，诺伊斯和摩尔却没能说服他们的母公司接受他们倡导的新型管理哲学，即让更多普通员工拥有股票期权。尽管他们在技术创新上取得了成功，但在仙童公司总部倡导管理创新的努力失败了。再一次，诺尔斯和摩尔决定听从内心的指引离开公司（此时"八仙童"中的其他人都已经离开了）。他们勇气可嘉，因为他们花费了十年心血从零搭建的仙童半导体公司，到 1967 年时收入已达 1.3 亿美元。

1968 年，诺尔斯和摩尔的新公司开业了。他们将它命名为"英特尔"（Intel）。

英特尔的商业计划，是生产可以被用作计算机内存的集成电路。这一目标雄心勃勃，因为在当时，相比将数据存储在磁带上，新技术至少昂贵百倍。[3] 但在 1970 年，英特尔发明了动态随机存取存储芯片（DRAM），大大降低了存储成本。

1　得州仪器公司的杰克·基尔比（Jack Kilby）因在 1959 年发明集成电路获得了 2000 年的诺贝尔物理学奖。

2　比方说，诺伊斯的微芯片有赖另一位"八仙童"吉恩·霍尔尼发明的"平面工艺"，这种工艺能制作出完全平面的晶体管（此前的晶体管会包含一小块凸起）。

3　Intel Corporation, "The History of Intel, 30 Years of Innovation," Intel.com, 2002.

当时日本计算器制造商 Busicom 找到英特尔，希望后者为其设计制造 12 种性能各异的芯片并将它们串在一起用于可编程的台式计算器，年轻的英特尔工程师、时年 31 岁的马丁·霍夫（Marcian Hoff）设计了一种新型集成电路。它并非为某一目的专门设计的逻辑芯片，而是一种可编程的芯片，可以像传统的中央处理器一样工作。日本客户喜欢这个主意，于是霍夫开发了"英特尔 4004"，将一台可编程计算机集成在了一块芯片上，也就是一台微处理器。

可这个主意和英特尔的商业计划并不一致。英特尔生产的是存储芯片，霍夫的研发方向不但与之相去甚远，也远不如前者那么赚钱！更糟糕的是，英特尔没有霍夫发明的芯片的知识产权。因为研发工作是在与 Busicom 公司的合同下进行的，所以技术归这家日本公司所有。然而，Busicom 公司此时正面临财务危机，为了筹集资金，它表示愿意将这一技术以 6 万美元的价格卖回给英特尔。[1]

但是，除了用于 Busicom 公司的台式计算器，微处理器还没找到其他任何成规模的市场。英特尔是否应该冒险从有限的资本中拿 6 万美元来买一个既没有市场、又和自己的商业计划不合拍的技术？更重要的是，英特尔能否同时发展两种突破性的技术？如果把一部分资源拨去开发和制造微处理器，是否会拖慢公司在存储芯片市场中的步伐？除了摩尔和诺伊斯，其他公司高层都反对继续发展微处理器。

但摩尔和诺伊斯用一种相当巧妙的方式，赢得了整个管理层对发展微处理器的支持。他们的理由是，因为每一个微处理

1　Intel Corporation, "The History of Intel, 30 Years of Innovation," Intel.com, 2002.

器也需要 DRAM，所以生产微处理器能推动 DRAM 的销售。[1]
这个说法奏效了——这就好像在说，投资蒸汽机车，是为了
卖更多的煤！这个决定"相当于赌上了一整家公司"，一位英
特尔高管多年之后告诉我。[2]

1971 年，"英特尔 4004"首发。[3]英特尔公司的这台微处
理器，已具备与售价几十万美元的"埃尼阿克"式大型计算
机相同的处理能力。[4]而英特尔芯片的售价不过几百美元。四
个月后，霍夫与同事们开发出更强大的"英特尔 8008"，不到
一年，又开发出速度比"英特尔 4004"快 220 倍的"英特尔
8080"。[5]

但当时计算机市场的主流产品，仍是大型机。20 世纪 70
年代中期的计算机和古登堡印刷术出现前的手抄书有点类似，
它们仿佛具有某种神圣的知识或能力，被锁起来不让凡人接
触，只能由专门的神职人员监管。微处理器已将一整台图灵机
放进了一个小小的芯片中，但"神父们"还看不出如何在日常
生活中应用它。

不过，《大众电子》杂志的读者们却从中看到了机会。
1973 年，这本杂志举办了一个创意大赛，邀请读者们投稿自

---

1 Intel Corporation, "The History of Intel, 30 Years of Innovation," Intel.com, 2002.
2 英特尔资深副总裁荣·史密斯（Ron Smith）在 2002 年 3 月这样对我说。
3 Rowland, *Spirit of the Web*, p. 322.
4 访问 www.intel.com/education/teachtech/learning/chips/index.html 可阅读更通俗易懂的微处理器知识。
5 尽管微处理器的销售增长缓慢，但拓展业务范围对英特尔而言是个幸运的决定。20 世纪 70 年代后期，由于国外生产成本低廉，DRAM 的盈利能力大幅下滑。英特尔在 DRAM 业务上一筹莫展，最终在 1985 年退出这一市场。然而到那时，微处理器已成为 IBM 个人计算机的核心硬件，这让英特尔一路高歌猛进。

己的"首台台式计算机"设计创意。获得第一名的，是来自阿尔伯克基的爱德华·罗伯茨（Edward Roberts），他的创意被写进了 1975 年 1 月刊的封面故事。罗伯茨设计的设备，恰好由"英特尔 8008"驱动。他的女儿正巧刚看完电影《星际迷航》，就根据片中出现的一个星球，提议将这台设备命名为"阿尔特"（Altair）。这台设备耗资 397 美元，没有键盘，没有显示器，也没有操作系统。数据通过拨动开关输入，计算结果显示在前方的面板上。这期杂志面世后的 3 个月内，罗伯茨收到了 4000 份订单。就这样，个人计算机诞生了。[1]

读了这期杂志的两位读者——哈佛大学的学生比尔·盖茨（Bill Gates）和他的好朋友保罗·艾伦（Paul Allen）——致电爱德华·罗伯茨，告诉后者他们可以为"阿尔特"开发编程软件。他们将自己的公司命名为"微软"（Microsoft）。[2]

两年后，两位硅谷神童向市场推出了一款售价 790 美元的一体式个人计算机。史蒂夫·沃兹尼亚克（Steve Wozniak）和史蒂夫·乔布斯（Steve Jobs）设计的 Apple II，让个人计算机不再仅是"攒机"发烧友的爱好。Apple II 内置编写好的程序，可以用来处理文字、创建电子表格、打游戏。到 1981 年，两人创立的苹果公司（Apple）的年收入已达 3 亿美元，拥有 1500 名雇员。[3]

同样在 1981 年，"神父们"开始追捧新贵。主流大型计算机生产商 IBM 推出了个人计算机 IBM PC，使用的是英特

1　法国人安德烈·特鲁昂（André Truong）在 1973 年发明了 Micral 个人计算机，售出 500 台。它的设计图纸从未在美国发布过。（Swedin and Ferro, *Computers*, chap. 5）

2　Swedin and Ferro, *Computers*, pp. 88–89.

3　来源同上，p. 93。

尔的微处理器，它的操作系统由比尔·盖茨和保罗·艾伦提供。IBM 把自己的名字放在 PC（个人计算机）之前看上去很矛盾，但此举给了个人计算机重要的背书，改变了它的发展进程。1981 年，IBM 售出了 3.5 万台 IBM PC，两年后，这台由微处理器驱动的个人计算机的年销售量已猛增至 80 万台。[1]

即便销量增长迅猛，但对大多数人来说，个人计算机依然陌生。今天的我们已经难以想象生活中没有微处理器和个人计算机，但直到不久前，个人计算机还只是科幻小说中的概念。举个例子，在 1984 年，我是一家计算机和网络公司的首席执行官。当时公司销售团队面对的最大挑战，是如何说服潜在的客户**触摸**一下计算机或它的键盘。[2] 计算机神秘而脆弱，诸如此类的念头在人们脑海中根深蒂固。我们只能这样培训销售员，先说服客户坐下，再将键盘放在他们的大腿上，强迫他们摸一下键盘。

从查尔斯·巴贝奇到个人计算机，人类经历了长达一个半世纪的探寻之旅。不过，这只是向我们正在经历的网络革命迈出的第一步。很快，查尔斯·巴贝奇、艾伦·图灵、康莱德·楚泽、约翰·阿塔纳索夫的天才创想，都将一一出现在我们的生活中，让一台计算机和另一台计算机，甚至和一整个网络中的计算机进行交流。

连接

在 1965 年出版的《电子》杂志 35 周年纪念特辑上，英特

---

1 Augarten, *Bit by Bit*, p. 280.
2 我当时服务的这家公司叫"NABU 家用计算机网络公司"，这个网络是首个将个人计算机与有线电视相连的网络。

尔公司的联合创始人戈登·摩尔（他当时仍在为仙童半导体公司工作）发表了一篇文章，题为"把更多元件塞进集成电路中"。文章做出了一个看似疯狂的预测，即一个集成电路上的晶体管数量将每年翻一番，这意味着处理能力的提高和成本的降低。摩尔预测，这样的技术发展会带来"诸多奇迹，比如家用电脑……自动驾驶汽车和个人便携式通信设备"。[1]

　　这个在 1965 年提出的"摩尔定律"，直至今日仍在彰显令人惊讶的前瞻性。尽管芯片制造工艺的复杂性让这一定律中的时间因素存在误差，但它的基本概念依然成立：每隔一两年，顶级微处理器的计算能力就会成倍增长。在戈登·摩尔撰写那篇文章时，业界面对的最大挑战是将一个微处理器上的晶体管数量从 30 提高至 60。而现在，这个数字已达数十亿。

　　年过半百的"摩尔定律"已开始显露"衰老"的迹象，但它描绘的发展曲线仍在延伸。在此过程中，它为新一轮网络革命奠定了计算能力的基础。"摩尔定律"预测的计算能力的指数级增长，意味着今天我们手中的智能手机已具备几十年前价值数百万美元的巨型计算机的计算能力。不过，对未来而言更重要的，是微芯片的计算能力仍在呈指数级增长，这意味着五年后我们将拥有的计算能力，又将远远超过过去五年中我们拥有过的。

1　Gordon Moore, "Cramming More Components onto Integrated Circuits," *Electronics*, April 19, 1965.

6

互联的运算

1940 年，美国数学学会在位于新罕布什尔州汉诺威小镇的达特茅斯学院召开年会。会员们到达时，迎接他们的是色彩斑斓的秋日景象和清冽的空气。

9 月 11 日，面对在麦克哈特大厅汇聚一堂的听众，乔治·斯蒂比茨（George Stibitz）分享了自己的一篇论文，介绍了他和同事在 250 英里外的纽约市贝尔实验室建造的一台复数计算机。[1]这台计算机的核心技术，来自斯蒂比茨在厨房餐桌旁的灵光一现。他发现，电话线路中的电磁继电器具备的开关功能，可以被用来解决数学问题。[2]

---

[1] 当时贝尔实验室位于纽约市曼哈顿西街 463 号。二战之后它才搬到了新泽西。

[2] 一个完整的电话呼叫由两部分构成：传输信号与建立用于传输信号的电路。继电器使由总机接线员接通两条线路的操作自动化。继电器处于"接通"位置，相当于接线员接通了两条线路；继电器处于"断开"位置，意味着电路断开。斯蒂比茨不知道的是，他展示这一技术的时候，德国人康拉德·楚泽也在进行完全相同的研究。

这个餐桌边的灵感，发生在 1937 年 11 月的一个周末。当晚，利用几台电话继电器、从一个烟草罐上剪下的几块铁皮、一块手电筒电池和几只手电筒灯泡，斯蒂比茨搭建了一台简易装置，实现了将二进制数字相加得到同为二进制的和。为纪念给他带来了灵感的厨房餐桌，斯蒂比茨将这台装置称为"K 型机"（K 来自"厨房"的英文 kitchen）。

还没过三年，斯蒂比茨就站在他的同行面前，介绍他如何利用约 400 台电话继电器的开关功能，搭建了一台能进行复杂方程式中的加、减、乘、除运算的机器。[1]

读完论文后，乔治·斯蒂比茨上演了一出好戏。

在贝尔实验室，他的复数计算机被锁在一间小屋子里。屋外，一台经过改装的电传打字机可以向它输入数据。操作员在电传打字机上键入需要计算的题目，脉冲信号将其发送给屋内的计算机，计算完毕后，再由电传打印机将结果打印出来。斯蒂比茨去达特茅斯开会时随身携带了一台类似的电传打字机。他不仅想要口头介绍他的计算机，还想和马戏团的驯兽员一样将这台计算机演示给在场的观众，哪怕它远在 250 英里外。

这将是人们首次通过电话线远程访问一台计算机。[2]台上的斯蒂比茨将问题键入电传打字机，问题被传送至 250 英里外的那台计算机，运算完毕后，计算机再将答案回传给等待中的电传打字机。这段全程 500 英里的旅程，即使加上运算过程，也只花了约一分钟。这简直就是魔法。

---

1 Paul E. Ceruzzi, *Reckoners: The Prehistory of the Digital Computer, from Relays to Stored Program Concept, 1935–1945* (Westport, Conn.: Greenwood Press, 1983).

2 这根电话线，其实是一根 28 线电传线路。

就和在游乐场外大声吆喝吸引游客的人一样，斯蒂比茨此时邀请观众上台挑战他的计算机。那一天，从上午 11 点到下午 2 点，与会者纷纷上台乐此不疲地挑战这个"盒子"。结果，赢的总是"盒子"。

和斯蒂比茨的论文主题一样，让人们感到异常兴奋的原因，是这台复数计算机和它的计算能力。但真正改写历史的，是另一个细节：这台计算机能够通过电话线路远程访问。[1]由亚历山大·格雷厄姆·贝尔发明的电话技术，将为计算机之间的通信提供渠道。

一次技术上的退步

正如我们所见，电话可以被视作从电报向互联网发展进程中的一次退步。电报和今天的数字脉冲都使用二进制信号，而电话基于模拟信号。在人类迈向数字未来的进程中，电话的贡献并不在于这一技术本身，而在于它为计算机之间的通信提供了无处不在的基础设施。

让乔治·斯蒂比茨实现远程访问的技术发展之路，始于1871 年。那一年，波士顿教育委员会招募了一位痴迷于声音和声学的加拿大年轻人来教授有听力障碍的学生。这位青年教师，就是亚历山大·格雷厄姆·贝尔。

当时在电报市场上独占鳌头的西联电报公司为了提高效率、降低成本，正在寻找一种可以在一根电报线上同时传输多条消息的新技术。托马斯·爱迪生（Thomas Edison）在该公

1　下一次"远程计算"还要等 10 年，当时访问的是美国国家标准局（现为美国国家标准与技术研究院）的一台标准东部自动计算机（SEAC）。

司任职期间发明了一种方法，可以在一根线路上同时传输四个信号，在每个方向上可传输两个信号。

爱迪生坚称自己拥有这项技术的专利，尽管这是他在受雇于西联期间发明的——为此西联电报的董事长威廉·奥顿（William Orton）曾说爱迪生是一个"良心出现了真空"的人。[1] 此时试图操纵西联电报股票的金融玩家杰·古尔德（Jay Gould）买下了爱迪生的专利。他威胁将这一新技术用于他投资的西联电报的对手公司，让西联电报的股价大跌。[2]

如果有人能在不侵犯爱迪生专利的情况下，实现相同的电报传输"四重奏"，那么财富就会向他招手。在波士顿，贝尔的一名学生是知名律师加德纳·G. 贺巴德（Gardiner G. Hubbard）的女儿。贺巴德决定资助贝尔，让这位声学专家研究如何通过声学原理实现谐波传输，即让多个信号以不同的频率在同一条线路上传输。[3]

还有一个因素促成了贝尔和贺巴德的合作：当时贝尔正在和他的学生、贺巴德的女儿玛贝尔恋爱。贝尔接受贺巴德资助的一个原因，恐怕是想和未来的岳父处好关系。[4]

贝尔设想的方案，是用"波动电流"承载电报信号。理论上，不同频率的多个脉冲可以在同一根线路上传递多个电报信

1　Richard R. John, *Network Nation* (Belknap Press of Harvard University Press, 2010), p. 159; E. C. Baker, *Sir William Preece, F.R.S., Victorian Engineer Extraordinary* (London: Hutchinson, 1976).

2　古尔德威胁要使用爱迪生的专利在一条线路上同时传递多个信号，以此压低电报费率。这威胁到西联的盈利前景，导致西联股价下跌。托马斯·爱迪生用古尔德出售专利的所得，创立了传奇的门洛帕克实验室。

3　贺巴德早先在马车运输、自来水和煤气等需要市政特许经营牌照的商业活动中积攒了财富。他后来还支持将电报垄断企业国有化。

4　John, *Network Nation*, p. 164. 贝尔另一位学生的父亲托马斯·桑德斯（Thomas Sanders）也在贝尔研发电话技术的早期提供了资助。

号。贝尔的声学训练让他相信，这种波动电流同样可以传递声音。"如果我能让一位既聋又哑的人说话，"他后来表示，"那么我也能让铁说话。"[1] 1876 年 2 月 14 日，亚历山大·格雷厄姆·贝尔为他的波动电流信号申请了专利。[2] 几周后的 3 月 10 日，那句历史性的"沃森先生——请过来"就通过电线传了出去。[3]

一开始，"让铁说话"更像是一种科学现象，没什么实用性。在 1876 年费城举办的美国独立百年纪念博览会上，贝尔的展品被打发到一个偏僻角落的小桌子上。整整六周，几乎没有人注意到它，直到贺巴德（他同时也是博览会的专员之一）说服评委们绕路去看一看。仿佛天命使然，就在颇感无聊的评委们来到贝尔的展品旁（据说他们都懒得把听筒拿起来放到耳边），当时的巴西皇帝大步走过来与贝尔打招呼，甚至叫出了贝尔的名字（这位皇帝曾参观过贝尔在波士顿的聋哑人课堂）。他对贝尔的热情吸引了所有人的注意力。皇帝拿起听筒，凑在耳边，惊呼："我的天——它在说话！"

很快，令人尊敬的约瑟夫·亨利宣称："它比我见过的其他任何东西，都更接近于颠覆能量守恒定律。"当时世界上最

1　Herbert Newton Casson, *The History of the Telephone* (Chicago: A. C. Mc-Clurg, 1910), p.8.

2　就在贝尔提交专利申请的同一天，芝加哥的以利沙·格雷（Elisha Gray）递交了一份"专利预告"——一种宣称某人已有创新想法、即将正式递交专利申请的文件。围绕格雷为何这么做有许多争议。《电话怪人》一书对当时研发者之间的激烈竞争做了精彩描述。当时围绕谁该获得专利就有约 600 场官司，而最终美国最高法院做出裁决，贝尔获得电话专利。（Seth Shulman, *The Telephone Gambit*, New York: W. W. Norton, 2008）

3　最早有记载的通过电线传递声音的想法，由德国发明家约翰·菲利普·雷斯（Johann Philipp Reis）在 1861 年法兰克福物理学会的一次演讲中提及。（Vaclav Smil, *Creating the Twentieth Century: Technical Innovations of 1867–1914 and Their Lasting Impact*, Oxford University Press, 2005, p. 228）

顶尖的电能专家、后来的开尔文勋爵威廉·汤普森爵士（Sir William Thompson）则表示："它确实能说话……这是我在美国见到的最美妙的东西。"[1]一夜之间，贝尔的发明摇身一变，从默默无闻成了博览会的焦点。

博览会结束后，贝尔带着他的装置开始了路演。在新英格兰各地，它将声音和音乐传进展厅。虽然这个新技术令人敬畏，但它和早期的网络创新一样遭到了抵制，甚至有人指控它出自撒旦之手。仿佛是在呼应巴尔的摩的神父曾对摩尔斯的电报发出的警告，《纽约先驱报》将电话描述为"古怪甚至超自然的"事物。[2]

从公共场所的展示，到一张无处不在、能够在用户之间切换自如的电话网络的建立，经历了一段漫漫长路。这个新技术是如此具有革命性，以至于人们一时想不出能把它用在哪里。抓住公众的兴趣并把它变成商业机会的重任，落到了贝尔的资助人加德纳·贺巴德的肩上。慢慢地，一些客户安装了电话，但需求始终没有形成规模。早期的客户一度只用电话致电中央电报局发送电报，或接听电话接收电报，这个技术始终没有找到自己的市场。[3]

生意没有起色，资本又难以为继，终于让贺巴德做出了不可避免的决定。1876年底的那个冬天，他向西联电报公司表示，愿以10万美元的价格出售贝尔的专利。威廉·奥顿拒绝了这个提议。据称（或许是杜撰），奥顿甚至轻蔑地说："我

1　Casson, *History of the Telephone*, p. 13.
2　来源同上，p. 16。
3　John, *Network Nation*, p. 162.

们要这个电动玩具有何用？"[1]

奥顿对贝尔专利的回绝，简直就是历史的重演：既有网络的经营者又一次错失新网络技术可能带来的巨大机遇。1845年，美国邮政总局拒绝以 10 万美元的价格购买摩尔斯的电报专利。32 年后，面对同为 10 万美元的要价，摩尔斯的后继者犯了同样的错误。

另一位维尔登场

在电报技术的发展中，塞缪尔·摩尔斯那位经常被忽视的助手阿尔弗雷德·维尔起到了举足轻重的作用。而在电话服务的普及过程中，另一位维尔——阿尔弗雷德·维尔的堂弟西奥多·维尔（Theodore Vail），也做出了至关重要的贡献。

33 岁时，西奥多·维尔已是美国邮政局的一名出类拔萃的员工。他成功提升了铁路邮件的递送效率，管理着 3500 个下属。[2] 1878 年，加德纳·贺巴德聘请维尔来掌管刚成立一年的贝尔电话公司。[3] 当维尔递交辞职信时，他的上司助理邮政总长表示不可思议："我无法相信一个像你这样明智的人……会为了北方佬那个叫电话的鬼主意，丢掉自己的大好前程！"[4] 这一评价并非完全不合理。当时的贝尔电话公司只安装了 1 万

1　Casson, *History of the Telephone*, p. 21.

2　Tim Wu, *The Master Switch: The Rise and Fall of Information Empires* (New York: Alfred A. Knopf, 2010), p. 29.

3　此前贺巴德在海耶斯总统的运输委员会任职期间结识了维尔。（Casson, *History of the Telephone*, p. 23）

4　James Gleick, *The Information: A History, a Theory, a Flood* (New York: Pan- theon Books, 2011), p. 189.

部电话机，刚引入第一台人工电话交换机。[1]

西奥多·维尔在贝尔公司的新工作面临诸多挑战，不仅包括拓展电话市场、解决网络扩张中出现的各种技术问题，还包括最基本的公司经营，比如筹集资金。对这家新公司的未来最具威胁的，是正在苏醒的西联电报公司。1878 年，西联电报公司已经完全抛却两年前对电话的不屑态度，进军了这个新兴市场。此时已与西联电报公司达成和解的托马斯·爱迪生，在贝尔电话的基础上做出了一些重大改进，使西联电报的电话客户们不必为了传递声音冲着话筒大喊大叫。到 1878 年底，西联电报的子公司——美国电话公司——已安装 56000 部电话。[2]

对自己的发明反被西联电报主宰，亚历山大·格雷厄姆·贝尔深受折磨，甚至住进了马萨诸塞州总医院。[3]

西联电报同时采取了多个竞争策略。作为全美最大的公司，资金实力雄厚的它先是聘请律师去挑战贝尔专利权的有效性，再凭借这一优势，把各地拥有贝尔专利使用权的公司一一买下。一旦有公司不愿出售，西联电报公司就针对同一市场推出更廉价的服务，与它们直接展开竞争。

在贝尔这一侧的堡垒上，只站着西奥多·维尔和他的小团队。[4]

令人惊讶的是，最终退缩的却是西联电报公司。有人说这是因为金融玩家杰·古尔德对公司管理的持续挑战使管理层无暇他顾。[5]也有人说这是因为西联电报的律师们意识到，西联

1　Smil, *Creating the Twentieth Century*, p. 233.

2　Wu, *Master Switch*, p. 26.

3　来源同上，p. 27。

4　贺巴德也聘请了律师团队攻击西联电报声称他们拥有专利权的说法。

5　Wu, *Master Switch*, p. 31.

在专利纠纷中毫无胜算。[1]不管怎样，巨头和新贵进行了和谈，结果是一个市场分割协议：西联电报公司将放弃贝尔的专利并退出电话市场，而贝尔电话公司将买下西联电报的电话资产，向西联支付每一项电话设备的使用费，并承诺不会进军电报市场。[2]

扫清了前方道路上的障碍，西奥多·维尔开始尝试将在市区内运营的电话服务拓展到市区外，他的办法是将各地的电话网络连接起来。"我们提议将不同的城市连接起来……搭建一个大型电话系统。"维尔在 1879 年写道。[3]他的愿景被嘲笑为不切实际。大多数人连市内电话都没接触过，谁会想给另一座城市打电话？

最后，维尔以个人的名义成立了一家新公司，目的是在波士顿和罗得岛州首府普罗维登斯之间修建一条电话线。此举被嘲笑为"维尔干的蠢事"。这条电话线后来的成功在今天看来理所当然，但在当时却令人震惊。多亏了维尔提出的城际电话概念，打电话不再局限于邻里之间。[4]第二年，一条连通波士顿和纽约的新电话线投入运营。

这意味着，通往无处不在的互联网络的桥梁开始兴建了。

几年后，围绕公司盈利应当被用于建设网络，还是被用于支付股息，西奥多·维尔与贝尔电话公司董事会发生了争执，

1　Casson, *History of the Telephone*, p. 30.

2　来源同上，p. 30。围绕贝尔电话专利的法律纠纷一直持续到 1888 年，那一年，美国最高法院以 4 比 3 的票数裁定亚历山大·格雷厄姆·贝尔为电话发明者。

3　来源同上，p. 61。

4　来源同上，p. 62。

最终导致他在 1887 年离开公司。[1] 在帮助贝尔电话公司打败西联电报公司、力推城际电话之后，他告别了这家公司，登船前往南美，开始了新的创业冒险。

维尔愿景的胜利

维尔在南美创立了一家电力公司，为布宜诺斯艾利斯的照明和有轨电车提供电力。在 1887 年离开美国时，他已经是个富人了；而 12 年后他回到美国时，就成了名副其实的巨富。坐拥大笔财富并想摆脱日常商战的他回到佛蒙特州的老家，过起了乡绅生活。

在他去国的这些年里，美国电话市场经历了翻天覆地的变化。贝尔的电话专利在 1894 年过期，独立电话公司如雨后春笋般在各地涌现。当维尔回到美国乡间享受财富时，这些独立电话公司加在一起已经拥有 300 万用户，超过了贝尔电话公司的 250 万用户。这些独立公司控制了美国西部和农村地区的电话市场，从策略上说，它们有实力挑战贝尔电话公司在大城市的主导地位。一直和波士顿人（他们从亚历山大·贝尔时代就控制了贝尔电话公司）争夺控制权的华尔街银行家们，在 1902 年说服维尔重新出任董事，此时公司已更名为"美国电报电话公司"（AT&T）。[2] 5 年后的 1907 年 5 月，一个由其他董事组成的代表团出现在佛蒙特州农场，请求维尔重掌贝尔系统（包括 AT&T 及一系列关联公司）的帅印。

1　Wu, *Master Switch*, p. 46, citing Horace Coon, *American Tel & Tel: The Story of a Great Monopoly* (1939; Books for Libraries Press, 1971), pp. 66–67.

2　1885 年，时任总裁威廉·福布斯将公司更名为 AT&T。

在因发展战略与管理层发生争执、被迫离开公司20年后，西奥多·维尔再次成为掌门人。这一年他62岁。在建立一个覆盖全美、为后来的信息时代奠定基石的电话网络这件事上，他的功劳无人能及。但与此同时，他制定的电话市场政策却成了数字服务普及过程中的绊脚石。

甫一出任，维尔就开始实施20年前他试图推行但被拒绝的市场政策。其核心理念是"同一政策、同一系统、普遍服务"。他试图让AT&T成为唯一一家能够做出上述三大承诺的公司。

在他回归当年的公司年度报告中，维尔阐释了他的经营哲学。"贝尔系统的优势在于它的普遍性。"他解释道，然后向竞争对手们宣战，"同一个社区拥有两套电话交换系统，每个系统服务同一批客户的情形不可能持续；如果考虑投资回报和必要的维修费用，竞争压力也无法让任何一个系统大幅降低服务价格。重复收费对用户来说是一种浪费。"[1]

四分之一个世纪前，西奥多·维尔还是一位充满竞争精神的斗士，试图遏制西联电报公司不断扩大的市场垄断地位。但坐在AT&T的帅位上时，他成了"自然垄断"这一概念的主要倡导者。这种理念认为，一个市场中同时存在多个竞争者会损害经济效率，如果只有一家成规模公司，经济效率反而会得到提升。这是反垄断法尚未出现的年代，美国随处可见主宰某一市场的大企业。西奥多·维尔想让AT&T成为电子通信市场的整合者和主导者。

维尔很快就开始收购竞争对手。贝尔系统吞并了一家又

1　Coon, *American Tel & Tel*, p. 102.

一家独立电话公司。那些保持独立的公司发现自己很难接入AT&T 的长途电话网。被允许接入的公司，则必须全盘接受贝尔系统开出的条件。

最后，维尔买下了他的宿敌西联电报公司。1879 年，维尔对西联电报试图同时垄断电报和电话两个市场发出过警告。1909 年，维尔自己坐在了垄断者的位置上。

为了实现"同一政策、同一系统、普遍服务"的愿景，西奥多·维尔甚至拉拢了一个令人意想不到的合作者——美国政府。当美国社会开始对垄断——哪怕"自然垄断"——感到担忧时，维尔让作为监管者的政府成了自己的同谋。他说："企业由私人拥有、管理，服从公众利益，受到国家、州级和市级机构的合理控制和监管，这是最好的制度。"[1] 1913 年，维尔与联邦政府达成协议：AT&T 剥离新近收购的西联电报资产，停止收购竞争对手，允许其他公司接入 AT&T 的长途电话网络并提供长途电话服务。这个协议以 AT&T 的谈判代表、总顾问内森·金斯伯里（Nathan Kingsbury）的名字命名，即"金斯伯里协议"。这份协议换来的，是美国政府放弃对 AT&T 进行反垄断调查。这体现了维尔的一个观念——处于垄断地位的公司和政府之间应当存在一种共生关系。每一个市场只应有一家电话服务商，它们都应当通过同一家长途电话公司实现互联。AT&T 接受了政府的监管，以此换取了政府对其地位的默许，这让维尔实现了自己的全部愿景。随着业务的不断拓展，AT&T 蒸蒸日上。

由维尔打造的通信市场的"三驾马车"，靠着政府监管下

1　Coon, *American Tel & Tel*, p. 103.

的市场垄断地位，在实现极高营业额的同时保持着极低的利润率。这一模式，将定义整个 20 世纪的电信业。

竞争与创新

在 1910 年写给股东的报告中，西奥多·维尔阐释了他的愿景：为"信息的电子传输"建立一个"通用电路系统"。[1]他先知般地预见了通用网络和电子传输的协同关系，采用模拟信号的电话网络将成为通向早期数字活动的门户。但他没能料到，他打造的垄断企业会成为创新的巨大障碍。

维尔成功地让 AT&T 不再需要担心竞争压力，但也让公司患上了"硬化症"，排斥任何变化。竞争推动创新，但维尔主导的 AT&T 成功消灭了竞争，以期按照自己的节奏实现创新——不过有可能什么也实现不了。维尔打造的这个网络的通用性，本可以成为信息时代的主要推动力。可这个垄断体的内部"抗体"抵制任何破坏性创新，以至于任何创新尝试都要与它进行一场恶斗。

在维尔看来，AT&T 需要创新，但创新必须是可控的。他曾经目睹金融大鳄杰·古尔德利用爱迪生的技术操纵西联电报公司，深知新技术能给一家大企业带来怎样的负面影响。他认为，降低这一风险的办法，就是让自己保持技术领先地位。他开始推动一系列针对未来的技术研发，但一切都要按他的方式来。[2]

1　John, *Network Nation*, p. 340.

2　Jon Gertner, *The Idea Factory: Bell Labs and the Great Age of American Innovation* (New York: Penguin, 2012), p. 19.

1925 年，AT&T 成立了贝尔实验室，这里聚集的人类智商总和，可能超过了世界上其他任何角落。贝尔实验室的工程师提出过许多具有划时代意义的想法，包括克劳德·香农（Claude Shannon）在《通信的数学原理》中提出的观点：信息是一种可被操纵的物理量。《科学美国人》将这篇论文称为"信息时代的'大宪章'"。[1] 贝尔实验室也造出了实现香农理论所需的各种组件，包括晶体管、磁存储器和早期计算机语言。

AT&T 是狂热的创新推动者，同时也是迟钝的创新采纳者。虽然公司管理层很清楚网络的性质终将发生变化，但公司的首要目标是维护既有网络的市场地位。AT&T 对磁存储技术的态度就明显反映了这一心态。20 世纪 30 年代初期，贝尔实验室的工程师克拉伦斯·希克曼（Clarence Hickman）开发出世界上第一台电话答录机，这台机器可以用磁带录下声音。AT&T 下令贝尔实验室叫停希克曼的研究，因为管理层担心，公众一旦可以在电话上留言，就会减少打电话的次数。[2]

让 AT&T 得以利用与政府的共生关系的最佳利器，是一项联邦法规——由美国联邦通信委员会批准的有关通信资费和服务的规定，让 AT&T 获得了对与其电话网络相关的一切事物的控制权。有了联邦政府的背书，这家公司禁止使用任何"非由本电话公司提供的设备、仪器、电路或装置"。[3] 它发挥公关创意，将所有的非贝尔设备描述为"外国设备"或

---

1 Jon Gertner, *The Idea Factory: Bell Labs and the Great Age of American Innovation* (New York: Penguin, 2012), p. 127.

2 Wu, *Master Switch*, pp. 104–06.

3 Tariff FCC No. 132, filed April 16, 1957.

"外来设备"。为了激发人们的恐惧,它精心准备了一套说辞,称这种"外来设备"可能损害电话网,甚至扰乱国家防御系统。[1]

AT&T 也许成功搭建了一个无处不在的网络,但它对这张网络的绝对控制权意味着只有当它觉得有必要时,它自己——以及美国——才能进入数字时代。这种令人不寒而栗的绝对控制,反映在最终打开互联网的钥匙——数字调制解调器——的发展过程上。

我们知道,电话通过有起伏的平滑信号(波形)传递声音,而数字信号高低错落且不连续。为了通过电话线传输计算机的数字信号,首先需要将数字信号调制为类似声音的模拟信号。调制解调器的英文 modem 就是将数字信号调制为模拟信号这一过程的缩写(你在接通一台传真机时听到的刺耳声,其实就是这个过程)。模拟信号抵达线路的另一端后,还要被重新调回计算机所需的数字信号。

自从第一台调制解调器接入电话网络,AT&T 就开始控制这一工具的性能和使用范围。AT&T 规定着一切外来设备接入其网络的技术标准——西奥多·维尔最初就是靠这一点将自己的意志强加于其他电话公司,现在他开始控制调制解调器的使用范围、成本和设计。当联邦法院终于看穿这套把戏,逐步揭穿"外来设备"说辞的荒谬之处后,调制解调器在技术升级

1　贝尔试图绝对控制电话网络的努力,有时极端到令人捧腹。当人们只需要去个药店就能买回一台电话、轻松接入网络且没有带来任何危害时,"外国设备"可能损害电话网的说法听上去实在过于牵强。在以"同一政策、同一系统、普遍服务"为名挫败消费者的一个极端案例中,贝尔宣称一本塑料封面上印着当地广告的电话号码簿是"外国设备"并禁止使用它,只因这本电话号码簿与贝尔的电话黄页构成了竞争关系。贝尔理由是黄页的广告收入有助于降低电话服务的成本。

和设计改进上的障碍才终于被扫除。[1]

随着那些让 AT&T 能够单方面决定哪些企业和设备能接入其网络的规定逐步失效，美国人开始利用这个无处不在的网络来实现计算机之间的信息传递。20 世纪 80 年代初，在美国政府彻底取消限制性措施后，市场上出现了更廉价的新一代"非贝尔式"调制解调器。当时，所有同时拥有个人计算机和电话线的人，都看到了信息时代的曙光。

从数据传输到数字网络

网络演变的故事讲到这里，我们需要再次请出本书第一章中提到的数字分组交换技术。保罗·巴兰在 1964 年的论文《论分布式通信》中提出，中心-辐射型模拟电话网络可以通过采纳一种类似渔网的拓扑结构和数字分组传输，变得更不易受到攻击。[2] 正是在这项研究中，他发现了一种可能比 AT&T 的技术更高效、成本更低的网络技术。[3]

当美国国防部要求 AT&T 采纳巴兰的想法时，AT&T 冷冷地拒绝了。巴兰后来回忆道："空军对 AT&T 说：'听着，我

---

1   但即便到那时，联邦政府仍然允许 AT&T 设计复杂且昂贵的测试，可只有通过测试的调制解调器才能接入其网络。这一做法的一个结果就是强制使用声耦合（而非电子耦合）的调制解调器，它们长相滑稽，有着两个橡胶听盘，要将听筒置于其上才能使用。

2   Paul Baran, "On Distributed Communications" (Santa Monica, Calif.: RAND Corporation, 1964).

3   保罗·巴兰曾这样解释："在模拟信号时代，相连的两端需要协同工作，但协同工作不出错的概率太低了，所有组件都必须近乎完美。一旦无需担心可靠性（因为数据包一旦发现节点出错，就会重新为自己找到其他路径），就可以大大降低组件的成本。"（Stewart Brand, "Founding Father," *Wired*, March 1, 2001）

们出钱。你们做就行了。'AT&T 却回复：'这个想法行不通的。而且，我们也不会和自己竞争。'"[1]

认为这个想法"行不通"，并非不合逻辑。巴兰提出的概念，会摧毁牢牢根植于好几代工程师脑中的固有网络观念——支持变革的人士曾戏称这些头脑顽固的工程师有个"钟型脑袋"（"钟"与"贝尔"的英文同为 Bell）。

自从"沃森先生——请过来"开启了电话时代，人们对通信网络的理解一直是在两点之间建立一个通路，在传输时保持电路畅通。这其实是一种非常低效的技术，因为在建设线路时，要根据预期的峰值来决定它的容量。不过正是因为这一技术低效且昂贵，西奥多·维尔才得以维系他的"自然垄断"。

网络在经济上的低效与 AT&T 的垄断地位息息相关。这是巴兰对 AT&T 为何不愿拥抱新技术的解释——哪怕新技术能增强其竞争力。那些守卫西奥多·维尔的纪念碑——"世界上最伟大的通信网络"——的高管是不会改变公司的商业模式的，哪怕这意味着继续使用低效的网络设备；他们也不愿改变对股东的承诺，即投资于 AT&T 股票的每一美元都能得到固定回报，毕竟 AT&T 被视作寡妇和孤儿都可以投资的股票，适合持有一辈子。

因此，当保罗·巴兰向 AT&T 提议一种可以提高网络效率的新技术概念时，贝尔系统的管理层自然丝毫不为所动。巴兰的想法是，与其随时保持电路的畅通，不如在一秒钟内数次开关电路来传输数字信息包。可高管们翻了翻白眼，选了另一条路。"就好像我说的是斯瓦西里语一样。"巴兰有一次这么

1　Stewart Brand, "Founding Father," *Wired*, March 1, 2001.

形容。[1]

多年来，很多人相信这样一个传说——最初互联网是为了防御苏联的进攻而搭建的。事实并非如此。虽然这的确是巴兰研究数字分组交换技术的初衷，而这一技术也的确被用于互联网，但巴兰构想的可以用来反击苏联的网络始终没有建成。事实上，当建立这样一个网络的职责被移交给国防通信局后，巴兰反而积极阻挠这一项目的实施。"我让我在五角大楼的朋友取消整个项目——因为他们不可能做好。"他回忆道。在和AT&T的电路工程师打过交道后，巴兰并不急于把自己的创意交给国防通信局里另一帮满脑子只有模拟信号的工程师们，因为他们并不能真正理解他的想法，还很可能把项目搞砸。"国防通信局会搞砸，然后没有其他人会被允许再次尝试，因为已有失败的先例。"巴兰这样解释。他宁可等待，等待"一个有能力的机构出现"。[2]

美国国防部的确搭建了它自己的分组交换网络，但并不是为了控制轰炸机和导弹。1969年，国防部下属的高级研究项目局（ARPA）将四家美国研究机构连接各自大型计算机的本地网络连了起来，让科学家们可以分享数据并访问彼此的计算机。[3]这一项目被称为"阿帕网"（ARPANET）。[4]

1　保罗·巴兰是在2011年1月29日写给我的电子邮件中提到这一细节的。巴兰回顾了他如何试图向只懂得电路交换网络的AT&T高管和工程师解释何为分组交换。

2　Katie Hafner and Matthew Lyon, *Where Wizards Stay Up Late: The Origins of the Internet* (New York: Touchstone, 1996), p. 64.

3　这四家研究机构分别是斯坦福大学、加州大学洛杉矶分校、加州大学圣芭芭拉分校和犹他大学。

4　1965年，发明了"分组交换"这一词汇的英国人唐纳德·戴维斯（Donald Davies）曾提议在英国国家物理实验室建造一个类似阿帕网的网络。他没能争取到资金，但他的许多想法在阿帕网中得以实现。

　　今天看来这个概念很简单，但在当时，阿帕网不论在科学还是在哲学上都是一次飞越。尽管还不是互联网，但阿帕网拉开了互联网的序幕。当时的研究机构都使用大型计算机，每一台都只能通过该机构的专用网络访问。和早期的电话一样，它们都局限在本地。如果这些专用网络被"维尔干的蠢事"连在一起，会发生什么？

　　阿帕网将私人网络连成了一个巨大的计算机分时网络，这不仅是技术上的一个壮举，还意味着文化上的改变，而后者或许更令人生畏。相互竞争的机构在接入这个网络时完全知晓他们在加入一个"开放"的网络，这意味着他们可以彼此访问曾被视作神圣禁地的计算机。[1]

　　阿帕网在学术界大受欢迎。最初它连接了 4 台超级计算机，两年后，它就连接了 23 家大学和政府研究机构。到 1984 年，阿帕网上的主机已超过 1000 台。[2] 连接这些节点的，正是西奥多·维尔建立的那张通用电话网。

　　其他数据网络也开始出现。商业网络服务的提供商——包括 Tymnet、Telenet 和 CompuServe——也都使用了分组交换技术。简而言之，每一个网络都在其内部使用高效的分组交换技术，但都使用自己的特定通信协议。这意味着它们互不兼容。一个网络上的信息需要经过转化，才能在另一个网络上工作。在西奥多·维尔的时代，他通过迫使独立电话公司

1　早期阿帕网的一个关键步骤是在每个节点安装一台新计算机，用作接口消息处理器（IMP），它可以控制网络连接（发送和接收数据、检查错误、发送数据等）。此外还设立了一个通用协议，来规定 IMP 如何与其主机通信。（Hafner and Lyon, *Where Wizards Stay Up Late*, p. 75）

2　Carolyn Duffy Marsan, "The Evolution of the Internet," *NetworkWorld*, February 9, 2009.

在接入网络时接受 AT&T 的标准解决了类似问题。现在，人们需要制定一套类似的标准，只是不能再通过胁迫的方式强加给接入者。1972 年，美国国防高等研究计划署（ARPA 即其前身）开展了"互联项目"（Internetting Project），致力于解决这个问题。"由彼此相连的网络连成的网络"——因特网（internet）——就这样诞生了。[1]

位于因特网核心的是 TCP/IP 协议族。开发了这种通用语言的罗伯特·卡恩（Robert Kahn）和文顿·瑟夫（Vinton Cerf）被恰当地称为"互联网之父"。[2] 1983 年元旦，阿帕网上的所有主机都开始采用 TCP/IP 协议族。直至今日，这套协议仍是互联网上通行的"交通规则"。[3]

卡恩和瑟夫需要面对的首个挑战，就是确定一个统一的地址分配方法。第一步是将信息"拆分"成一个个不同的最小数据单元。然后，网际协议（IP）将数据包发送到正确的地址。正如第一章的配图所示，这个交换网络看上去就像一张渔网。这个迷宫在每个交叉点都有一个被称为路由器的小型计算设备。路由器之间通过"聊天"来了解自己与谁相连以及对方的可用性和状态。当一个数据包到达时，路由器查看通过"闲聊"建立起来的数据库，找到目的地的 IP 地址，将数据包送

1　尽管阿帕网仅用于非商业用途，但随着惠普等公司也接进这一网络（而其目的是为了促进惠普正在进行的研究），这一规则开始变得模糊。到 1990 年阿帕网退役之时，TCP/IP 协议族之下已不存在商业 / 非商业之分。

2　其他参与开发的人包括鲍勃·布雷登（Bob Braden）、乔恩·波斯特（Jon Poster）和斯蒂芬·克罗克（Steve Crocker）。

3　TCP/IP 用一个抽象结构来代表网络堆栈的不同层面发生的活动。底层是消息传播的物理介质（例如光纤）。之上一层是链路层，描述如何通过物理层发送消息（例如 Wi-Fi 协议）。再上一层，是因特网。顶层是包含实际消息的应用程序层。

到通向目的地的下一个路由器。这所有的步骤，能在几分之一秒内完成。

　　但由于每一个数据包都是独立传送的，它们到达终点的顺序和它们出发时已有不同。这就是传输控制协议（TCP）起作用的时候。每个数据包还包含着它在整批数据包中处于哪个位置的信息。在目的地，传输控制协议会根据正确的顺序重组所有数据包。。

　　很多人把 TCP/IP 协议族生效那天作为因特网的诞生日。尽管阿帕网在此之前就已经让计算机**连接**彼此，但是，是TCP/IP 协议族使它成长为一个由**交互**计算机构成的庞大网络。"网络互联"——允许大量彼此相连的不同网络通过同一语言进行操作——成了因特网最重要的特征。

　　与此同时，因特网的另一个决定性特征也在逐步发展中。随着网络中路由器的数量不断增多，它们之间的"聊天"变得没那么高效了。20 世纪 90 年代初，边界网关协议（BGP）诞生，将路由功能进一步移到了网络边缘。当路由功能完全在网络边缘实现时，巴罗·巴兰在 1964 年设想的渔网状拓扑结构就变成了现实。

　　但所有这些进展，仍然是为了让计算机**连接**彼此。如何在这些网络上**查找**信息呢？就算能找到某个信息，它能否以可用的形式呈现呢？这些问题在 1990 年得到了解决。那一年，蒂姆·伯纳斯-李（Tim Berners-Lee）开发了一种识别、检索和关联网络信息的方法。

　　伯纳斯-李将他的发明称作"万维网"（World Wide Web）。当因特网发展到万维网时，它就跳出了计算机科学的小世界，具备了实用性，变成了我们日常生活的一部分。

尽管"因特网"和"互联网"如今已成为同义词，它们的工作原理其实是不同的。互联网在识别和检索信息时使用的服务器–客户端架构，是由因特网提供的。

互联网的核心由三个元素组成。首先是具有唯一标识符的信息，即被我们称为"网址"的统一资源定位符（URL）；发布这一记录使用的通用语言，是超文本标记语言（HTML）；而超文本传输协议（HTTP）则被用来传输和显示相关信息。这三者结合在一起，就可以指引你的网络浏览器去你请求的特定数据前提取、回传并显示该信息。

因特网使这一切成为可能。互联网让这一切变得实用。

重写规则

将路由功能从网络的中心点分散到靠近网络边缘的多个点来执行，不但改变了网络的性质，而且终结了始于西奥多·维尔的纵横一个世纪之久的网络理念。

一个基于模拟信号的电话呼叫需要一条穿过交换站的完整线路，通话期间这条线路需要始终保持畅通。一个基于 TCP/IP 协议族的传输任务则将需要传递的信息拆分成小数据包，这些数据包会自行寻找任何可用路线前往目的地，在那里重新组合。结果就是，网际协议让电路不再需要始终保持畅通，而自中心向周边辐射的传输方式，也变成了一个分布着许多路由器的蜘蛛网，在这个网络上数据包以闪电般的速度传递。

换句话说，从一条专用电路向一个最大化利用每毫秒容量的共享结构的转变，摧毁了西奥多·维尔构建的 AT&T 垄断帝国的基石——它的低效网络。

　　因为数字传输会在多条路径上寻找哪怕只有几微秒的未使用容量，而一个数据包可以紧紧贴在另一个毫不相关的数据包身后高速行进，所以即使数据传输量增加，也几乎不会产生额外成本。维尔的"低效经济学"失效了。

　　传输成本变得极其低廉，这解释了为何 Skype 这类基于网际协议的语音传输服务提供商可以"免费"提供语音通话，无论两台计算机相距多远。传统电话线需要随时待命——当有人拨电话时，需要将一整条线路专门用于这个呼叫。距离越长，需要维护的线路越长，呼叫的成本就越高。但当一个电话被数字化后，被分组的信息在渔网状网络中传输，由于网络中每一个微小单位都可以被利用，路由器的无限排列组合方式就意味着无数种传输路径。由于网络利用率极高，无论传输距离如何，数字传输的增量成本都接近零。用户每月向电话公司、有线电视公司或独立供应商缴纳上网费，用来支付维持这些可用容量的成本，使得每一次额外的单独使用都是"免费的"。[1]

　　在 AT&T 系统外，一些数字传输的早期应用开始出现。新网络的出现对贝尔系统发起了挑战，尽管前者经常使用贝尔的线路。在比尔·麦高恩（Bill McGowan）等人的带领下，MCI 等公司建立了自己的远程网络，同时继续租用 AT&T 的线路。这些使用数字技术的新兴公司就算租用 AT&T 的线路，依然可以提供更廉价的服务。AT&T 想沿用西奥多·维尔的策略，让政府出手叫停或延缓这些新兴公司的步伐，但潘多拉的

1　当然，增加网络容量也会增加成本。但数字化使得额外成本不断降低。例如，AT&T 报告称："在 2015/2016 年度，我们将部署 2013/2014 年度容量的约 250%，而成本是 2013/2014 年度的 75%。"（"AT&T's [T] Management Presents at Wells Fargo 2016 Convergence & Connectivity Symposium [Transcript]," SeekingAlpha.com, June 21, 2016）

盒子已经开启。

IP 网络的另一个特色，是所有的信息看上去都一样。此前，每一种新通信方式都需要自己的独特网络。例如，广播和电视都需要不同于电话网络的传播网络。[1] 而网际协议开启了不同网络大融合的时代：无论声音、视频还是数据，都被变成了由 0 和 1 组成的数据包，在同一个网络上传输，到达目的地时，再由不同的软件还原为源格式。一个数字电话、一笔银行记录、一段电视视频，都是一系列由 0 和 1 组成的字符串。

比 IP 的跨平台能力更强大的，或许是它催生的一系列新应用和新机遇。一个通用 IP 平台的存在，使得数字信息被重新组合、调整和定向，以改进产品和服务、创建新的产品和服务。这些新产品可以迭代，在旧版上构建新程序（例如，脸书最初是朋友们分享社交信息的平台，但 IP 技术使它可以上传视频和即时通信）。IP 还能将以前不兼容的信息组合到新产品中，使得它创造新事物的能力不断增强（例如，人们现在可以检索数字医疗记录，并通过这些记录比对不同治疗方式带来的不同疗效，这打开了一个全新的医学研究领域）。IP 技术也让人们的创造力抵达了新高度，因为任何能访问互联网的个体都可以成为作家和摄影师。最后，IP 是**可测量的**，数据的每一次使用都会产生一个新的测量点。

低成本的计算能力与无处不在的数字分发技术的结合，重新定义了何为网络，以及如何使用网络。曾经被锁在特殊房间

1　无线电最初曾被设想为一种基于电话网络的应用，但一点对多点的广播被证明比点对点的有线连接更有效。电视信号最初通过同轴线缆分配，这是电话公司可以掌握的一种技术，但电话公司却反对这么做，许多电话公司都拒绝将同轴电缆接入其网络。

里由专人看管的计算能力，如今已掌握在每个人的手中。曾经把经济和社会活动吸引到中心点的集中化网络，如今已高度分散，商业与文化形态随之改变。数字时代已然降临。

连接

最初为了提高国防实力而研发的这项新技术，在诞生 50年后，给国家安全、企业独立性和个人隐私带来了一系列新风险。正如一位幽默人士所说，互联网就像"实验室里一个不守规矩的实验"，让所有接触它的人都被感染了。[1]

新的网络总是给它传输的内容带来新的威胁。这些威胁反过来又刺激了新的保障措施的出现。僧侣们通常只在白天抄写书籍，因为他们担心夜间点蜡可能烧掉书本，甚至危及整个图书馆。铁路在火车上派遣安保人员，来防止劫匪侵扰乘客和货物。因为电报线可以被窃听，电报公司开发了精密的密码系统，来加密电报信息。

针对核战争的威胁，保罗·巴兰发明了分组交换信息。他的目的是确保美国有能力对核战威胁做出回应。而现在，他开发的分布式体系被一些人用于对信息、个人和基础设施发起网络攻击。这个为保护旧网络的安全而发展出来的新科技为新网络奠定了基础，然而就和过去所有的网络一样，这个新网络也面对新的危险，需要新的解决办法。

新网络的两个特性——分布式结构和对所有人开放——使它面对的安全挑战尤其棘手。西奥多·维尔通过将一切集中

1　Hal Varian, quoted in Steven Levy, *How Google Thinks, Works and Shapes Our Lives* (New York: Simon & Schuster, 2011), p. 117.

化——无论接入、交换还是技术创新——来保障电话网络的安全。从核武器到化学武器和生物武器，20世纪的各种安全挑战也趋向集中，因此更容易防御。美国以"遏制"为主基调的国家安全策略曾在二战后保护了全世界，可这个策略只在危险可以被集中遏制时才奏效。

互联网的分布式力量与"遏制"正相反。21世纪的挑战，是我们需要转变思考网络安全的方式，废弃中央集权式的遏制措施，代之以去中心化的多方担责来保护个人、企业和国家的安全。躲在防火墙后或用其他静态机制抵御网络攻击，就和二战中法国人用马奇诺防线抵御德军的闪电战一样无效。

在分布式网络中，保护网络及其用户安全的责任也应当是分散的，就和这一网络本身一样。个人应当承担更大的责任来保护自己的数据，防止他人未经授权访问自己的计算机。企业有责任利用新的连接能力共同建立一个分散式防御体系，来分享警报和防范措施。在这种高度非政府化的分散式应对机制中，政府必须成为一个好的合作伙伴和促进者。

迄今为止已出现的各种网络，无论私人还是公开，发挥的都是将资源从外部集中的作用。随着新网络向着相反的方向重塑所有的经济活动，我们有必要重新思考我们该如何运用新的安全措施，来保护这个去中心化的开放网络。

7
地球上最强大、最普遍的网络

希安卡巴是非洲赞比西河沿岸的一个小村子。这里居住着180位村民和无数只鸡。村里没有自来水，也没通电。除了村民的茅屋，村里最常见的建筑物就是为了躲避夜间掠食者搭在高脚架上的鸡窝。这些鸡白天在村子里游荡觅食，到了晚上则躲进高处的庇护所，仿佛在全球定位系统的指引下似的。

我在希安卡巴村散步时，女人们正在屋外的柴火堆上准备晚餐，一些男人将一台旧收音机接上一块汽车电池，为村民们收看当晚的新闻和娱乐节目做准备。

在一堆篝火旁，一个大牌子斜挂在一棵树上，牌子上歪歪斜斜地写着"新鲜鸡蛋大促销"，联系人是一位"DR先生"。考虑到村里随处可见的鸡，这位卖鸡蛋的"DR先生"并没有什么特别的。与这个村庄显得格格不入的，是牌子最底部的"手机号0979724518"。

在偏远的非洲农村，在这个不通水电、只有茅草屋的村子

里，手机正在改变人们的生活方式。移动电话信号已覆盖全球95%的人口，其中就包括希安卡巴的村民。[1]

　　像希安卡巴这样的村落之所以没有通水通电，是因为建造所需基础设施的费用对村民们来说实在太高。固定电话网络同样过于昂贵，这导致村民们一直与世隔绝——直到出现无线电话网络。大自然中的无线电波使这种新网络成本低廉，用户可以按使用量付费。无线电波和廉价手机的经济效应，让希安卡巴这样的村落告别了与世隔绝的状态。

　　今天希安卡巴的村民可以从数英里外的买家那里获得订单，为生病的孩子打电话求助医生，致电一个在远方的亲戚，非洲边远地区的农村生活被永久改变了。当"DR 先生"与遍

1　International Telecommunications Union (ITU), "ITU Releases Annual Global ICT Data and ICT Development Index Country Rankings," November 30, 2015 (http://www.itu.int/net/pressoffice/press_releases/2015/57 .aspx#.VqUXuTFdGj2).

布世界的数十亿手机用户相连时，地球上任何一个角落的生活也不再和从前一样。

2002 年，全球移动电话的普及率正式超过固定电话。[1] 也就是说，在电话技术问世后的 125 年间，世界各地建造的固定电话网络覆盖的人群，已经比不上在 1978 年首次投入商用的移动电话网络。2002 年后，移动网络高歌猛进，如今许多人拥有多台移动设备，商业无线网的数量也已超过地球人口总和。[2]

今天，2002 年产的手机已经是博物馆里的老古董了；而在 2002 年，在没有电话线的情况下拨通电话堪称奇迹。[3] 最新一轮网络技术革命已经实现了无线传输和互联网这两种技术的融合。由巴贝奇构想的运算引擎，发展成了我们放在口袋里的强大处理器；维尔设想的通用网络也已无处不在。这些技术结合在一起，创造了地球历史上最强大、最普遍的平台。

迈向"无处不在"

1873 年，苏格兰物理学家詹姆士·克莱克·麦克斯韦（James Clerk Maxwell）发表了《电磁通论》。他提出假设："电荷在导线中高速运动时，导线中的部分能量将以电磁波的

1　International Telecommunications Union (ITU), "ITU Releases Annual Global ICT Data and ICT Development Index Country Rankings," November 30, 2015 (http://www.itu.int/net/pressoffice/press_releases/2015/57 .aspx#.VqUXuTFdGj2).

2　Zachery Davies Boren, "There Are Officially More Mobile Devices Than People in the World," *The Independent, October* 7, 2014. 这并不意味着每个地球人都已拥有一台手机，但这显示出移动网络极高的渗透率。

3　虽然 2002 年的某些移动设备也具有短信和其他一些简单的数据功能，但它们的主要用途还是通话，其他功能都是辅助性的。

形式向外部空间辐射。"他将能够发出这种电磁波的电线称为"天线"。16 年后，德国物理学家海因里希·赫兹（Heinrich Hertz）在实验室中观察到电磁波，证实了麦克斯韦的理论，赫兹的名字从此成为这类电磁波的测量单位。

但最终，是年轻的意大利人古格列尔莫·马可尼（Guglielmo Marconi）吸引了全世界的目光——他成功用电磁波发送了电报信号。1901 年，马可尼实现了此前被认为是不可能完成的任务：让无线电报信号横跨大西洋。5 年后，在加拿大出生的发明家雷金纳德·费森登（Reginald Fessenden）成功把音频信号传到了海上的几艘船里。[1]

无线传递声音——包括人声——的技术，对西奥多·维尔秉持的应当由 AT&T 提供通用语音服务的信念构成了终极挑战。在马可尼和费森登的技术各自获得成功后，华尔街开始担心 AT&T 的未来。如果这样的技术可以让人们实现通话，谁还需要电话线？维尔在 1915 年 1 月做出了回应：AT&T 董事会拨出 25 万美元，用于研发无线电话。[2]

同年 9 月 25 日，AT&T 的工程师仅仅用了 9 个月，就将维尔的声音从他在纽约的座机传到了弗吉尼亚州阿灵顿的一架天线上，这架天线将这一信号发送到空中，该信号最远抵达了夏威夷。[3]

在给项目首席工程师的贺信中，维尔写道："你的工作，

---

1 Irwinb Lebow, *Information Highways & Byways* (New York: IEEE Press, 1995), p. 76.

2 Albert Bigelow Paine, *In One Man's Life: Being Chapters from the Personal & Business Career of Theodore N. Vail* (1921; London: Forgotten Books, 2012), p. 275.

3 信号先通过电话线传至弗吉尼亚州阿灵顿，再通过 AT&T 新建的发射基站传到空中。

让我们朝着我们的'理想'——'普遍服务'——迈进了一步。"[1]

第二年，在给股东的 1916 年年报中，维尔表达了对 AT&T 继续保持技术优势的信心，并试图减轻人们对无线技术可能带来的竞争的担心。"在进一步完善后，无线电话技术的真正位置在于对有线电话的补充和配合，它不会成为后者的对手或替代者。"[2]

维尔所说的"进一步完善"，用了 60 年。而这一进程，彻底推翻了无线技术"不会成为"有线电话的"对手"的预言。

无线通信的第一阶段始于 1921 年，那一年底特律警察局首先在巡逻警车中安装了移动无线设备，可以同时"呼叫所有车辆"。到 1929 年，这一技术被用于船岸通信，可以将一艘在海上行驶的远洋客轮直接接进贝尔系统。[3]第二次世界大战期间，用于警车和应急车辆的可移动式无线电设备进一步演变为便携式无线电话，俗称"对讲机"。

维尔的预言过去 30 年后，AT&T 开始提供移动电话服务。1946 年 6 月 17 日，AT&T 子公司西南贝尔推出移动电话服务（MTS），将圣路易斯的一辆卡车直接接入贝尔的有线网络。很快，这项业务就在其他 25 座城市铺开。[4]

MTS 技术的一个问题在于可用无线电波的数量是有限的。MTS 是一种"高塔–大功率"技术：几百英尺高的天线尽可能向远处发射信号。返回的信号需要足够强大才能抵达，这导致

1　Paine, *In One Man's Life*, p. 281.

2　来源同上，p. 283.

3　Jon Gertner, *The Idea Factory: Bell Labs and the Great Age of American Innovation* (New York: Penguin, 2012), p. 297.

4　Tom Farley, "The Cell-Phone Revolution," *American Heritage* 22, no. 3 (Winter 2007).

车载无线信号发射 / 接收器足足重达 80 磅。这个发射 / 接收器非常耗能，开着它时，连车前灯都会变暗。MTS 只能使用五六条信道，这限制了能同时使用这项服务的人数。比如，当时整个曼哈顿也只有十来人能同时使用 MTS。[1]

电磁波谱频率的分配由美国联邦通信委员会控制，它正是监管 AT&T 在电话市场的垄断地位的机构。1947 年，AT&T 请求委员会开放更多频率的电磁波谱（频谱）用于无线电话。两年后，联邦通信委员会批准为无线电话新增数个频道。不过，此时它已不再支持"自然垄断"，将一半的新频道开放给了贝尔体系以外的企业，这打开了竞争之门的一条缝。但想尝到竞争的真正滋味，贝尔体系还得等 30 年。

同在 1947 年，贝尔实验室的研究人员开始探索增加无线通信频道的技术手段。在瑞·杨（Rae Young）的研究成果的基础上，道格·林格（Doug Ring）撰写了《移动电话：广域覆盖》一文，提出了一个新点子：如果把无线信号覆盖的区域在地理上划分为多个蜂窝状六边形，每一区域在不同频道上以较低的耗能工作，那么"高塔–大功率"发射原本需要占用的一大块区域就可以被分割为多个较小的互不干扰的区域，同时服务更多的用户。这个概念正是现代移动网络的核心。然而，这篇文章被束之高阁，从未发表。[2]

接下来的 20 年间，蜂窝网络在 AT&T 和联邦通信委员会都没能得到足够的重视。林格和杨的构想是突破性的，但它的进一步发展不仅需要既有技术的支持，还需要企业和监管机构的创新力和远见卓识。用可移动运算设备识别信号、将信号传

1　Gertner, *Idea Factory*, p. 280.

2　来源同上，p. 281。

给下一个蜂窝基站的技术，也有待微处理器的进一步发展。联邦通信委员会继续向广播公司分配大段大段的频谱，而 AT&T 继续享受着它的"自然垄断"地位。

1958 年，AT&T 请求联邦通信委员会分给它更多的用于移动电话的频谱，然而这一等就是十多年。

联邦通信委员会本该推动更高效、更创新地使用公共无线电资源，就在它迟迟不作为之际，另一家联邦机构的介入打破了这一僵局。1968 年，美国交通运输部请贝尔实验室开发一种可以用在华盛顿至纽约的高速列车 Metroliner 上的付费电话。贝尔实验室提议将从华盛顿联合广场到纽约宾夕法尼亚火车站的 225 英里分成 9 段。与林格和杨当年的设想一样，这 9 段各自采用不同的频率。高速列车即将驶出一个基站的控制范围时，会触发轨道上的传感器，这台传感器向位于费城的一台计算机发出一个信号，这台计算机就会将电话信号切换给下一个基站。Metroliner 上的付费电话于 1969 年 1 月投入使用，它是世界上第一个蜂窝网络系统。

交通运输部在无线电话上的引领作用，终于唤醒了联邦通信委员会。1969 年夏，联邦通信委员会重新翻出了 AT&T 在十多年前提交的申请。1970 年，委员会要求 AT&T 开发并展示一个运用蜂窝技术的车载电话系统。

然而在当时，有些人对将无线电资源用于打电话这种无趣行为抱有怀疑，正是这种顾虑让相关讨论停滞了逾十年之久。时任联邦通信委员会主席的罗伯特·E. 李（Robert E. Lee）就是这一阵营的代表人物，他警告称仅仅让人们能够彼此打电话，是"对无线电波的一种不严肃的滥用"。[1]

1　Farley, "Cell-Phone Revolution."

1971 年 12 月，AT&T 正式向联邦通信委员会提交了 Metroliner 式付费电话技术的"频率复用"方案。又过了整整 6 年，委员会才允许 AT&T 根据这一方案搭建一套展示设备。

我仍记得我在联邦通信委员会观摩 AT&T 的蜂窝交换展示的那一天。由于这一理念太过新奇，AT&T 甚至特地为此制作了一个展示模型。在用胶合板搭建的场景中，一辆经过改装的电动玩具赛车沿着轨道凹槽行进。整个模型有点像玩具火车和它的轨道，也点缀着微型树木和房屋，不过这一模型还安装了许多微型灯泡，它们连成了六边形的灯带。当玩具赛车驶进一个六边形时，灯带就会亮起，直到玩具赛车开到这个六边形的边缘处，灯泡熄灭，下一个六边形亮起。这个看似简单的模型蕴含了一个革命性的概念——通过耗能较低的小型蜂窝状区域实现频谱复用。

联邦通信委员会的拖延，可以说是历史的再现：每一次网络创新，都遭到了可能被新技术挑战或取代的旧势力的抵制。正如小酒馆和拖车公司的老板曾奋力阻止铁路的扩张，那些从"高塔-大功率"模式中获利的人——现有牌照的持有者和他们最主要的设备供应商摩托罗拉——也纷纷寻求政府的规定和法庭的禁令，试图拖延这个新网络的发展。

最终，在 1978 年，AT&T 的子公司伊利诺伊贝尔开始运营世界上第一个蜂窝移动电话系统，它拥有 10 个基站，覆盖了芝加哥及其周边共 2.1 万平方英里的区域。要再过 5 年，地区性贝尔运营公司 Ameritech 才开始在美国提供商用蜂窝服务。[1] 而在这 5 年间，蜂窝服务已经出现在东京（1979 年）、

1　作为美国联邦政府与 AT&T 反垄断诉讼的一部分，AT&T 在 1982 年 1 月 2 日与联邦政府达成协议。协议规定，AT&T 将在 1984 年 1 月 1 日分拆所有地区性运营公司。

墨西哥城（1981 年）和欧洲各大城市中。

在漫长的考量中，联邦通信委员会做出的最重大的改进，当属放弃了西奥多·维尔的"自然垄断"理念。当联邦通信委员会终于开始向移动电话运营商分配频谱时，它都会同时分配给在每个区域相互竞争的两家企业——一家是当地电话公司，另一家则是能挑战前者的创业公司。

西奥多·维尔若地下有知，一定会气得从坟墓里跳出来！"自然垄断"说不复存在。将竞争引入移动电话市场加快了网络的建设，刺激了相关创新，扩展了服务范围，压低了服务价格，最终威胁到了维尔的有线电话网络。

不过在当时，还没有人能了解竞争带来的决定性意义。1980 年，麦肯锡咨询公司受 AT&T 委托做的一项研究显示，正如西奥多·维尔在 1916 年预测的，当时无线连接更多的是一种对有线网络的辅助。不过应 AT&T 的要求，麦肯锡咨询公司也预测了未来人们对移动电话的需求，发现蜂窝电话的用户会在 2000 年达到 90 万。[1]

重塑一个没有电线的世界

1992 年，作为美国无线通信行业协会（CTIA）的主席，我前往路易斯安那州蒂博多小镇庆祝美国迎来第 1000 万名蜂窝电话用户。麦肯锡咨询公司的预测已经被现实远远甩在了后面。距离新世纪的到来还有 8 年，移动电话的普及率就已经比麦肯锡的预测多了 10 倍。当新世纪终于到来时，美国的移动

1　Farley, "Cell-Phone Revolution."

手机用户已经接近 1 亿，是预测的整整 100 倍。[1]

我见证的美国第 1000 万名蜂窝电话用户的故事，极好地体现了新技术给人们的生活和工作方式带来的影响。被认定为第 1000 万名用户的幸运儿，是一位大型动物的兽医。在蒂博多小镇举行的庆祝午宴上，她讲述了自己的一次经历：有一天她正在野外照顾一头受了伤的动物，这时她的移动电话响了，电话那头是她的一位客户，称自己正在分娩的奶牛发生了难产。这位兽医感叹，若是以前，这位客户是无法找到她的。她通过移动电话给了奶牛主人一些远程指导，随后立即赶过去协助这头奶牛分娩。

在紧急时刻接通一位兽医的电话，如今看来太过寻常。无线连接是如此迅速地改变了我们的生活，以至于我们甚至很难想起就在不久前，彼此不相连才是人类生活的常态。移动电话提供的自由和便利让有线电话的用户纷纷弃用西奥多·维尔的有线网络。到 2012 年，超过一半的美国家庭已不再拥有或不再继续使用有线电话。[2]

在发达国家，在已经彼此相连的人群中，无线网络进一步提高了生产效率，带来了更大的便利。在发展中国家，在那些此前从未彼此相连的人群中，无线网络彻底改变了人们的生活方式。在孟加拉国，在移动电话上依序按下 7—8—9 三个数字，就能接通健康医疗热线，电话那头的医生可以根据你描述

---

1 这是 CTIA 的研究副总裁罗伯特·罗切（Robert Roche）在 2009 年 8 月 12 日的电邮中告诉我的。

2 S. J. Blumberg and J. V. Luke, "Wireless Substitution: Early Release of Estimates from the National Health Interview Survey, January–June 2012," National Center for Health Statistics, December 2012 (http://www.cdc.gov / nchs/nhis.htm).

的症状做出诊断并给出治疗方案。打电话给医生热线只不过是无线通信技术最简单的应用之一，但在这个每 1 万人只有 5 位医疗工作者的国家，这种连接可以挽救生命。

印度沿海的渔民在出海前可以通过手机查看天气预报，判断是否会有大浪威胁他们的船只。在打到鱼后，手机还可以显示哪一个港口对这船鱼的出价最高。多亏了手机，渔民的收益提高了 8%，更协调的供求关系也使水产价格降低了 4%。[1]

和历史上的网络革命一样，移动网络也催生了各种极具创意、令人意想不到的应用。比方说，孟加拉国人通过拨打医疗热线获取诊疗需支付的费用（约为每 3 分钟 21 美分），是从他们的预付电话费里扣除的。[2]

向电话运营商预先支付的电话费，为那些从没见过银行、不拥有任何存款账户的人创造出一种新资产。预付电话费变成了一种准货币，可以在用户之间转手，或者被用于购买商品。[3]

在塞内加尔，移动通信的另一种衍生品还带来了意想不到的好处：手机短信可以加速扫盲。在历史上，非洲文化基于口头传统，人们在日常生活中不太需要读写能力。每个村子里只有少数几个人被选去学习读和写这两种"非生产性"技能，其他所有人则从事更有用的体力劳动。但是，用手机短信分享每天的收成、天气和健康信息，要求人们认识更多的字，由此提高了人们的阅读能力。[4]

1　Study by Robert Jensen of Harvard of coastal village of Kerala, *The Economist*, Special Report, September 26, 2009, p. 7.

2　"A Doctor in Your Pocket, Health Hotlines in Developing Countries," GSMA Development Fund, 2009.

3　"Airtime Is Money," *The Economist*, January 19, 2013.

4　Jokko Initiative: Mobile Technology Amplifying Social Change (www.tostan. org).

诺贝尔和平奖得主穆罕默德·尤努斯（Mohamed Yunus）曾说过："最快的脱贫方法，就是给每个人一部手机。"[1]世界银行的一项研究表明，一个国家的移动电话普及率每提高 10 个百分点，人均国民生产总值就能增长 0.8%。[2]

从语音到数据

南非的索韦托小镇曾让全世界惊醒于种族隔离的残忍与黑暗。当我站在索韦托一个棚户区的一所学校大门前时，妇女们正在马路对面的公共水龙头前排着长队等着给自己的空罐子接水；在我身后的学校里，孩子们正用笔记本电脑通过无线网络访问互联网。两个同时发生的情景，形成了鲜明的对比。

索韦托镇上的这些笔记本电脑来自"让每一个孩子拥有一台笔记本电脑"计划。这一计划为孩子们提供特别制造并加固的笔记本电脑，它们能创建自己的无线网状网络（WMN），每一台电脑都可以充当自己的发送 / 接收路由器。每一台电脑通过无线网状网络彼此相连，最终接入互联网。[3]这一案例显示出，不论是在发达国家还是发展中国家，世界各地的年轻人第一次接触互联网时，绝大多数都使用的是无线连接。

全球移动网络中的数据流量已经超过了语音流量，并且在持续增长。[4]和有线模拟网络一样，前几代无线网络也基于模

1　Geneva Health Forum (www.ghf10.org/reports/209).

2　World Bank study by Christine Zhan-Wei Qiang, *The Economist*, Special Report, September 26, 2009, p. 7.

3　访问 http://laptop.org 可获知有关这一项目的更多信息。

4　Cisco Corporation, "Cisco Visual Networking Index: Global Mobile Data Forecast Update, 2016–2021," Cisco.com, March 29, 2017 (www.cisco.com/c/en/us/solutions/collateral/service-provider/visual-networking-index-vni/mobile-white-paper-c11-520862.html).

拟信号，即数据也需要被"伪装"成模拟信号才能在网络上传输。直到 21 世纪第二个十年开始的时候，第四代无线技术（4G）的推出让无线网络完成了向一个速度匹敌宽带的全数字 IP 系统的过渡。不止于此，4G 使用了分组交换技术，因此其成本也大大低于使用电路交换技术的前几代无线网络，这使其功能得到了进一步扩展。

但无线革命没有止步于 4G。我在联邦通信委员会任职期间做出的最重要的决定之一，就是决定哪些无线电频段可以被用于发展第五代无线技术（5G）。前几代无线技术完成了从语音传递到数据传递的演化（就和有线网络经历过的一样），5G 则是第一个完全为微型计算机彼此"对话"从零构建的技术。5G 网络的传输速度可以高达 4G 的 100 倍，拥有每平方公里 100 万个传输芯片的处理能力，延迟（传输数据所需的时间）可低至千分之一秒。

便携式的数字处理能力与基于 IP 的无线服务相融合——就这样，新的网络革命到来了。它是几百年前就开始酝酿的多种力量的联姻。计算机技术始于查尔斯·巴贝奇并一路发展成为微处理器，它与电报的二进制脉冲和古登堡将信息分解为最小单位的理念相融合，重新定义了我们如何连接，我们如何生活。

塑造我们的现在

下一章我将详细讨论数字无线革命带来的一些后果。在这里，让我们先来看看这场革命已经造成的三种影响和它们是如何呼应此前的网络变革的：这些影响对人类社会的冲击、它们产生的意料之外的后果，以及这些后果如何引发了一轮又一轮的担忧和抵制。

由铁路和电报/电话主导的网络革命，重新定义了始于农耕时代的人际交流方式。在铁路出现之前，大部分人过着自给自足、囿于一地的生活。即便是当时的"大"城市，和被铁路相连之后达到的规模相比，也是小巫见大巫。社群大多局限于一个家庭的活动范围，偶尔延伸到邻近的集镇。

铁路的凝聚力让人们脱离了自给自足的农村生活，进入由大批工人和他们的家庭组成的城市大熔炉。当人们涌入都市住宅，生活就从房间溢到了门廊和街道上，社群意识不断扩展，不仅是因为近距离交流在集市和工作场合中普遍存在，还因为人们发现，自己已无法摆脱他人。

然而，无线网络让个人摆脱了这种束缚，它们重新定义了社群。上一次网络革命催生了一种集体化社群。新网络却带来了一种看似矛盾的东西：个体化社群。

曾经，从友谊到意识形态和加入哪支保龄球队，一个人的一切都由他身处何方决定。无线连接，让一个人的地理位置变得不再重要。对一名无线用户而言，他在意的社群由他手机通讯录里的人构成，无论身处何处，他都能与这些人一键相连。

在这个过程中，独处的概念也发生了变化。在移动通信设备出现前，独处意味着身体上的隔离。但现在，独处意味着"未连接"。一个独自在公园散步但不断被电话铃声打断的人，没有"独处"。一个独自在房间里给朋友们发短信的女孩，也没有"独处"。

"但也许，缅因和得克萨斯之间没什么好交流的。"对电报发出抱怨的梭罗，无法错得更离谱了。[1]新网络的出现加强了人们对交流的渴望。

21世纪的现实是，交流**能力**的提升，使交流成了一种**必要**。

今天的无线网络重新定义了何为交流。手机让人们不再需要身处某个特定的位置——比如门厅、电报局或靠近电话线的墙壁——就能交换信息。其结果就是，"位置"在移动的世界里不复存在。[2]移动技术让人们不需要亲临现场，也能"在场"。

移动设备让我们可以在和一群人共处一地的同时和另一群人发生联系，由此让人际交往增加了一层"非位置"维度。打断一个面对面的谈话去接一通电话，意味着你将虚拟世界的相邻置于物理世界的相邻之上。参加会议的同时在移动设备上查收邮件，意味着你没有全身心参与会议，这进一步削弱了位置的重要性。手机甚至能让用户在意识上将自己与周围的人隔绝，彻底从物理世界中抽身。例如，日本人非常喜欢用手机聊天，在沙丁鱼罐头般拥挤的地铁车厢里，乘客们躲进虚拟世界，将自己与周围的人群隔绝开来，与更加志同道合的人相连。

无线用户选择加入的社群，在规模上比19和20世纪的人们居住的社群小得多，但随机性也低得多。一项研究发现，一个人的电话和短信约一半打给或发给了一个只有三四个人的小圈子。[3]如此小的社群——经常局限在家人和少数挚友之

1　Henry David Thoreau, *Walden* (1854; New York: Dover, 1995), p. 34.

2　"The Mobiles: Social Evolution in a Wireless Society," Context Research Group, 2002.

3　Rich Ling, *New Tech, New Ties: How Mobile Communication Is Reshaping Social Cohesion* (MIT Press, 2008).

间——更接近前工业时代的社群规模。

我们或许可以把移动连接比作古罗马神话里的双面门神雅努斯。在小规模的虚拟社群中，它的一面，是永远相连使家人和朋友在情感上更加亲近；它的另一面，是个人可以轻易逃离物理世界和基于距离的人际关系，遁入一个更加舒适的无线空间。

除了社群的性质不断发生改变，历史还告诉我们，新网络变革性的影响力，通常不是来自网络技术本身，而是来自人们对这一网络意料之外的使用方式。活字印刷术理应促进信息的广泛传播，但人们恐怕想象不到它给航海业和商业带来的影响。铁路以一种无法预知的方式推动了城市化进程，这也是我们回头看时才意识到的。电报能以闪电般的速度发送信息，催生出面向全国发行的媒体和各类金融市场，也是人们一开始没有预料到的。

我们身处的这个数字移动网络，也会和历史上的先例一样，产生难以预测的影响力。我们已经看见移动网络在发展中国家产生的一些意外，从准货币的出现到识字需求的提升。在发达国家（或者说"已经连接"的世界），意料之外的网络应用仍在改变我们的生活方式。

以移动设备之间无时无刻不在发送的短信为例。如今全球移动用户每天发送的短信高达数十亿条，但这并非移动网络的设计初衷。

全球移动通信系统使用的标准包含了让移动网络的控制信道（用来控制呼叫但自身不承载语音信号的信道）发送文字短消息的功能。它的主要目的是让移动运营商能够单方面向用户发送短消息（比如"你该付账单了"）。但当一群挪威青少年在

20 世纪 80 年代发现了这个功能时，一切都改变了。[1]

消费者使用短消息服务（SMS）发送短信，乍一看并不合逻辑。首先，最早的手机短信，在输入时需要敲击无数次键盘。比如输入字母 c 需要按 3 次拨号键 2，使其从 a 切换到 b 再切换到 c。再比如，"我会晚到 5 分钟"这样一条简单的英文信息，需要按键 49 次。这是如此不合逻辑，以至于移动运营商从来没有为短信服务制定过收费标准。而且，一条短信的长度被限制在了 160 个字母之内。

但是，因为"免费"，也因为"爸妈不知道这是啥"，这个功能对青少年来说太具吸引力了。他们可以想"聊"多久聊多久（当时的语音电话按分钟计费，每分钟收费 25 美分或更高），他们的父母也不了解这个技术，更别提他们发明了各种缩写（比如 LOL 的意思是"开怀大笑"）来让消息尽可能的短。在年轻人强大的网络传播力下，短信兴起了，而且不仅仅在挪威。当移动通信运营商终于清醒过来（并且不得不为短信服务增加网络容量）开始对短信收费时，短信流量已经高达数十亿，这很快就成了运营商没有料到的高毛利、高利润的一个收入来源。

然后，意外再度袭来。

在模拟移动网络上，最初的 SMS 标准采用的是一种准数字对等协议。但随着移动网络的数字化，专有的 SMS 功能受到了挑战。利用基于 IP 的开放平台而非封闭的 SMS 平台的短信服务开始大规模涌现，它们极具竞争力，而且"免费"。就和 Skype 通过互联网提供"免费"语音通话一样，独立的短

1　Rich Ling, *The Mobile Connection: The Cell Phone's Impact on Society* (Burlington, Mass.: Morgan Kauffman, 2004), p. 214n.

消息服务商开始利用基于 IP 的信息系统来绕开移动运营商的短信平台。消费者节省了开支，而运营商收入锐减。新的网络世界给某些人带来了意外之得，给另一些人带来了意外之失。

移动网络另一个意料之外的影响，是对传统银行和信用卡公司造成的冲击。正如我们之前讨论的那样，世界各地的人开始越来越多地用通话时长（而非货币）作为支付媒介。例如在肯尼亚，移动运营商 Safaricom 推出的 M-PESA 付费计划（M 指"移动"，PESA 是斯瓦西里语中的"金钱"）允许移动用户之间互相转账（而非通话时长）。Safaricom 用户可以申请一个 M-PESA 账户并将钱存入这个账户。在 M-PESA 系统内部，这些真实资金的电子复制品可以自由流通，就和发达国家的银行转账一样。2012 年，肯尼亚国民生产总值的五分之一据称经 M-PESA 系统易手。[1]

新网络还再度点燃了创业者的激情，模糊了家庭和工作的界限。在 20 世纪初，铁路和电报 / 电话帮助农业经济转型为工业经济，工人的数量超过了农民。然而到了 21 世纪初，60% 的美国男性不再在工厂车间里劳作，而在从事与信息相关的工作。[2]

由网络催生的工业革命，摧毁了在家中或村里从事手工业生产的人的生计。例如，村里的铁匠铺根本无法与大规模生产铁器的工厂竞争。而我们的网络革命逆转了这一趋势，让有能力、有创造力的个体再次脱颖而出。

1　Tolu Oguniesi, "Seven Ways Mobile Phones Have Changed Lives in Africa," CNN, September 13, 2012.

2　Theodore Caplow, Louis Hicks, and Benjamin J. Wattenberg, *The First Measured Century* (Washington, D.C. AEI Press, 2001), p. 24.

在一个以生产耐用品为主的经济体中，大批工人汇聚一处进行大规模生产。而在知识经济中，网络将信息传递至需要用到它的人面前，无论这个人身处何处。结果就是，每一个体都能以自己的方式做出自己的贡献。

新的网络增强了个体的连接能力，也提升了个体身体和经济上的独立性。索赔理算师、评估师、销售中介、客服人员、审计师、会计师，甚至技术研发人员，都属于知识型人才，他们可以在任何地方提供服务，不需要依附某家公司。不仅仅是服务，包括手工艺品和厨房餐具在内各种各样的商品，都可以通过移动通信打入全球市场。

新网络带来的经济重组造成的另一个意外，体现在了家庭中。过去的网络将工人送进集中化的工作场地，颠覆了始于史前时代的人类传统：家即工作之处。工业时代到来前，铁匠的打铁铺通常就在家的隔壁，他们的职业生活和个人生活交织在一起。工厂改变了这一点。人们开始在城市的贫民区聚居，养家糊口的工人要在车间中度过几乎一整个白天。1800年，纽约市只有5%的男性需要出门工作。到1840年，这个数字已经猛增到70%。[1]

现在，人们能随时与工作相连，"出门上班"的模式正在逆转。人们可以在任何地方——尤其是家中——展开工作，这正在创造一种"历史重返"，人类社会正在重返工业革命前那个工作和生活紧密交织的时代。[2]

1　Judith Flanders, *The Making of Home* (New York: St. Martin's Press, 2016), p. 49.

2　"历史重返"这一说法最先由罗格斯大学的教授詹姆斯·卡茨（James Katz）提出。（*The Economist*, April 12, 2008）

新的网络，旧的反应

历史再一次重演：新网络产生了意料之外的影响，它带来的变化则遭到了人们的抵制。当旧制度及其带来的安全感受到威胁时，一支防卫队就集结起来，试图抵御创新的攻势。

我曾与联合国基金会一起工作，试图用移动技术改善发展中国家的医疗条件，当时我目睹了"贵族与教士抵制网络变革"一幕在 21 世纪的重演。让边远地区缺医少药的人通过网络远程联系医生，是能挽救生命的行为。但在非洲某个国家，哪怕这样的需求很大，该国医疗卫生行业协会的反应也不是去帮助这项工作的开展，而是专门设一个职位，去给这项工作的开展设置障碍。在这个医疗卫生需求常年得不到满足的国家，这位"不必要技术专员"成了阻碍网络释放创新潜力的绊脚石。发生在 21 世纪的这一情景，与 19 世纪的小酒馆和拖车公司反对铁路扩张，在本质上是一样的。

对于网络所需的基础设施，类似的抵制运动也出现了。在 19 世纪，土地拥有者竭力阻止铁路穿过他们的土地。今天，人们把矛头指向了提供无线连接的天线设备。这种抵制运动甚至有自己的缩写——NIMBY（Not in my backyard，即"别建在我的后院"）。在铁路建设时期，反对者想出了各种抵制办法，包括雇佣流氓去袭击铁路工程师。今天的抵制手段虽然看起来文明了一些，但激烈程度毫不逊色。

受到新网络挑战的企业也做出了类似的反应。早期铁路在穿越美国莫霍克河谷时是遵循地形沿着伊利运河修建的，依靠运河生存的企业纷纷反对铁路带来的竞争。运河所有者、驳船经营者、酒馆老板、运输公司、收费公路等受不断延伸的铁路影响的人们，在各处竖起路障以保护自己的生计。百年之后，面对无线竞争，有线电话公司也做出了类似的反应。

当贝尔体系中的公司试图发展移动业务时，它们只希望移动业务和西奥多·维尔在1916年预测的一样，将作为"对有线电话的补充和配合，而不会成为后者的对手或替代者"。[1]但美国联邦通信委员会开始派发竞争性牌照，让这个期待落了空。我在担任美国无线通信行业协会首席执行官期间，蜂窝行业正在快速增长。当时我经常需要做出裁决，来平衡老牌有线电话公司和新兴无线创业公司之间的利益冲突。

其中一种冲突，有点类似AT&T在有线电话年代通过控制谁以何种方式接入它的电话网络来遏制独立电话公司的做法。在我经手的案例中，联邦法律要求现有网络向移动服务商开放，但没有规定具体的价格。对有线电话公司来说，如果自己成立一个移动部门并接入自己的有线网络，那么它收取的连接费其实就是把钱从自己的左口袋移到了右口袋，因此它们都开出了高价接入费。竞争对手们只能付出各种努力，试图将费用降低到接近连接成本的水平。这是行业内爆发的一场战争。当叛乱分子最终战胜了旧有势力时，无线服务才能与有线服务展开有效的竞争。其结果，就是被今天的我们视为理所当然的无处不在的移动通信。

新技术在打乱人们的熟悉感和舒适感方面也在重复历史。人性决定了固有习惯一旦被打破，就会滋生各种各样的猜测；疑虑像蠕虫一样啃噬着公众意识。在铁路时代，人们担心的是铁路的高速运动会导致奶牛不再吃草，母鸡不再下

1　Paine, *In One Man's Life*, p. 283.

蛋，母马不再看管自己的马驹，蒸汽机车喷出的烟会让鸟儿落地而亡。[1]

就在蒙特利尔市的第一条电话网络铺设完成没多久，该地就爆发了天花疫情。于是，病毒通过电话线传播的谣言出现了。有暴徒企图暴力摧毁新建的电话系统，当局不得不出动武装部队才将其镇压。而在1993年1月，我则亲历了一场"移动技术会导致脑癌"的恐慌。

这场恐慌的起因是，美国有线电视新闻网（CNN）的节目"拉里·金现场"采访了一位来自佛罗里达州的戴维·雷纳德（David Reynard），后者刚提起了一个诉讼，称他的妻子苏珊因手机发出的无线电信号导致的脑瘤去世。[2] CNN播出这档节目的次日，移动运营商和手机制造商的股价大跌，一些移动用户取消了服务，疑虑的"蠕虫"被释放了，恐惧迅速蔓延。即便在二十多年后的今天，这个"蠕虫"仍在啃噬着一部分人的意识，尽管美国食物药品监督管理局（FDA，也负责监管美国境内的放射物质安全）早已宣称："尚未找到足够证据表明暴露在目前的无线电辐射水平的最高限值（或更低）之下，会对人体健康产生不良影响。"[3] 法院也已经驳回了多项诉讼——包括雷纳德最初提起的那宗，但疑虑的"蠕虫"仍在侵蚀公众的神经。

相比那些只能把新技术解释为"恶魔的工具"的前人，我

---

1 Walter A. McDougall, *Throes of Democracy* (New York: HarperCollins, 2008), p. 150 (cows and hens); Matt Ridley, *The Rational Optimist* (New York: HarperPerennial, 2010), p. 283.

2 Judith Nicholson, "Sick Cell: Representations of Cellular Telephone Use in North America," *Journal of Media and Culture* 4, no. 3 (June 2001).

3 Denise Grady, "Cellphones Are Still Safe for Humans, Researchers Say," *New York Times*, February 2, 2018.

们已经有了不小的进步。但是，人性决定了改变总是困难重重。巴尔的摩的神职人员认为摩尔斯的电报是"黑魔法"，俄亥俄一所学校的董事会将铁路斥责为"撒旦将不朽灵魂带向地狱的工具"，每当一个新技术对旧概念发起挑战时，他们的声音就会再度回响。

连接未来

"最精深的技术，是那些最终会消失的技术。"马克·韦瑟（Mark Weiser）在1991年这样说，他当时是施乐公司（Xerox）位于加州帕洛阿尔托研究中心的首席科学家。[1]展望未来，我们会发现，高容量的无线传输与"摩尔定律"预测的计算能力的高速增长相结合，会让今天的网络和设备"消失"。最初为了让人们彼此交谈建立起来的网络，已成为计算机在无人干预的情况下彼此通信的通道。

我们曾将"摩尔定律"解读为每两年翻一番的计算能力。现在，我们可以换一个角度来解读它，那就是计算成本的下降。支撑"摩尔定律"的芯片制造技术的改进，不仅缩小了芯片的尺寸，还降低了计算能力的成本。正是这一成本的降低让微芯片出现了爆炸式增长，使其用于日常生活的方方面面。这些芯片的计算能力，将以无线的方式相连。

新的无线网络——包括申请了商用许可和未经授权的——将连接数千亿在待命中或在传递数据的芯片。这个新网络能让微处理器的芯片彼此通话。

1　Mark Weiser, "The Computer for the 21st Century," *Scientific American* 265, no. 3 (September 1991), pp. 66–75.

如果如此强大的无线互联的计算能力继续发展下去，将出现所谓的"数字尘埃"——数量接近无穷大的计算设备将连成一张"物联网"（internet of things）。物联网的潜力，甚至会超过最初那场让人彼此交谈的无线网络革命。网络已经改变了人们的生活，而现在，通过众多无生命的彼此相连的微处理器，它将孕育全新的生活方式。

无线数字连接与分布式处理能力的结合，重新定义了许多常见物品。汽车能远程报告各零部件的性能，在发生事故时立即通知救援服务。[1]家中的盆栽可以给我发短信："该给我浇水了。"[2]我们和身体的关系甚至也将被技术改写——和创可贴一样贴在身上的监视器，可以随时显示我们的重要体征，药片可以向我们报告它们是否被正确地服用。[3]嵌在地毯里的芯片也可以随时报告地毯上正在发生的事。[4]

以千亿计的"物"彼此相连，将产生前所未见的海量数字信息。我们将在下一章探讨这些信息正在如何成为一种新型资产。让数十亿人彼此通话已经产生了巨大的影响力，而无生命的"物"之间发生的"信息海啸"对人类生活方式的影响，将深远得多。

这场由地球历史上最强大、最普遍的平台驱动的网络革命还在继续发展。这场我们身处其中的网络革命，无论从规模、

1　"eCall—Saving Lives through In-Vehicle Communication Technology," European Commission, August 2009.

2　Roxie Hammil and Mike Hendricks, "Gadgets to Help Tend a Garden," *New York Times*, April 24, 2013.

3　Don Clark, "Take Two Digital Pills and Call Me in the Morning," W*all Street Journal*, August 4, 2009.

4　"New High-Tech Sensor-Laden Carpet May Revolutionize Building Security," *Defense Review*, April 15, 2005.

广度、深度还是速度上看，都将史无前例。这并非奠定了人类
生存基础的网络发生的第一次变化，而它带来的变革，也并非
第一次让我们对正在发生的一切提出疑问。

第四部分

轮到我们了

看看四周，看看四周，我们活着，何其幸运！

——音乐剧《汉密尔顿》（*Hamilton*）中汉密尔顿之妻伊丽莎白·斯凯勒的唱词，林-曼努尔·米兰达（Lin-Manuel Miranda）作词

我在前言中提过，新网络正在迫使我们做出回应。前三部分回顾的网络变迁史，将我们带到了今天。现在，轮到我们了。

我们看见，新的创新踩在先前创新的肩膀上，让技术有如遵循达尔文进化论般发展。

我们发现，尽管技术是催化剂，但新网络的次生效应才是最具变革性的。

我们一次又一次见证，对新技术的不成熟运用在试图挑战成熟的社会传统和商业机构时产生的困惑与缠斗。

我们已经听懂了这个故事。我们了解历史。唯一不同的，是这一次，轮到我们来创造历史了。

8
我们正在创造的历史

脸书总部，好似对我们居住的这个世界的一个隐喻。行走其间，最直观的感受，就是一切尚未完成。护墙板和家具用的都是未经打磨的原木，巨型的承重钢梁都暴露在开放空间，没有刷漆，也没有遮挡物，生产和入库过程中喷涂的标记依然清晰可见。

当我就这样的装修风格询问脸书首席执行官马克·扎克伯格（Mark Zuckerberg）时，他解释这么做是为了提醒所有人，他们的任务尚未完成。在一个有强烈未完成感的环境中，员工能更深切地感受到自己身处一场正在进行的革命中。

在回顾了将我们带到今天的技术革新后，让我们来思考一下我们正在经历的技术进步。我将罗列一些新网络带来的变化（这个清单可能不够科学）。当我们反思这些变化时，不妨回忆一下前人的经历。他们不得不对新网络做出反应，但又缺乏清晰的解决办法——这和今天我们的处境没什么不同。

我在联邦通信委员会任职期间，这类历史总能引起我的共鸣。为了提醒自己这种关联，我在办公室里挂了一幅本书第三章出现过的海报的复制品（见第96页）。我发现，这张1839年的海报体现的费城市民对铁路的疑虑和愤怒，正在21世纪重演。

我们与1839年的费城市民情感相通，和他们一样面对新网络带来的社会、经济和情感挑战。如果我们出生在他们那个年代，在保护业已成功的社会经济结构与发掘新网络的潜力之间，我们将如何权衡？今天我们在做决定时，这段历史仍余音绕梁。

"当你亲历历史时，历史看起来从不像历史。"约翰·加德纳（John Gardner）这样说。[1]所有的挑战都没有显而易见的答案。我们如何应对新网络和它产生的影响，将决定我们如何书写历史。

"全新"的新技术

正在推动经济和社会变革的，是一种不同于以往的"全新"网络，它让我们的时代不同于以往。

这种"全新"根植于这个网络的结构。新网络的分布式结构与让经济活动趋向中心的网络完全不同。分布式网络去中心化的效应，又让经济活动重新聚集在聚合了用户信息的应用程序周围。

在过去，不论是通过火车还是电话，一切都被首先送到某个中心点，再往下运输。正是因为平原地区的农作物都在芝加

1　Rhoda Thomas Tripp, *The International Thesaurus of Quotations* (New York: T. Y. Crowell Co., 1970), p. 280.

哥被转运到东部，芝加哥成了美国第二大城市。近水楼台的芝加哥人可以就近碾磨谷物，屠宰牲口，再运走加工后的产品。这吸引了更多的商贩前来，向当地的作坊、屠夫和铁路工人兜售自己的产品。

在新网络中，基于网际协议的传输并不是从一个中心点向外辐射，而是通过多个分散在网络边缘的点传输。经济活动也随之发生了迁移。从那些远离大型实验室、在车库里白手起家的创业者，到与全球市场相连、在自家后院里精雕细琢的手工匠人，个体的经济独立性曾因集中式网络消亡，如今又因分布式网络获得了重生。

在很多情况下，新网络的中心都被推到了它的最边缘：个人。移动设备成了新网络的节点；它们接收数据，处理数据，输出数据。与此前的网络产生的机构性质的流量不同，今天的流量已经高度个人化。

这个新网络正在以接近零的边际成本运营。在旧工业经济中，福特公司每制造一辆新车，都要为此支付相当高的边际成本，用来购买金属、轮胎、劳动力和其他零部件。而今天，微软公司每售出一个 Word 软件，只需复制一个由 0 和 1 组成的集合，通过互联网传给用户，这几乎不产生任何成本。

为了增加一通电话，AT&T 需要铺设一整条端到端的线路，这种做法的边际成本很高。但今天，AT&T 的数字化网络可以让摩肩接踵的数据包排满一整条线路，达到最高传输效率，边际成本几乎消失了。据估算，在线传输 1 兆（100 万比特）文件的成本，仅为一美分的十分之一。[1]

1　Jeremy Rifkin, *The Zero Marginal Cost Society* (New York: Palgrave Macmillan, 2014).

在新网络经济中，服务供应商需要自主搭建基础设施（正如福特公司需要建造自己的车间），为此它们理应得到公平的回报。而一旦这些投入完成，它们获得的边际经济效应和工业时代是截然不同的。零边际成本和开放网络相结合，已经并将持续推动 21 世纪的创新和经济增长。[1]

有趣之处在于，分布式网络结构也让一些人再次集中了经济活动。历史上的网络都采用集中式商业模式，这种模式推动了经济活动的集中化。新网络将网络的功能分散开来，将它们推到了网络边缘，赋予了个人用户更多的权力，让用户自行决定哪些信息可以出入他们的设备，同时将海量的用户信息回传至集中式数据库。

海量的信息加速了一种前所未有的现象的到来：一种新型的、不基于网络的集中化。这种集中化趋势背后的驱动力，正是这个网络孕育的一种新型资产：数字信息。先前的网络只**传输**资产。而正是通过传输，今天的网络**创造**资产。例如，脸书就利用分布式网络整合用户信息，再用算法分析数据，以便有针对性地向用户推送广告和信息。

历史上的网络都"不够聪明"：它们的工作就是将资产传输到可以实现后者价值的地方。今天，由智能互联的计算机组成的网络仅通过传输信息这一动作，就可以生产与用户和用量有关的新信息。每一个网络活动都会留下数字足迹，这些足迹

1　"开放网络"是优化新网络技术的必要前提。我在联邦通信委员会任职期间做出的最具争议性的决定，就是通过了"开放网络令"（Open Internet Order）。它要求互联网服务提供商不歧视任何流量，不能阻碍、限制或收费后优先处理某些流量。如果没有这一原则，网络运营商可以随意歧视某类流量以让自己获利。不幸的是，特朗普治下的联邦通信委员会取消了这些保护措施。

本身就是有价值的新信息，可以被用于交易。这就好比邮局对你收取和发送的每一封信都做了记录，然后把这个记录卖给了别人。

19世纪和20世纪的资本，来自网络**促成**的工业生产。21世纪的资本，来自网络本身**创造**的信息。

在速度这个维度上，我们的新网络也前无古人。网络自身的速度通常决定了由它催生的变革的速度。正是因为网络本身的速度不断加快，人类从蒸汽时代进入由0和1组成的数字时代所用的时间，是从印刷术时代进入铁路时代所用时间的一半。蒸汽机车能以比马快10倍的速度运送印刷品。电报将这个速度提高了10倍。而在今天，网络速度增长10倍简直不值一提。

在过去几十年中，网络流量以指数级增长。在联邦通信委员会任职期间，我们将"宽带"定义为传输速度大于25兆/秒的网络——这已是电报速度的800万倍！[1] 但这个阈值几乎在瞬间过时了，因为千兆级带宽很快就随处可见。

这种奠定了我们未来的"新新网络"，用它去中心化的力量取代了先前网络的集中化力量。通过把网络行为推向外部，数字技术改变了网络经济活动的模式，加速了连接（从而加速了变化的出现），同时也带来了一系列新挑战，其中就包括数字信息向网络服务平台集中的趋势。

21世纪的资本

在好莱坞的工作室，为编剧准备单独的房间是多余的：他

---

[1] 一个普通的电报员能以约3比特/秒的速度发报。25兆（25000000比特）÷3比特＝833万。

们只需要一张长桌，几把椅子，一面贴满五颜六色的便利贴的墙，上面写着下一季电视剧的故事线。坐在这样一张长桌前，我第一次了解到，网络产生的数据是如何让我最喜爱的一个虚构人物被写进了一部电视剧。

这个人，就是迈克尔·康纳利（Michael Connelly）笔下那位名叫哈里·博斯（Harry Bosch）的洛杉矶警察。康纳利以博斯为主人公撰写了二十多部畅销小说。好莱坞对把这些小说拍成剧集很感兴趣，但"改编"工作一拖就是十多年，直到康纳利带着他的小说找到了亚马逊公司旗下的视频业务。后者很快从他手中买下了版权。

康纳利告诉我，在自己的作品被好莱坞搁置多年之后（在这个意义上，好莱坞就像那些墨守成规的 AT&T 工程师），亚马逊的计算机天才将他笔下的人物搬进电视剧的速度之快让他大为惊讶。他发现，这一过程的实现，全靠信息的推动。

买下康纳利的小说后，亚马逊的工程师将小说的数字文稿和其他线上数据相结合。他们发现，喜欢博斯的读者极有可能成为亚马逊收费订阅服务的用户。只有这些用户能收看亚马逊视频，他们对亚马逊意义重大，因为享受免运费服务的他们在亚马逊购物网站上的消费额是普通用户的三到四倍。[1]

康纳利告诉我，亚马逊的高管们之所以决定投资这个警察剧，是因为这能帮助他们"销售更多剃须刀"以及其他商品。

欢迎来到由数字演绎的世界！你的数字行为有着极高的价值，因为它能预测你的行为，而获得这些数据的机构可以向你发送相应的信息来影响你的行为。消费者在网上做出的每一个

---

1 Farhad Manjoo, "How Amazon's Long Game Yielded a Retail Juggernaut," *New York Times*, November 18, 2015.

行为，都会成为一笔可以变现的资产。

"线上"这个词的含义，变得越来越宽泛。和这个互联世界中几乎所有的物品一样，你家中的智能电视也在收集你的信息。电视机在2009年全面数字化，老式电视机的阴极射线管被计算机取代。这台计算机在通过互联网获取视频节目的同时，也把你的有价值信息传了出去。你以为这台电视机只是被卖给了你，其实它也把你给"卖"了。

计算机的工作是计算、操作和存储数字信息。它们不仅存在于你的电视、电脑和智能手机中。现代数字网络是无数互联计算机的无缝集合。旧网络只能提供"不够聪明"的连接，而基于网际协议的网络连接，每一步都在创造新的分析机会。由于找不到合适的词汇来准确描述这种现象，人们只能将这种网络比作一团蓬松的云。于是，"云"以一种全新的意义进入了当代词库：我们在"云"中传输、存储和操作信息。

在前几次网络革命的物理世界中，铁路和电报只能将信息从一地传到另一地。[1]在今天由互联计算机组成的网络中，传输信息这个行为本身就可以创造有关被传输内容的新信息（比如"汤姆正在搜索巴黎的酒店"）和这个信息的"上下文"（比如"汤姆此刻在俄亥俄州哥伦布市宽街和高街交汇处，之前搜索过线上法语课程"）。

拥有并理解这些由计算机收集的数据及其"上下文"的能力，正是新网络经济的基石。在先前的网络革命中，信息是静态的。虽然先前的经济活动也创造了信息，但这些信息通常是无法获得的。当时的人们缺乏收集和分析数据的能力，也没有

1　尽管这几个网络也创造了一些新信息，比如棚车装车量和新闻分发数量，但这些信息只是副产品。

足够的能力传输并分析不同的数据，这意味着这些信息都没有得到利用。今天，任何触及网络的行为都成了可获得的信息。当信息流动起来，和其他信息发生互动时，它又能创造更大的经济价值。

数字信息的爆炸式增长已不足为奇。谷歌母公司字母表（Alphabet）的前执行董事长埃里克·施密特（Eric Schmidt）曾估算"从文明诞生之日到2013年，共产生了约5艾字节的数据"——这相当于5亿亿字节的数据。他形容其为"人类迄今为止说过的所有单词"。他喜欢强调的一点是，在2010年，产生同等规模的数据，只需两天。[1]

没过多久，施密特的估算就又一次被推翻了。根据国际数据公司在2017年做过的一项研究，人类每天能产生44艾字节的数据，这相当于300万个美国国会图书馆的数据量！[2]

21世纪的制造业，生产的是数据。

在工业时代，人们从地下挖出矿产作为资本，将它们运到生产中心，造出成品后再运往市场。在新网络经济时代，信息成了资本，它们从互联的计算机中被"挖出来"，被制成随处可见、随时可得的新信息产品。这些被称为"大数据"的信息可以显示一切事物的位置、行为和网络活动——无论是没有生命的物品，还是你和我。

一架波音787梦想客机上的两个引擎每天都能产生1万亿字节的数据。[3]与微芯片相连的传感器不断监视并报告引擎

1　M. G. Siegler, "Eric Schmidt: Every 2 Days We Create As Much Information As We Did Up to 2003," *TechCrunch*, August 4, 2010.

2　"Data Age 2025" (https://www.idc.com/prodserv/custom-solutions/RESOURCES/ATTACHMENTS/thought-leadership-cs.pdf).

3　Jon Gertner, "Behind GE's Vision for the Industrial Internet of Things," *Fast Company*, June/July 2014.

的一举一动。这些数据的一部分会传至飞机上的主计算机，与包括天气状况在内的其他数据相结合，提示飞行员最省油的飞行高度。其他信息则以性能报告的形式通过卫星被发送至地面，不同的信息被分门别类地储存，以便日后下载和分析。

对航空公司来说，能够提高燃油效率和监控飞机性能的数据非常宝贵，因为它们每年能给公司节省数十亿美元。工业企业——包括生产飞机引擎等产品的通用电气公司，已经通过使用数据重新定义了工业生产。19世纪的工厂追求的，是产品在离开流水线的那一刻就具有优良的性能；而今天，产品可以通过自身具有的计算能力，在使用过程中持续改进自身性能。[1]

工业活动已不仅包含生产环节，还开始利用产品内嵌的智能组件来帮助客户管理产品效能——这类服务的利润率往往更高。曾基于统计概率的工业系统决策，如今因数据而具有更大的确定性。过去人们由样本推出结论，而如今嵌入式芯片可以测量一切，智能软件又能分析得到的数据。这使得测量现实——而非仅仅做出预测——成为可能。随着互联计算机用确定性取代统计概率，统计分析很有可能成为新的拉丁语——一种你必须学习但很少用到的语言。

互联计算机的应用范围也早已超出了工业活动。一直存在、但从未被捕捉或分析的信息一旦被利用，能重塑很多领域。例如，在医疗健康行业，80%的坐诊医生都会保留病人的病历，这些电子病历已成为一种空前有力的研究工具。一个飞机引擎产生的数据可以告诉飞行员如何驾驶飞机，类似地，

1　Siegler, "Eric Schmidt: Every 2 Days."

一份健康记录中的数据也可以改变医生的问诊方式。

例如，研究者在研究了1400例患者的电子病历后发现，一种叫作"β受体阻滞剂"的心脏药物意外地具有延长卵巢癌女性寿命的作用。而另一项对健康记录的数据分析表明，一种用于缓解"烧心"症状的药物会增加心脏病发作的概率。这些能挽救生命的发现并不需要大型实验室的参与，它们一直在那儿，只是从未被注意到，直到医生的笔记被转换为数字信息，对数据的整合分析才成为可能，进一步带来新的医学突破。[1]

对面向消费者的公司而言，大数据能帮助它们解决一个长期困扰它们的难题。零售业先驱人物约翰·沃纳梅克（John Wanamaker）曾表示，他做的所有广告中有一半是无用的，而他不知道是哪一半。新网络通过数据分析来解答这一问题，已经为企业创造了数千亿美元的价值。

基于你的搜索记录，谷歌能揣摩你的需求，向你推送相应产品。基于你的注册信息，脸书知道你是谁，并能通过监测你的在线行为进一步了解你。带你抵达谷歌和脸书的网络，则能获取这一切未加密的信息，并添加一些实时信息，比如你的实时位置，甚至你是站在原地还是在四处走动。

数据点会越来越多。飞机引擎中的微芯片只是将被部署在物联网中的数百亿个微芯片之一。这些微芯片收集并汇报一切，从你垃圾桶中的垃圾，到你的驾驶技术，再到你服用的药物。了解这些信息后，网络能向传感器发出命令，指导它们更高效地工作，这其中就包括告诉你该怎么做。

1　David B. Angus, "Give Up Your Data to Cure Disease," *New York Times,* February 6, 2016.

网络又一次孕育了新的经济模式。不过这一次，产品的性质发生了变化。19 世纪的网络使大规模工业生产成为可能。而 21 世纪的网络，使信息的大规模使用成为可能。

我的隐私怎么办？

但当数字化的互联网络了解了我的一切，我的隐私怎么办？

马克·扎克伯格曾经观察到，隐私不再是一种"社会规范"。"人们不仅习惯了分享更多的不同种类的信息，还习惯了更开放地与更多的人分享这些信息。社会规范总在随着时间变化。"[1]

隐私一直是一个相对概念。当美国在 18 世纪和 19 世纪向西扩张时，人们因住所相距甚远得以保留隐私。只有在西进前线人潮汹涌的小镇上，人们才认识彼此。当工业革命将人们送进城市中拥挤的贫民窟时，房与房之间只隔着薄薄的墙壁和敞开的窗户，隐私成了牺牲品。在第二次世界大战后，美国人时兴住在郊区，这让人们再次得到了由地理位置提供的隐私保护。在市区，空调的普及让居民们能在门窗紧闭的房间中保留隐私。

隐私的概念还随着技术创新不断变化，这一现象可以追溯到照相机诞生之日。在 19 世纪后期，乔治·伊士曼（George Eastman）开始销售可随身携带的照相机。这引发了很多人对隐私可能遭到侵犯的愤怒，因为任何人都有可能在不知情的情

1　Bobbie Johnson, "Privacy No Longer a Social Norm, Says Facebook Founder," *The Guardian*, January 10, 2010.

况下被其他人拍到自己的形象和举动。

一篇题为《隐私的权利》的文章影响深远，其中塞缪尔·沃伦（Samuel Warren）和路易·布兰代斯（Louis Brandeis）针对照相机的入侵写道："最近的发明和商业模式让我们注意到，我们必须采取行动来保护个人，以确保每个人都拥有……'不被打扰'的权利。"他们还警告："好几种机械设备，正在把'衣柜里的窃窃私语终将变成屋顶上的高声喧哗'的预言变成现实。"[1]

路易·布兰代斯后来成了最高法院的大法官。在智能手机每天产生数十亿张照片的当下，他的担忧听上去太保守了。但如果把"机械设备"换成"数字设备"，把"衣柜里的窃窃私语"换成一封电子邮件的内容或某个网站的访问历史，那么我们也不得不正视他提出的警告，思考我们该如何"采取行动来保护个人"。

我们该如何应对这个无所不知的新网络，将成为 21 世纪最重大的文化挑战之一。我们的回应方式又因"隐私悖论"而变得更加复杂，这种悖论指人们的实际行动往往与他们公开表达的隐私担忧不一致。一项研究甚至表明，美国社会已经把这种悖论抛在了身后，大部分美国人已经接受了这个现实：他们已经失去了对个人信息的控制。[2]

人们对隐私的看法，受年龄、国籍等多种因素的影响。

1　Samuel Warren and Louis Brandeis, "The Right to Privacy," *Harvard Law Review* 4 (1890), pp. 193–220.

2　Joseph Turow, Michael Hennessy, and Nora Draper, *The Tradeoff Fallacy: How Marketers Are Misrepresenting American Consumers and Opening Them Up to Exploitation*, a report from the Annenberg School for Communications, University of Pennsylvania, June 2015.

与婴儿潮一代相比，千禧一代更能接受公开自己的信息。在欧盟，隐私被明文规定为所有人都享有的一项公民权利，而《权利法案》和美国宪法中从未出现过"隐私"一词。[1]

一直以来，网络都在威胁隐私。美国国父们曾经担心他们的革命信件会被他人读到。在美国内战期间，通过电报发送的消息通常用代码书写，以防被敌人截获。在电话普及之初，为了节省线路，很多人不得不和爱八卦的邻居合用同线电话，而此后，私人线路仍有可能受到监听。

新的网络给隐私增加了一个新的维度。对历史上的网络而言，隐私保护针对的是一封电报或一通电话的内容，也包括网络运营本身涉及的信息，比如路由指令和账户信息。人们制定了法律法规来保护通信内容和通信方式的私密性，并规定了获取这些信息所需的额外步骤，进一步保护了隐私。

然而，当获取私人信息的技术门槛消失了，当网络由一组能够分析和存储数字信息的互联计算机构成，而这些信息又成了大规模经济活动必不可少的新型资本时，会发生什么？

早期互联网公司的商业模式不允许它们靠积累付费订阅用户来缓步增长。于是，它们大多提供免费服务，以广告作为主要收入来源。为了解决约翰·沃纳梅克的问题，早期互联网公司引入了cookie和其他用户标识技术。从那时起，计算机就可以计数、运算和存储信息，精度越来越高的信息得以通过网络传递，这意味着跟踪个人用户成了互联网默认的

1　尽管美国最高法院一直认为，禁止无理搜查和扣押的美国宪法第四修正案的核心考量正是隐私，并主张所谓的"宪法性隐私权"（*Griswold v. Connecticut*, 381 U.S. 479），但美国宪法没有明文提及"隐私"一词或其概念。

商业模式。

哪怕你没有为线上产品付费，你自己已经成了产品，因为与你有关的信息可以被收集并被用来获利。哪怕你只付了上网费，你的行为也能被监测并被用来获利。

智能手机进一步完善了网络对每个人的"画像"。这项非常有用的技术就好像一个躲在暗处的目击证人，无时无刻不在汇报我们的一举一动。你的手机当然了解你的基本信息，包括你是谁、住在哪里、正在网上做什么，但它对我们每个人的了解，其实要比这还多得多。

一部智能手机在与家中的 Wi-Fi 系统相连时，能报告家中现在有多少人，甚至能告诉你每个人都坐在哪里。当你在移动时，你的智能设备知道你的具体位置，你是静止不动，还是在步行、跑步或开车，你从哪里出发，你在往哪个方向去。通过内置的测高仪，它还知道你在大楼中的第几层。它知道你"赞"过什么、"踩"过什么，以及你的喜好；它知道你读过的书和新闻、你喜欢的音乐、你看过的电视和电影。而在终极入侵模式中，你的手机可以在你不知情的情况下被远程开启，允许入侵者偷听谈话或监听关键词，和某些邮件服务会从你的邮件内容中收集关键词一样。

正如我们讨论过的，新网络的主要作用之一是将活动分发到网络的最边缘——用户。原来由网络枢纽承担的信息出入的决策权，被转移到了个人用户手中，而每一位用户的信息都是可以被跟踪和识别的。当每个人都能成为内容生产或商业活动的中心时，他们就失去了在人群中隐蔽的能力。虽然工业时代让人们不再拥有田舍中的隐私，但城市生活总还能让人们在一定程度上保持匿名。然而，这种隐身于芸芸众生的能力在今天消失了，因为网络将一切活动推向了边缘，并跟踪这些活动直到它们抵达每一位可被识别的个人用户。

这些信息将永远存在。由于存储少量信息几乎不需要任何成本，我们没有理由不尽可能地存储信息。搜索、获取数据，将这些数据关联起来给一个人做出更具体的画像，这同样成本低廉，并且能被出售。其结果，就是我们的过去开始影响我们的未来。我们的过去被存储起来，让外界建立起某种对我们的期待，这种期待反过来能影响我们的现在和未来。从商业角度看，这种有着丰富细节的用户画像令人惊叹且实用。但如果落入其他想要窥探我们的人（不论敌友）的手中，它就变得可怕起来。

当这类信息被网络或脸书、谷歌等服务平台集中控制起来，它就可能变成攻击自由市场的武器。控制信息的人可以通过制造数据瓶颈，使无法获取这类信息的传统本地企业——比如报纸和小商店——处于不利位置。由于数据成了硬通货，那些拥有它的人可以利用自己的统治地位压垮新的竞争者，扩张到原本不相关的商业领域。由于人工智能无非是通过操纵数据库来得出高度可能的结论，谁控制了这些数据库，谁就控制了未来。

我们还没有准备好应对这场信息大爆炸。现有的法律和法规是在不同时期设立的；网络由联邦通信委员会监管，而基于互联网提供各类服务的企业却归联邦贸易委员会监管，不同的监管机构对法律有着不同的期待。我在联邦通信委员会任职期间面对的最大挑战之一，就是如何应用一部成文于1934年、修订于1996年的法律，在一个信息已成为新型资本的时代保护个人隐私。[1]最终，我们对互联网服务供应商提出的隐私监管要求基于以下三个原则：消费者必须被告知供应商将收集有关他们的何种信息，以及这些信息会被如何使用；在知晓这一点后，消费者有权选择是否允许自己的信息被这样使用；所有收集到的信息必须被严格保护起来，防止未经许可的使用。[2]

　　隐私是人类在 21 世纪面临的难题。利用我们的个人信息，许多事情能运转得更好，每个人都能享受到更加个性化的服务，但这是以牺牲隐私和市场竞争为代价的。我们已经看到，人们对隐私的期待随着时代而变化。现在，我们必须决定，在这个数字化的世界，我们应当对隐私抱有哪些期待。

水平化工作

　　在铁路摧毁工匠阶级并催生大规模工业生产之前，一把铁犁需要两名铁匠用 11 道工序耗费 118 个工时制作完成。这些工匠的命运在工厂出现时就注定了——一家工厂可以将 97 道不同的工序分配给 52 名工人，在 3.5 个工时里造出一把犁。[3]

　　要实现生产效率的大提升，每一个人都必须成为由规则和流程管理的企业机器上的螺丝钉。两名并肩工作的铁匠进行的是自我管理。然而，大规模生产需要层级化的管理体系来跟踪并监督众多的工人及其产出。

1　其中一家互联网服务供应商 AT&T 曾经适当披露过它是如何通过收集"来自你和其他用户的无线信息和 Wi-Fi 位置信息、电视观看记录、呼叫和短信、网站浏览记录和移动应用使用情况"，获得每一位用户的海量信息的。（http://www.att.com/gen/privacy-policy?pid=13692）

2　不幸的是，特朗普政府上台不久后，国会就取消了这些保护措施。

3　"Technology at Work," *Citi Global Perspectives & Solutions*, February 2015, p.16.

　　层级化管理是铁路留给我们的另一项遗产。作为最早的大规模企业，铁路公司只能从当时美国的另一家大型机构——美国陆军——那里招募管理者。其结果，就是一种由指挥和控制组成的集中化管理模式——你有没有想过，为何包括"部门"（division）在内的军事用语会出现在企业中？

　　电报让人们得以远距离监督多个地点的活动，进一步扩展了集中化管理模式。其结果，就是不管车间里在发生什么，报纸头版在印刷什么，研究者在实验室里做什么，他们都受到"楼上人"（管理层）的监督，通常这样的"楼上"还有好几层。

　　新的网络能轻而易举地取代层级化管理。过去集中进行的使用硬资产的生产会导致公司结构分层，而基于信息的经济活动带来了相反的效果。当生产活动从车间转移至"云"中，原本由层级化管理体系承担的协调功能，通过点击和应用程序就能实现。在这个过程中，工作的本质重新回到了前工业时代——工匠技艺。

　　历史上，工匠们构成了中产阶级。例如，约翰内斯·古登堡的家庭就属于一个在贵族和农奴之间迅速兴起的中间阶层，这要归功于他父亲的金匠手艺。工匠们是垂直的封建层级之外的独立承包商，承接制作皮革品、金属制品和木制品的高附加值工作。新千年的中产阶级工匠，同样遵循水平化的高附加值工作模式，不同之处在于，新工匠的工作基于信息展开。

　　创造了"互联云"的分布式网络，也给我们带来了"人际云"——在这个云中，个人的经济活动也呈分布式，正如为他们提供连接的网络。

　　经济学家预测，到 2020 年，美国约有一半人口会像旧时工匠一样从事自由职业或外包工作。[1] 2015 年的研究发现，22% 的美国成年人为以优步（Uber）和爱彼迎（Airbnb）为代表的共享经济提供过至少一次服务。对其中三分之一的人来说，这类工作是他们的主要收入来源。[2]

麻省理工学院教授托马斯·马隆（Thomas Malone）创造了"数字自由职业者"（e-lancer）一词来形容基于任务的去中心化就业方式，它取代了上一次网络革命带来的基于大规模生产的就业方式。[3] 英国电信公司的尼古拉·米拉德（Nicola Millard）博士创造性地称其为"多莉之死"——多莉·帕顿（Dolly Parton）的金曲《朝九晚五》代表的用工方式已经过气了。[4]

我的女儿和女婿为 Salesforce 工作，这家公司是云服务领域的先驱。他们从不朝九晚五。Salesforce 向客户售卖基于云的整合经营哲学，自己也严格遵循这一哲学。他们从不用去办公室，因为云意味着他们可以在任何地方工作，而永远互联意味着他们无论对客户还是对同事来说永远保持在线。这种不需要任何中介的合作，对企业科层制的杀伤力最大。新网络让我们重返类似工匠合作的状态，而这种状态曾被工业时代的科层制扼杀。

1　Cecilia Kang, "No One in Washington Is Talking about the Problems with the Sharing Economy, Except This Lawmaker," *Washington Post*, June 26, 2015.

2　Burson-Marsteller, The Aspen Institute Future of Work Initiative, *Time*, "Forty-Five Million Americans Say They Have Worked in the On-Demand Economy," January 6, 2016, polling by Penn Schoen Berland.

3　Thomas W. Malone and Robert Laubacher, "The Dawn of the E-Lance Economy," *Harvard Business Review*, September-October 1998.

4　Dave Masters, "Say Goodbye to the '9 to 5': Futurologist Makes Five Predictions for the Workplace of the Future," *Daily Record*, December 23, 2016.

去科层化的经济活动也能减少浪费。办公室开销和长时间通勤的免除减少了资源的耗费。共享经济理论上产生的废物更少。一辆汽车通常有 90% 的时间是闲置的，只偶尔为主人提供一次便利，而现在，乘车共享软件能随时提供这种便利。

然而，"多莉之死"也让一些国家失去了传统的经济机遇。在过去几十年间，经济活动都流向了成本更低的地方。雇主们把许多工作岗位迁移到低工资国家，留在本国的企业则用机器人取代了人工。

不过，尽管新网络在"让东西更便宜"的过程中扮演了同谋，它仍带来了更多的机会。"让东西更便宜"正在被"让东西更智能"取代。[1] 未来的产品是互联的"智能"产品——从智能汽车、智能建筑和智能家居，到智能制造和智能农业。

"智能"经济的一大挑战是"智能"员工的匮乏。21 世纪初期，很多人之所以丢了饭碗，是因为他们掌握的技能与现代经济的需求（即工作机会）不符。但正如历史告诉我们的，普及新技能、让人们胜任新的经济活动并非不可能。工业革命要求工人掌握农耕之外的技能。于是人们建立了一个采用工业流程的 12 年制教育体系，来为工人提供所需技能。今天，我们也有了重新定义教育这一概念的机会，运用数字时代的流程，我们能为即将进入（或重新进入）数字经济的工人提供新技能。

创造了信息经济的新网络，为一种新的教育范式提供了发展途径，对此我们将在下一章加以讨论。数字经济的关键概念

1　Antoine van Agtmael and Fred Bakker, *The Smartest Places on Earth: Why Rustbelts Are the Emerging Hotspots of Global Innovation* (New York: PublicAffairs, 2016).

之一——产品的迭代和不断改进，不仅适用于创造了新现实的各种软件，也适用于人力资本。

在软件世界中，一款程序的发布仅仅是开始，在提供给用户下载的同时，它会不断改进自身。这种迭代且灵敏的改进过程，同样可以帮助今天的我们应对其他诸多挑战，比如重新培训失业的产业工人，帮助他们适应更加"智能"的工作。

在肯塔基州哈泽德市，我见证了新网络如何帮助人们不断拓展个人技能。在那里，许多失业的煤矿工人在社区大学里学习软件编程。当光纤把互联网接入这个煤矿小镇时，当地政府官员和企业家开始致力于将此地打造成"阿帕拉契亚硅谷"[1]，希望工人们能用挖矿时的魄力和决心学习软件编程。

曾经，是将矿产运进工厂的铁路网络催生出这里的煤炭产业。现在，高速宽带信息网络正在将肯塔基州的矿工变成码农，来生产和出口 21 世纪的矿产——代码。

让矿工接受技能的再培训，需要艰巨的努力。但数字世界永远在变，这意味着培训也不再能一步到位。学无止境的迭代式教育，将重新定义职场。AT&T 首席执行官兰德尔·斯蒂芬森（Randall Stephenson）告诉他的员工，那些每周不花 5 到 10 小时在网上学习的人"会被技术淘汰"。他警告："你需要自我改造，并且这个过程不会停止。"[2]

仅仅为了不被淘汰就需要每周 5 到 10 小时的持续培训，除此之外，新现实还在挑战很多旧习，甚至包括每周 40 小时

1　在小镇所在的阿帕拉契亚山区，人们将 hollow（山谷）读成 holler，因此当地自称 Silicon Holler，直译为"硅山谷"。此处译为"阿帕拉契亚硅谷"，更贴近日常口语表达。——译者注

2　Quentin Hardy, "Gearing Up for the Cloud, AT&T Tells Its Workers: Adapt or Else," *New York Times*, February 13, 2016.

的工作制。在罗斯福新政期间，美国人用每天工作 8 小时、每周工作 5 天取代了每天工作 10 小时、每周工作 6 天。生产效率的提高让每周工作时长从 60 小时缩减到 40 小时。数字经济要求人们不断学习，这可能导致每周工作时长进一步缩短，或者要求人们用一部分工时接受培训。

新的网络还创造了很多"非显著性"应用程序，这也带来了新的就业机会。例如，有些应用程序使无法朝九晚五工作的人们也能找到活干。想通过上门为别人看管宠物挣点外快？你可以在一款叫作 Thumbtack 的应用程序上给自己打广告。你有驾照，也有几个小时的空闲时间？你可以在优步上当一次出租车司机。哪怕身患残疾、无法四处走动，你仍能找到很多提供在家工作机会的网站。

当越来越多的人从事企业之外的非固定工作时，另一个挑战出现了，即如何维护社会保障网络。在古登堡的年代，独立工匠通过组成行业协会寻求保障。行业协会不仅对标准的工艺流程做出规定，给独立工匠提供认证，还提供了一定程度的安全保障，防止分散各处的独立工匠被生活中的意外压垮。

行会通常将会员的捐款集中存在一个共同基金中，用这个基金为会员提供安全保障。每当会员遇到困难，行会就从基金中拿出一笔钱给予资助。[1]"行会"（gild）一词，其实就是"黄金"（gold）在古英语中的写法，指的就是行会的小金库。[2]

当大规模工业生产和经济活动让工匠们失去了生计后，新

1　J. H. A. Bone, "Old English Guilds and Trade Unions," *Atlantic Monthly* 39, no. 231 (March 1877), p. 284.

2　英格兰拉德洛市的行会 Guild of Palmers 就规定："如果任何会员患上麻风病、失明、截肢，或患上任何无法治愈的疾病（上帝保佑他！），我们希望将行会资产慷慨地赐予他。"（Bone, "Old English Guilds and Trade Unions," p. 284）

生工人群体通过结成工会寻求保护。在最早的大型企业——铁路公司——中，工人们通过组织工会来制衡管理层。此后，随着法律和劳工协定不断出台，企业开始设立各种机制，为工人提供包括养老金和医疗保险在内的各种社会保障。

然而，大型企业正在丧失作为就业岗位主要提供者的地位，可新兴的"信息工匠"群体的社会保障需求却没有减少。在一个由按需提供服务的个体承包商组成的经济体中，19世纪和20世纪通过法律和劳资协商确立的社会保障体系已经过时，必须得到改进。非企业就业的增长，呼唤一种为劳动者提供社会保障的新型中介机构。

从业者通过集体行动抵御风险的做法，最早始于行业协会，在工业时代得到全面发展，如今又呈现出新的形式。美国的《可负担医疗法案》（它更为人熟知的名字是"奥巴马医改"）通过让所有人进入一个保险交易市场来实现风险共担，这正是新时代用集体行动抵御风险的早期尝试，虽然围绕这一法案的各种争议很少聚焦于这一点。

新的劳工组织也在纷纷出现，比如Coworker.org[1]和"自由职业者联盟"（Freelancers Union）。现在一些传统工会允许独立从业者创建"工时银行"，在有工作时缴纳更多的社保金，在没有工作时就可以继续领取社会保障。"奥巴马医改"创立的医疗保险交易市场也能为残疾人和享受保险赔偿的工人提供类似的服务。

新的网络打破了人们对职场架构的传统假设，给个人带来了更多的机遇，让我们不禁回想起工业革命前的工匠时代。个

---

1 一个能让从业者发起行动改善工作环境的平台。——译者注

性化工作取代了基于规则的科层制，但也让人们丧失了科层制带来的安全保障。在回归工匠经济的过程中，数字时代的从业者与先前网络革命中的工人一样需要面对自我保护和社会保障方面的挑战。

我们如何学习

我在弗吉尼亚州费尔法克斯市的詹姆斯罗宾逊高中体验了一种全新的教学方式。在我旁听的一堂科技课上，学生们要展示他们花了一年时间做出的科学项目。但是，你看不到任何高高堆起的草稿纸！每个学生都有一台通过 Wi-Fi 联网的笔记本电脑。每三人一组合作完成一个 PowerPoint 演示，这就是他们的期末报告。其中每个人都承担了研究任务的一部分，要各自把工作成果写进云端的小组报告中。

每个小组在工作时，老师可以登录云端跟踪他们的工作情况。她可以留下批注，点评他们的进度，而每一位小组成员都能看见这些批注和所有组员的回应。当某位学生或某个小组看起来需要更多的具体指导时，老师可以实时了解这一情况，对该学生或小组做进一步指导。

另一所学校的一位老师告诉我，联网的计算机已经改变了教学的性质，老师们不再是"讲台上的圣人"，向一群个性才能各不相同的学生教授一模一样的知识。他们变成了"身边的指导者"，帮助每一位学生以自己的节奏学习。

我们熟悉的教育体系成形于 19 世纪，旨在为工业生产这头巨兽提供合格的工人。教学的目的是让学生们读懂操作手册，进行计算，胜任车间里的工作。工厂中的批量生产理念也被运用在课堂中。"原料"被送进课堂，通过特定流程一步步加以改造，最后成为成品。在工厂中，一把犁的制作需要 97 道工序。在学校，培养一名合格的毕业生需要 12 年。

这样的教育体系都建立在集中场所，规模效应大大降低了每一个学生的教育成本，使发达国家可以大规模开展义务教育。工业时代的教育体系取得了巨大的成功，但这种体系支撑的工业活动已不再驱动今天的经济。网络时代的经济对从业者提出了新的技能要求，幸运的是，它也为人们接受必要的培训提供了方法。

我们已经讨论了新网络经济中工作性质的变化和信息使用方式的变化，这两种变化对教育的影响体现在了两个方面：**教什么**和**怎么教**。

今天的教育体系仍然遵循工业时代的旧模式，只不过做了一些更新，好让学生们适应 21 世纪的工厂。19 世纪的课堂让学生们学习基础的阅读和计算能力。今天的学校教育则侧重 STEM 学科——科学（Science）、技术（Technology）、工程（Engineering）和数学（Math），其目的是提供 21 世纪的"车间"工作所需的技能，尽管今天的"流水线"可能只要求你坐在一台电脑前。

很快，我们将讨论计算机在数字经济中取代人工的影响。最容易被取代的工作，往往包含大量需要死记硬背的、可以由硬件和软件完成的任务。不那么容易被自动化的工作，则往往需要常识性推理、理解人类处境等人类独有的技能。我们通常宽泛地将这些技能称作"创造力"或"艺术"。

在数字时代，一个人的就业机会取决于他能否做计算机做不了的工作。0 和 1 是无法创造性思考的。教育必须让我们学会终生利用我们独有的优势。唯一能保护我们的，是这样一种教育体系——它的重点不在于教会我们二流机器人掌握的技能，而在于教会我们计算机无法取代的、作为一流人类应该掌握的技能。[1]

至于教育方式（即"怎么教"）上的变化，则看上去与网络本身发生的变化很相似。新网络正在让工作岗位离开集中化的工厂车间，更广泛地分布于经济体中，把每一个人从生产线上的一颗齿轮转变为一个可以自行控制信息出入的中枢。同样地，这个网络也在将无差别教育转变为个性化教育。[2]

当每一个学生都不再是一群学生中的一个单元，而成了一个信息中心，他们就可以掌控自己的学习内容和节奏。这些"信息中心"不再需要坐在教室里，试着跟上老师的快速讲解，而可以围绕特定议题定制在线课程。在面对一大班学生时，老师不能为了其中一个学生反复讲解某个知识点，而当这个学生成为信息中心，他就可以根据自己的需要反复收看线上课程。如果这还无法解释他的疑问，他可以寻找另一位老师——有关同一话题的另一个线上课程。

2006 年，年轻的对冲基金分析师萨尔曼·可汗（Salman Khan）通过互联网为堂弟们辅导功课。后来，他将自己录制的辅导视频上传到了 YouTube 视频网站。视频大受欢迎，他辞掉了工作，创建了自己的数字教育企业——可汗学院

1　我最初是从新加坡教育部长王乙康那里听到了这一精彩表述。

2　教学方式的变化也体现在了橄榄球场上。俄亥俄大学橄榄球队主教练乌尔万·迈尔（Urban Meyer）已经不再在黑板上画阵型图，而是向每位运动员发送视频或图解，让他们在电脑或移动设备上收看。团队会议则用来确保队员们理解了所学信息。（Jonathan Clegg, "How Urban Meyer Took the Buckeyes to School," *Wall Street Journal*, December 7, 2014）

（Khan Academy）。他告诉我，他的目标是让任何地方的任何人"学习任何事情，而且免费"。今天，已经有数千万人学习了可汗学院提供的数千门线上课程。每堂课都提供练习和师生间的一对一互动，这能让学生们获得在大教室中难以得到的关注和指导。

互联网教育还能制造21世纪最重要的产品：数据。据估算，每个学生每天能够产生1000万个数据点。[1]这样的数据其实一直都在产生，但此前学校和老师缺乏捕捉和处理这类数据的能力。学生重复播放了多少遍课程？多次复习了哪些知识点？一天之中哪个时段最适合学习哪个科目？在一个新知识点上花多长时间最合适？在教学中使用大数据，不仅可以帮助老师教学，还可以帮助管理员跟踪进度，最重要的是能帮助学生更好地学习。

19世纪中叶以来，学生都被要求适应教育体系。新网络则使教育体系反过来适应学生。

但把新网络简单地插入工业时代的经济结构，并不是解决方案。网络不仅在改变教学流程，还在改变教学内容。工业时代的学校专注于阅读和数学能力，以期学生能够理解操作手册并进行基本运算。尽管这类技能仍然是必需的，但网络经济已经重新定义了它们。

在加利福尼亚州奥克兰市埃德娜布鲁尔中学，我旁听了一堂八年级英语课。一开始，我对学生们在课上所学的内容大为惊讶，因为这些知识根本不像"英语"。每个学生都要按照

1　*Marketplace* staff, "Conversations about Mobility, Live from Aspen," *NPR Marketplace*, June 29, 2015, audio interview with Jose Ferreira, CEO of Knewton.

老师的指令对文字的字体、颜色和风格进行修改，并导入图形，在计算机屏幕上创建一个页面。这是英语课吗？这不应该是美术课或计算机课教授的内容吗？为什么要在英语课上学这些？

然后我意识到，这些学生的教育需求与当年我自己的学习需求已有两点不同。首先，他们尽管身为"数字原住民"，仍需要学习计算机技能（正如英语是我的母语并不意味着我就不需要学习英语知识）。要培养近乎直觉的网络计算能力，他们需要反复操作——哪怕是在英语课堂。其次，英语课堂帮助学生学习如何自我表达，而网络已经成为人类有史以来最强大的自我表达工具。要懂得如何利用这个工具，他们必须学习如何在网络上创造内容——包括我旁听的那些在线格式化技巧，并让这些技巧成为他们的第二天性。

在我执掌联邦通信委员会之初，我们面对的挑战之一，就是提高学校的网速。联邦通信委员会的一项职责是提升全国学校和图书馆接入互联网的速度，而当时我们发现，尽管身处 21 世纪，全国三分之二的学校和图书馆还在用着 20 世纪的网络。这些学校（学生总数达 4000 万人）的教学楼里没有铺设高速数字光纤网络，因此无法让多人在一间教室里同时上网。我们还发现，尽管几乎每间咖啡馆和麦当劳都已开始提供 Wi-Fi，即便在铺设了高速光纤网络的学校，大部分教室也没有 Wi-Fi 信号，学生们无法在课桌上联网。这一情况在农村和低收入地区尤为突出。我们推进的改革措施，让所有在校学生都能在自己的课桌上接入有史以来最强大的教育工具——互联网。

过去的教学方式培养的技能，是基于规则的科层制体系下的劳动所需的。今天，我们的挑战是培养数字化的劳动力，对这些人来说，网络是自我的延伸，能帮助他们将抽象的技巧——比如解决问题、分析推理和交流复杂概念的技巧——付诸实践。新的技术提出了这个要求，新的技术也提供了新的解决方案。我们只需要足够的远见看到这一点，并帮助所有学生抓住这一机遇。

国家的性质

"网络比国家更强大。"一位美国国务院高级官员曾这样对我说。[1]

现代民族国家是疆域与社群归属感的结合。通过通用语言的普及和强化，印刷业能帮助一个民族建立起社群认同感。为了进行商业活动和信息交换，早期的铁路和电报将社群进一步编织在一起。

然而，铁路和电报最终消除了地理障碍，跨越了国界。今天的网络更进一步，完全摆脱了疆域和国界的限制。当一次点击可以在几秒钟之内环游世界时，地理位置就变得无关紧要。在这个过程中，新网络对民族国家的本质构成了挑战。

现代民族国家诞生于 17 世纪。1648 年，在为成为超级大国进行了数十年战争后，欧洲列强签署了《威斯特伐利亚合约》，不再争夺庞大的帝国地位，而是承认一个国家在某一地理疆域内享有主权。后来，民族国家体系扩张至全世界，定义了其后几个世纪的人类历史，国家成了人们在战争中保卫的一

1　这位官员是阿历克·罗斯（Alec Ross），他是希拉里·克林顿（Hillary Clinton）担任美国国务卿时的顾问。

个概念。

互联网让地理变得不再重要，创造出各种"非国家"的社群，因此，曾经由一个个集权国家组成的稳定世界出现了分裂。其结果，就是民族国家面对着双重挑战：一种自上而下，来自跨越国界的互联网；另一种自下而上，来自从网络中获得了超级能量的个人和团体。

值得一提的是，挑战民族国家的工具是被主权政府之外的力量创造出来的。互联网由一系列技术标准组成，而这些标准是由非政府的、包含多个利益相关方的技术业界制定的。21世纪的网络基于共同的技术标准，没有得到任何国家政府的指引。而这个网络不需要得到这些政府的许可，就可以作用于威斯特伐利亚体系之上。

自第一个电子网络诞生之日起，"主权"这个概念就走上了式微之路。1865 年，欧洲所有运营国有电报网络的国家派出代表，参加了法国政府召开的一个会议。与会者组成了国际电报联盟，同意遵守一套对所有成员国都有约束力的章程。这是历史上第一个超国家组织——基于地理疆域的民族国家第一次把部分主权让渡给了一个共同体。

从电报联盟，到第二次世界大战后的煤炭联盟，再到欧盟，超国家组织的不断发展都以牺牲地理上的国家主权为代价换取了工业时代的规模经济。一开始，这类超国家组织还是民族国家所乐见的，但在新的超国家数字网络中，技术控制在一个由技术专家组成的群体手中，而他们不受任何主权的制约。这种二元权力结构带来了一些棘手的问题。比如，欧盟希望在所有成员国之间建立单一数字市场，虽然这个市场尊重不同国家的政策，但闪电般的分布式网络挑战了成员国的各自为政。

2009 年，伊朗出现了抗议活动的苗头，这场"绿色革命"是由伊朗国内的社交媒体组织发动的，也通过社交媒体为全世界所知。在线组织能力对这场抗议是如此重要，以至于当美国国务院发现推特（抗议者使用的主要在线组织工具）需要暂时下线进行常规维护时，它敦促推特公司推迟维护工作，以免抗议者无法交流。

在 2010 到 2011 年席卷北非的"阿拉伯之春"运动中，开罗解放广场成了反政府抗议活动的中心。和伊朗的"绿色革命"一样，抗议者通过手机上的社交媒体联络和组织抗议活动。最终，埃及政府关闭了移动网络。

在美国，新网络也在让政治活动去中心化——正如它对经济活动所做的，而这带来了颠覆性后果。传统上，集中化的网络支持集中化的媒体，后者又支持了集中化的层级式政治活动。而去中心化的网络在赋权给个人的同时，削弱了现有的制度和机构。从巴拉克·奥巴马在 2008 年的竞选中突破性地使用社交媒体，到茶党能在国会和选战中设置议题，到唐纳德·特朗普在竞选和当选后频频使用推特，再到俄罗斯政府使用社交媒体干预 2016 年美国大选，新网络对曾经维持了社会稳定的政治"看门人"的角色、功能和重要性都造成了巨大的冲击。

新网络扩大了公民参与，进一步削弱了国家主权。网络创造了经济机会，改善了生活质量，扩大了政治参与，但同样是这个网络，给那些用暴力破坏政权稳定的人创造了组织和管理工具。

例如，21 世纪的中东宗派战争，与几个世纪前的欧洲宗教战争有很多相似之处，对此我们应该感到惊讶吗？几个世纪前，印刷技术推翻了禁锢思想、巩固权力的高墙。今天，电子网络可以让示威活动迅速蔓延，还能让它们结合军事行动、社交媒体和恐怖袭击，进化为一场高度协调的抗议运动。正如约书亚·库伯·拉莫（Joshua Cooper Ramo）观察到的，"网络技术之于恐怖袭击，就好比古时候的火药之于投掷弹，前者都增加了后者的威力。"[1]

尽管在某些时候，新网络危及社会稳定，但在其他时候，它们又以积极的方式改进了政府运作和可持续发展。例如，在爱沙尼亚，一个公民与政府发生的几乎所有关系都可以在线上完成，包括投票。在这个国家，只有三件与政府相关的事无法在线操作：公证、登记结婚、获取死亡证明（每个婴儿出生时，父母都会收到电子版的出生证明）。

爱沙尼亚常被称为"网络化程度最高的国家"，它也是第一个"云中之国"，即整个政府都在云端运作。[2] 当然，这得益于它的小规模（约130万人口，每平方英里75人）和它在1991年脱离苏联后从零开始的建设，爱沙尼亚体现的其实是一个"新威斯特伐利亚体系"：这个国家的疆域体现在地图上，它的职能存在于云端。

对其他国家而言，爱沙尼亚式的治国策略显然很有吸引力，但前几次网络革命给各国政府留下的历史包袱，拖慢了变革的步伐。

19世纪和20世纪的集中化网络创造了大企业、大城市、

1　Joshua Cooper Ramo, *The Seventh Sense* (New York: Little, Brown, 2016), p. 34.

2　"Estonia Is Putting Its Country in the Cloud and Offering Virtual Residency," *The Conversation*, March 26, 2017.

大市场和大政府。当"大规模"成为经济活动的主要特征时，政府提供了一种制衡力量。要做到这一点，政府将支配了经济活动的规模效应也引进了自己的治理架构中。基于规则的科层式管理不但通行于各行各业，而且成了政府的治理方法。

然而，尽管工业可以无情地实施新流程来追逐利润，民主政府在治理上的改进步伐却慢得多，而且设置了各种缓冲，让所有的利益相关方都有机会影响政策。我曾执掌过一个官僚机构，这段经历让我明白了一个全面、开放的公民参与是至关重要的。但这会拖慢创新和效率。

我在联邦通信委员会任职期间曾致力于建立一种新的监管模式。在技术发展较慢的时代，监管者可以自上而下地对市场进行微观管理。但今天快速变化的技术，意味着这样的监管不但会减缓创新速度，而且根本无法实施。

在这个方面，我们试图向"破坏者"——也就是软件开发者——学习。早期的软件开发是线性的、增量式的。它之所以被称为"瀑布模式"，是因为开发过程缓慢地一步步向下游推进，直到完成的那一刻变成瀑布。但到21世纪之初，"瀑布模式"被需求和解决方案同步演进的"敏捷开发"取代。在"敏捷开发"的过程中，产品永远不会定型，因为它需要不断响应新的需求。相应地，"敏捷监管"意味着视技术和市场发展情况，灵活执行某些基本原则。

网络不仅影响了官僚机构的决策制定过程，还影响了更宽泛的政治进程。催生了现有政府结构的集中化经济和社会现实正在被新网络取代，正如街角的书店正在被亚马逊取代。

当美国的开国元勋决定建立一个共和国而非纯粹的民主政体时，他们在人民和权力之间设置了一个中间层：民选官员。

詹姆斯·麦迪逊（James Madison）在《联邦党人文集（第 10 篇）》中解释，这么做是为了"治疗派系间的恶斗"，而这种恶斗往往是"人们共有的激情和冲动"导致的。[1]

旧信息网络的集中化特质可以抑制这种激情，因为这类网络可以帮助"信息策划者"——比如报社编辑或政党领袖——收集和组织信息，引导辩论方向。然而，由于新的去中心化网络完全不经"策划"，这些网络使个人在组织和表达自己方面获得了前所未有的能力，既不需要征得他人的许可，也不需要走什么流程。

新网络上不经思考的自我表达产生的后果，给我们时代的政府治理带来了挑战。在百老汇热门音乐剧《汉密尔顿》中，乔治·华盛顿（George Washington）对亚历山大·汉密尔顿（Alexander Hamilton）说："取胜容易……执政很难。"这句话在今天看来依然极富洞见，因为新网络提升了人们组织和抗争的能力，却削弱了政府的治理能力。

我的朋友、用社交媒体发起并组织了开罗解放广场上的抗议活动的威尔·戈宁（Wael Ghonim），如此描述这种挑战："让我们团结在一起推翻独裁者的工具，最终也撕裂了我们自己。"他警告，在埃及，用新网络表达民主诉求的人没能进一步建立共和组织，很大程度上是因为"建设"比"破坏"更难。

他说，在推翻政府之后，"我们没能达成共识，政治斗争导致了尖锐的意见分化……我们的社交媒体经验，让我们更喜欢发声而不是交流，更喜欢发帖而不是讨论，更喜欢发表浅薄评

1　James Madison, *The Federalist No. 10* (Wesleyan University Press, 1961), pp. 57, 58.

论而不是进行深度对话……仿佛我们同意用冲彼此喊话代替交谈"。[1]

在埃及，"彼此喊话而非交谈"使穆斯林兄弟组织得以劫持革命，用一位独裁者取代了另一位独裁者。在美国，这类挑战的后果，是抱有共和理念的人在集体决策上常常陷入僵局。

网络正在重塑国家的性质、政府的运作方式和被统治者的角色，这是任何一个美国人都无法逃避的现实。历史上，网络帮助人们塑造了国家，让帝国成为可能。而如今，基于信息的新网络向我们发出了挑战：在拥抱数字变革的同时，我们该如何维护来之不易的共和理想。

信息叛乱

1980 年 6 月 1 日，泰德·特纳（Ted Turner）成立了美国有线电视新闻网（CNN）。我受邀在开播仪式上发言。在一个视频内容还相当稀缺的年代，我发现自己很难描述一个只播新闻的频道的划时代意义，于是将 CNN 形容为"一个远程出版事件，在信息传播史上有着分水岭意义"。[2]这番话在措辞上或许稍显夸张，但我的观点仍然站得住：CNN 将报纸新闻的多元性引入了电视新闻。

这种说法在每分钟都有长达 300 小时的视频被上传至

1　Thomas Friedman, "Social Media: Destroyer or Creator?," *New York Times*, February 3, 2016.

2　Porter Bibb, *It Ain't As Easy As It Looks* (New York: Crown Publishers, 1993), p. 180.

YouTube 的今天，听上去已经过时了。[1] 但在通过网络不受限制地发布视频方面（今天的我们已经对此习以为常），CNN 是我们的先驱。

CNN 利用不断扩张的有线网络，打破了当时由三大电视网络构成的新闻垄断。在这个过程中，CNN 让新闻制作流程不断加速。在过去，电视广播网络因为播出容量有限，新闻要等到每晚时长 30 分钟的新闻时段（去掉广告只有 28 分钟）才能播出。当然，在发生重大事件时，正常播出会被"突发新闻"打断，但这样的情况极少见。

而有线新闻完全不受稀缺的广播频谱所限，这让 CNN 开启了全天候新闻播报模式。本来需要等到新闻时段的报道，现在可以随时播出。其结果，就是"新闻"的定义发生了变化。

开播仪式结束后，CNN 联合创始人里斯·尚菲尔德（Reese Schonfeld）带我参观控制室，骄傲地指着屏幕上南佛罗里达州的卫星传来的直播画面，画面中显示的是一个即将迎来暴风雨的海滩。在过去，通过观察天空和海浪等待一场暴风雨这种报道，是不可能登上电视广播网络的新闻节目的，因为它不够重要；传统电视只会报道暴风雨带来的后果。但对一个 24 小时的新闻频道来说，没发生的暴风雨也是新闻。

CNN 让曾经限制了视频新闻播报的"时段"不再成为一个问题，但它没有改变新闻的制作方式。自第一批报纸面世，编辑一直占据着编辑部最重要的位置。由于版面有限，总得有人来决定什么值得报道、以多大的篇幅报道。一篇报道出现在

1　Mark R. Robertson, "300+ Hours of Video Uploaded to YouTube Every Minute," *TubularInsights: Video Marketing Insights* (YouTube video), November 21, 2014.

一张报纸的头版或电视网络的 30 分钟晚间新闻节目——甚至 CNN 的 24 小时新闻播报中，总是因为有人做出了判断：这条新闻比其他新闻更重要。

这样的决策方式加强了将权威自上而下传递的层级结构。不论这里的权威指的是政府、教会还是总编辑，编撰后的信息总是从生产／策划者那里自上而下地传递给大众。这种结构还催生了一种被称为"公共关系"的复杂行业，它的任务就是把信息推送给这些生产／策划者，期望后者认为这些信息足够重要，值得向大众传播。

正如我们所见，技术创造了大众媒体。从印刷机印出马丁·路德"飞行的文字"，到美联社利用电报传递新闻，技术一直在带来极具创新性的不可预见的结果。现在，技术把我们熟知了一个半世纪的媒体拆解开来，重新组装成去层级化的、去编辑化的样态，以最大化利用这样一个现实：人们对新闻的获取已不受包括时段和频率在内的任何瓶颈的限制。

在《每日秀》节目的经典环节中，一位假扮新闻记者的演员向《纽约时报》的一位高管指出，报纸上刊登的新闻早就出现在网上了，接着发问："难道老掉牙的新闻比实时新闻更好？"[1] 新闻的概念再一次被改写。CNN 的出现意味着一场即将到来的暴风雨也成了新闻，而到了今天，当所有人都彼此相连，每个人就成了可以对暴风雨——或任何一个议题——发表评论和看法的记者。"新闻"的定义由此变成了不受监管、以光速传播的个人意见。

根据皮尤研究中心的一项研究，在 2015 年，大部分美国

1　*The Daily Show with Jon Stewart*, "End Times," June 10, 2009.

人（63%）把推特或脸书上由个人发布的帖子作为主要新闻来源。[1]主流媒体也无法漠视这个新现实。比方说，在《华盛顿邮报》的编辑部里，一个巨大的电视屏幕上显示着社交媒体上的实时讨论。新闻内容的生产者被不断提醒，他们不再为一张"报纸"工作，他们已经变成了电子信息供应商，他们的工作内容是通过一个无处不在的网络接收和分发信息。

要完成一个报道，"跑新闻"依然重要，但记者还需不断查看社交媒体上的人在说什么，在某些情况下，监控社交媒体甚至取代了"跑新闻"。推特上的推文和脸书上的帖子成了新闻的来源。《华盛顿邮报》编辑部里的大屏幕不断地提醒着记者，社交媒体不仅提供了新闻线索，还把他们的报道传递给了读者。当我看着那个大屏幕时，它显示出这一刻的线上读者中，循着推特和脸书上的链接而来的人最多（这与皮尤研究中心的研究发现一致）。屏幕上还显示了一些重要指标，包括线上读者在每篇文章上花费的阅读时间，以及在读完这篇由社交媒体推荐的文章后是否会阅读另一篇文章。

尽管《华盛顿邮报》依然需要编辑来自社交媒体的信息，但充斥互联网的未经编辑的言论会影响编辑的判断，哪怕发表这些言论的人不曾与编辑有过任何交流。

社交媒体上未经编辑的新闻产生的自然后果之一，就是言论的增加。当每个人都可以发帖谈论自己的最新发现时，一条独家新闻的含金量就下降了。而当媒体不再能通过报道独家新闻来让自己的产品与众不同时，它们就转向了言论。

1　Michael Barthel, Elisa Shearer, Jeffrey Gottfried, and Amy Mitchell, "The Evolving Role of News on Twitter and Facebook," Pew Research Center, July 14, 2015.

新闻一向都是有立场的。最早的报纸就是为政党做宣传的政治小报。"美国建国前后的黄金时代，也是美国新闻最肮脏的时代。"一位评论家曾经如此观察。早期报纸"被视作武器，而不是记录的工具"。[1]

是第一个电子网络——电报——让新闻报道超越了地区和政党，因为读者可以及时读到来自远方的新闻了。这让新闻报道从一种满足其所有者政治利益的工具，加速转变为一种商业活动。在商业化的过程中，广告收入变得越来越重要。读者量越大意味着广告收入越多，新闻报道"得罪"的人越少意味着经济效益越高，这使得新闻报道日趋平衡。要让自己在广告主面前更有吸引力，媒体就要努力秉持客观中立，报道一个议题的方方面面，抑制个人言论，以尽可能避免冒犯某一方。

我的朋友罗恩·尼森（Ron Nessen）告诉过我一个故事。他在1966年为全美广播公司（NBC）的新闻频道工作时做过一条关于越南战争的报道，其中提到教皇为和平做的祈祷。在报道结尾，他加了一句评论："我认为我们都同意和平的重要性。"一出演播室，尼森就受到了当时NBC新闻频道总裁的当面质疑。哪怕只是简单提到对和平的渴望，也不符合当时通行的新闻操作。"没人在乎你怎么想，罗恩，"总裁严厉地说，"没人在乎你怎么想。"[2]

但不久后，有线新闻电视（我曾称其为"远程出版"）就开始撼动客观中立背后的经济学原理。它开始通过邀请言论鲜明的电视嘉宾参与辩论，从更加细分的市场中谋求利润。"我认为"开始成为有线电视嘉宾的口头禅。

1　Eric Burns, *Infamous Scribblers* (New York: PublicAffairs, 2006), p. 3.
2　这是罗恩·尼森在2015年11月28日告诉我的。

新闻业的互联网化，延续并加深了这种趋势，甩开了传统的编辑／策划内容的新闻"看门人"。文字和视频内容的制作和上传都不再昂贵，它们的分发也不再需要技术门槛，这让那个曾经管控媒体内容的层级结构消弭于无形。

传统媒体的编辑／策划者要对新闻报道的真实性负责。哪怕有线电视的实时新闻报道出错，编辑们也会及时发现并更正。由于 24 小时播出，有线新闻"永远不会错太久"。但是，当每个人都可以在互联的那一瞬间制造无人监管的"新闻自拍"，人与人之间的信息流动，就开始朝着集中化网络出现之前的内容分发模式回归。

负责《经济学人》杂志数字转型的汤姆·斯丹迪奇（Tom Standage）在《从莎草纸到互联网：社交媒体简史》一书中写道，150 年来集中化的新闻编辑模式，在历史的长河中其实是一种反常现象。在罗马帝国及更早的时代，新闻是一种"社交媒体"式活动，"信息沿着社交网络从一个人水平传递给另一个人，而不是从一个非人格化的中心垂直向下传递。"[1]

正是电报，让本地小报制度化、商业化，成为基于行业规则和操作惯例的彼此相连的报道机器。在报纸之后出现的广播和电视进一步强化了这个模式：新闻"看门人"掌管着宝贵的分发渠道，也控制着新闻的采集和撰写。当新网络让分发渠道变得不再稀缺时，信息的流动方式再一次被改写。

然而这一次，出现了一种新的数字"看门人"，其背后的经济驱动力，则常常与人们对真实信息的渴求发生矛盾。

社交媒体平台在经营上的成功，取决于它能否长时间攫取

1　Tom Standage, *Writing on the Wall* (New York: Bloomsbury, 2013), p. 3.

用户的注意力，以便向用户展示尽可能多的广告。例如，脸书用户平均每天在该平台上花费 50 分钟。[1] 为了长时间吸引用户的注意力，社交媒体平台收集每位用户的信息，将它们提供给软件算法，这些算法反过来指导平台将信息按受欢迎程度排序并向用户提供量身定制的内容。这些算法基于一个基本原则：向用户发送能吸引注意力（通常是让他们自我感觉更良好）的内容，让他尽可能长时间地留在平台上（并看到尽可能多的付费内容，比如广告）。

《纽约时报》头版上那句著名的"适合印刷的所有新闻"，凸显了传统媒体与社交媒体的不同之处。《纽约时报》的意思是，它的目标是把"适合印刷"的新闻从"不适合印刷"的内容中挑选出来。社交媒体的目标，则是向个体用户传递能让他们感觉良好的内容（他们同意的东西）或能增加点击、带来更多收入的内容。

对于这样的点击，《市场营销研究》的一项研究发现，"那些更容易触发积极（敬畏）或消极（愤怒或焦虑）情绪的内容，更容易获得大量传播。"[2] 这意味着，当一个身处北马其顿的人因为一个美国人点击了一个标题就能获得报酬时，贪婪就压倒了对真相的追寻。[3] 当最好的"点击诱饵"是刺激情绪化反应（而非理性反应）的内容时，就会催生不顾事实、耸人听闻的标题党。

1　James B. Stewart, "Facebook Has 50 Minutes of Your Time Each Day. It Wants More," *New York Times*, May 5, 2016.

2　Jonah Berger and Katherine L. Milkman, "What Makes Online Content Viral?," *Journal of Marketing Research* 49, no. 2 (April 2012), pp. 192–205.

3　Craig Silverman, "Viral Fake Election News Outperformed Real News on Facebook," *BuzzFeed*, November 16, 2016.

一个半世纪以来，我们依赖的集中式网络，把对新闻的信源、准确性和发生背景做出判断的职责外包给了第三方编辑。现在，在被大部分美国人视作新闻来源的社交媒体中，编辑已经被运行算法的机器取代，可算法优先考虑的并非准确性，而是速度和经济效益的最大化。

其结果，就是编辑／策划信息的职能，从网络中心移到了外部，正如分发这些信息的网络本身。

是算法把我们带入了这种境况，而我们也要利用算法来摆脱这种境况。编辑／策划职能的向外分发意味着，我们需要用一种考虑公共利益的算法来抗衡只考虑经济效益的算法。

当完全客观的新闻已成奢望，我们起码应当要求这些新闻内容的产生过程足够透明。我有幸和威尔·戈宁一起围绕一个简单到令人惊异的想法共事过，这个想法就是社交媒体必须将算法公之于众。在软件世界中，我们经常能看到所谓的"开放API"。API就是应用程序编程接口，它可以使两个软件实现交互。举个例子，打车软件优步就是通过API来获取谷歌的地图数据的。

让社交媒体平台采用"开放API"，并不是要它们公开藏在"黑盒子"里的秘密算法，也不是要它们曝光任何用户的个人信息。但是，社交媒体平台可以公开它们的算法"吃进"和"吐出"了哪些内容，让第三方程序员可以创建以保护公共利益为目的的算法，并分析社交媒体上的内容分发的效果。例如，了解是谁在社交媒体上投放了广告或创建了帖子，再结合内容覆盖率、读者参与度和人口统计等信息，公共利益算法就能分析哪些内容正在被传播，它们被传播给了哪些群体。

了解正在发生什么很重要，而以最快的速度了解这一切同样重要。一个广告或帖子传遍全网只需几秒钟，而注意到它们的传播需要几小时甚至几天时间。通过公共利益算法来跟踪这类内容，就能对它们做出真实性核查，哪怕各大平台不主动提供这样的核查。

今天，主流媒体上的内容受到各类公共利益团体的监督。如果 API 能对它们开放，这些团体就能创建公共利益算法，监督社交媒体上的内容。我们希望社交媒体平台能自愿提高透明度。如果他们不能统一行动，那么政府就应该促使他们提高透明度。

我们并非没有经历过类似的时刻。"他们以微不足道的成本，无耻印刷着可能煽动易受蛊惑的年轻人的内容。"威尼斯的一位手抄员曾经这样说，他还哀叹"'印刷机妓院'的堕落"。[1] 历史明确告诉我们：当信息传播的成本降低，信息的性质必然会发生变化，因此我们需要制定新的规则，来应对这种变化。

数字红利 / 数字鸿沟

在非洲丛林里，一位牧民拿出手机发了一条短信，查询附近村庄牲口的售价。与此同时，在纽约曼哈顿，一位高管打开智能手机上的一个应用程序，查看他的股票表现。在把牲口赶到那个村庄出售后，牧民的手机银行账户上收到了账款。类似地，这位高管出售股票的收益，也会被打到他的手机银行账户中。

1　William J. Bernstein, *Masters of the Word: How Media Shaped History* (New York: Grove Press, 2013), p. 155.

在新网络面前，人人平等。当非洲丛林里的一个牧民和曼哈顿的一个高管通过同一平台从事类似的经济活动时，驱动这个平台的网络就不只是在促成一种共同体验，更重要的，是它向人们提供了同等的机遇。这是人类历史上第一次出现能让所有人使用的网络功能。

在新千年来临之际，联合国提出了一个雄心勃勃的目标：在 2015 年前将世界贫困率降低一半。而实际结果是到那一年，贫困人口下降了近 60% —— 10 亿人口摆脱了极端贫困。[1] 新网络的普及（主要通过无线连接）被普遍视为减贫的关键因素。根据联合国国际电信联盟的数据，无线网络已覆盖全球 95% 的人口。[2] 这种连接让大量人口不再被边缘化，给他们带来了早就被发达国家的人视作理所当然的各种机会。

世界上绝大多数人在历史上首次共享一种基本互联——这件事的重要性怎么强调都不过分。人们打个电话就能知道所爱的人是否安好，就能做生意，还能召唤紧急救援（这些看似简单的事情过去可无法做到），我们的生活被永远改变了。

人们彼此相连，不仅仅意味着能打电话。在世界上大部分地区，通水和通电都极富挑战性，因为这些地区缺乏一套可以让人们共同承担基建费用的支付系统。但当 5 亿个没有电的家庭获得了移动信号（以及它带来的支付能力）时，电气化就有了经济基础。对于还没有用上自来水、但已经拥有了手机的 7

1　"极端贫困"的定义是一个人每天生活费不足 1.90 美元。世界极端贫困人口总量从 1990 年的 17.5 亿（占世界总人口的 37.1%）下降到 2015 年的 7.021 亿（占世界总人口的 9.6%）。（World Bank, *Global Monitoring Report 2015/2016*, see www.worldbank.org/en/publication/global-monitoring-report）

2　"ITU Releases Annual Global ICT Data and ICT Development Index," press release, International Telecommunications Union, November 30, 2015.

亿人口来说同样如此。[1]世界上大部分人从未拥有过可以用来
储存和分配资金的银行账户，而现在，使移动支付成为可能的
系统，也使建造和运营几乎其他一切事物成为可能。

尽管语音和短信已经带来了变革性的影响，但接入宽带网
络对大部分人来说仍然可望而不可即。在发展中国家，平均每
10 人中有 8 人拥有一台手机，但只有 3 人可以上网。[2]即便是
发达国家也面临着这样一个事实：约有 20% 的人无法上网。[3]

能够上网和不能上网之间的鸿沟，可能进一步加剧（而非
减少）经济不平等，让能够上网的人获益更多，而不能上网的
人被落在更后面。如何在进一步普及新网络时创造性地缩小这
一鸿沟，将是我们需要做出的最关键的决定之一。

对宽带网络接入的管理，有两个主要考量因素：一个是经
济上的，一个是结构上的。

对个人用户来说，上网成本在经济上仍然是个重要障碍。
在美国，截至 2014 年，年收入低于 2 万美元的家庭中约有一
半不能上网。[4]我们在联邦通信委员会推进的工作之一，就是
扩大一个针对低收入家庭的、帮助他们获得基础电话服务的补
助项目，让无法接入宽带网络的家庭也可以申请。

这一举措想要消除的一个现象，就是低收入家庭学生的

1　Lawrence Yanovitch, executive director, GSMA Mobile for Development Foundation, conversation with the author, February 2016.

2　World Bank, *World Development Report 2016: Digital Dividends* (Washington, D.C.: World Bank, 2016).

3　International Telecommunications Union, "The Digital Divide in 2015," *ICT Facts and Figures, May*, 2015.

4　Adie Tomer and Joseph Kane, "Broadband Adoption Rates and Gaps in U.S. Metropolitan Areas," Brookings Institution, December 7, 2015.

"作业鸿沟"。[1] 由于美国公立学校的大部分学生生活在贫困中，他们能在家中上网的可能性较小。[2] 即便学校为他们提供了手提电脑，但除非去一个有 Wi-Fi 的地方，比如附近的麦当劳，他们仍然没法完成家庭作业。[3] 扩大政府原先给低收入家庭提供的电话补助范围、把宽带网络也包含在内，这让我们朝着宽带网络的普及更进一步，这种普及不仅能帮助学生完成家庭作业，还能帮助人们申请工作，完成几乎任何一种现代经济活动。[4]

从结构上说，在人口密度低的地区铺设宽带网络的成本会挤压经济效益。在边远地区铺设光纤网络花费高昂。在电话垄断时代，为边远地区提供西奥多·维尔所说的"普遍服务"的成本由所有电话用户共同承担。这一垄断被打破后，高成本地区获得补贴的方式变得更加透明——所有用户在账单外要交一笔额外费用，用于一个帮助农村家庭获得电话服务的项目，这个项目受到联邦通信委员会的监管。然而，尽管有这样的补贴，在边远地区铺设网络仍然是一种高风险投资。

克服地理障碍、提供语音服务的无线电话网络可以被视作一种低成本宽带设备，能帮助迄今未能联网的人上网。第四代移动通信技术（4G）提供了一种低级别宽带网络连接，但这

1　我的同事、联邦通信委员会专员杰西卡·罗森沃塞尔（Jessica Rosenworcel）最早发明了"作业鸿沟"（Homework gap）这个词。

2　一个学生"生活在贫困中"，意味着他满足了获取免费或减价学校午餐的条件。

3　Anton Troianovski, "The Web-Deprived Study at McDonald's," *Wall Street Journal*, January 28, 2013.

4　感谢联邦通信委员会专员米尼翁·克莱伯恩（Mignon Clyburn）在针对低收入家庭的 Lifeline 项目上的卓越领导力和不懈努力。不幸的是，特朗普政府上台后立即开始缩减这一项目的规模。

种服务仍然昂贵，因为有限的频谱意味着有限的容量。第五代移动通信技术（5G）能提供更高速的宽带连接，但频谱仍然受限。

然而，紧随地面无线通信技术的更先进的网络技术，可能进一步降低成本。从无人机到气球，再到新的卫星群，新网络技术的不断进步将再一次定义何为互联。这些技术将使我们不再需要地面通信设备，尤其是不再需要不断改进的"回程"硬件（将网络天线收集的数据回传至全网的链路）。

我们在联邦通信委员会处理过的商业计划包括 3 颗将于 2019 年发射的卫星，它们能提供的带宽是全球约 400 颗其他卫星能提供的带宽的总和。[1]

卫星制造成本的降低还会带来其他变革。过去，一颗卫星的制造成本约为 2 亿美元。现在，得益于新技术和类似流水线的制造工艺，成本降到了约 100 万美元。与此同时，随着商业航空打破了美国国家航空航天局（NASA）在卫星发射上的垄断，卫星发射成本也在下降。基于这些发展，已有 4700 颗冰箱大小的卫星被发射至近地轨道，它们组成了两个卫星群，有望让互联网信号遍布全球，甚至包括最偏远的地区。[2]

新的网络已经产生了非常可观的红利。持续的创新势必带来更多的红利。问题仍然在于，创新的成果能否被平等地共享，不仅在国家之间，这在国家内部也是需要考虑的问题。

1　其中一项计划名为 ViaSat 3，它的数据吞吐率能达到每秒 1TB。

2　OneWeb 公司计划发射 700 颗卫星，而 SpaceX 公司计划发射 4000 颗卫星。这些雄心勃勃的商业计划都有赖卫星制造成本和发射成本的下降，而后者是商业卫星发射机构出现的结果。早期定制一颗卫星要花费约 2 亿美元，而新一代卫星的制造成本已经下降到低于 100 万美元，并且可以和汽车一样在流水线上组装完成。

在人类的历史进程中，我们能清楚地看到连接如何改变了我们的生活。我们正在见证的新连接能否实现它的潜力——让所有人都能享受它带来的机会，还是会进一步加剧经济的不平等，仍然是个存在争议的问题。

连接未来

本书的每一个章节都以一个故事作为结尾，这些故事都有关这一章讨论的技术是如何为下一场网络革命埋下了伏笔。

约翰内斯·古登堡将信息打散成最小单位的构想在互联网语言中再现。

查尔斯·巴贝奇"我向上帝祈祷，让蒸汽来完成这些计算吧"的感叹，为自动化计算开辟了道路。

塞缪尔·摩尔斯"天才的灵光乍现"——尽管这一说法颇有几分自恋，开启了一个电子化传递信息的时代。

在过去的半个世纪，先前的网络革命的延伸带来了将决定我们未来的网络力量。

今天，我们不无焦虑地目睹着新网络革命产生的效应。先前的网络革命告诉我们，没有人能预知未来。所有人——从最平凡的普通人到最伟大的科学家，再到利用新技术进行创新的人——都在一边实践，一边学习。所有人都在合力搭建一幅巨大的拼图，但没有人能看到这幅拼图的全貌。

历史总是用一种因果分明的方式讲述，仿佛一系列事实带来了显而易见的结果。历史学家知道已经发生的事情有着怎样的结果，但我们这些正在经历动荡的现代人却无法预测未来。我们从历史中学到的一件事，就是变化总是无序、无组织且无法预测的。实时的决策总是混乱且有风险的。

　　在本书开头，我挑战了一种常见的说法，即我们正在经历人类历史上变革最为激烈的时期。接下来我们将探讨，技术如何能帮助我们度过这样一个时期。

9

连接未来

本书第一章开头讨论了保罗·巴兰在 1964 年提出的从集中式网络转向分布式网络的设想。半个世纪后，巴兰的构想已经得到了广泛应用，它带来了一场网络结构的革命，为我们的未来奠定了基础。

本书遵循的原则之一，是在历史上的网络革命中，最有可能带来变革的往往不是网络技术本身，而是技术的次生效应。在前一章，我们讨论了巴兰的网络构想带来的持续影响。本章将着眼于分布式数字网络正在孕育的定义未来的四种新力量：新一代网络、人工智能、分布式信任和网络安全。这四股力量结合在一起，有可能驱动一场商业和文化转型，而在力度上，这场转型或许能媲美发生在 19 世纪中叶的前一次网络革命。

廉价的分布式数字网络带来了无处不在的连接，它与低成本计算相结合，有能力带我们真正进入第三次网络革命。尽管我们宣称自己生活在一个数字时代，但其实这个时代在变革力度上还无法匹敌工业革命。例如，我们的网络尽管正在重塑许多日常活动，但还没有对实体经济的核心——商品和服务的创造过程中的生产效率——产生类似工业革命的影响力。

经济学家罗伯特·戈登（Robert Gordon）在他的杰作《美国增长的兴衰》中，将 1920 到 1970 年生产效率的增长与此后一段时间做了一番比较。他发现，在 20 世纪中叶，每小时生产效率平均每年增长 2.8%，而在数字时代到来后，这一增幅却下降到 1.6%。[1]

早期互联网对经济生产效率有着巨大的提升作用，但这一作用没能持久。在 1996 到 2004 年间，随着个人电脑和网络的普及，美国生产效率平均每年增长 3.1%。

但此后，生产效率的提升开始减速。从 1970 到 2014 年，每小时生产效率的年平均增幅，甚至低于美国内战后的那段时期。当然，网络仍在持续影响人们的日常生活，但用智能手机点一份比萨，与提高经济核心部门的商品和服务生产效率，完全是两码事。

问题，出在网络本身——及其创造的新经济酬劳结构。

万维网（World Wide Web）在 1990 年前后的诞生，让你我这样的普通人也能接入互联网。尽管更早的数字网络让人们得以访问各种信息数据库，但当时一般只有互联网的"神职人员"和技术极客使用它。蒂姆·伯纳斯-李创造的万维网提供了一套通用方案，通过简单的"请求-响应"模式检索和呈现分布式网络上的分布式数据库中的信息，降低了互联网的门槛。

第一代网络（Web 1.0）给我们带来了浏览器，让我们可

1　Robert Gordon, *The Rise and Fall of American Growth* (Princeton University Press, 2016), p. 14.

以无缝搜索全世界的信息。这种搜索能力的普及，带来了出售与信息相关的广告的机会。这一代万维网的普及，推动了1996到2004年间生产效率的快速提升。

十来年后，第二代网络（Web 2.0）允许任何人创建和传递信息，让网络更加民主化。这催生了社交媒体。面向消费者——并非以提高生产效率为目标——的行为从此主导了网络。向企业出售消费者自我表达的消费意愿，成为Web 2.0阶段的主流经济模式。

在社交媒体之外，新的商业模式并没有给生产效率（将投入转化成商品和服务的效率）的提升带来多少贡献。尽管我们在日常生活中看到了很多创新——从脸书（Facebook）到奈飞（Netflix）再到位智（Waze），但生产效率的提升正在减速。[1]

在智能手机上使用脸书和奈飞，与在经济核心部门中掀起一场生产效率革命，在本质上是不同的。"1970年以来的经济增长既令人眼花缭乱，又令人失望。"罗伯特·戈登发现，"1970年以来的技术进步，都被用在了人类活动的一个狭窄领域，这一领域多与娱乐、通信、手机和信息处理相关。而在人类关心的其他领域——衣、食、住、行、健康、家内外的工作条件，技术进步则非常缓慢。"[2]

但救兵已在路上。分布式数字网络提供了一种基础设施，让人们能通过它来改变游戏规则、提升生产效率。这始于网络自身的又一次迭代。

1　Robert Gordon, *The Rise and Fall of American Growth* (Princeton University Press, 2016), p. 14.

2　来源同上，p. 7。

Web 3.0

利用智能创造价值

Web 3.0 被伯纳斯-李称为"语义网络"，将彻底颠覆传统的"请求-响应"结构。摩尔定律意味着微芯片可以被植入一切事物，N+1 个芯片的功能及其生成的智能可以通过无线网络访问。前几代网络只能以"请求-响应"方式发现和展示已存在的信息，而 Web 3.0 能通过利用芯片中蕴含的智能创造新事物。

用网络播放一部电影或者在脸书上发一个帖子，都是**传输**已经存在的信息。而 Web 3.0 能对互联的微芯片产生的海量智能加以**编排**。两者的区别，相当于一辆联网汽车与一辆自动驾驶汽车之间的区别。

我们今天驾驶的汽车以上一代网络的连接方式实现了无线上网：汽车不断发出请求并不断收到响应。自动驾驶汽车则完全不同。自动驾驶汽车被植入了各种各样的微芯片，它们产生的智能与其他车辆、路标、天气传感器等相关物件上的微芯片产生的智能被编排在一起，创造出一种新产品（即车辆的安全共存与合作），而这种产品将带来生产效率的提升（这意味着对高速公路和城市道路更高效的利用）。

每辆自动驾驶汽车每小时约产生 25 吉字节的数据——相当于十几部高清电影。[1] 英特尔前首席执行官布莱恩·科再奇（Brian Krzanich）曾估测，一辆自动驾驶汽车在一天内产生的数据，相当于 3000 人在一天内产生的所有数据之和。[2]

1　kdespagniqz, "Connected Cars Will Send 25 Gigabytes of Data to the Cloud Every Hour," *Quartz*, February 13, 2015.

2　Patrick Nelson, "Just One Autonomous Car Will Use 4,000 GB of Data/Day," *Network World*, December 7, 2016.

　　自动驾驶汽车只是分布式网络可以成为一种新应用平台的一个例子，在这个平台上，网络中无数节点产生的智能彼此相连，在被编排后创造新的产品并提高生产效率。

　　正如我们讨论过的，前几代网络也曾短暂提升过生产效率。在企业中安装的联网计算机，改善了信息的获取和传输方式，生产效率由此得到提升，但生产效率的进一步提高却变得愈发困难。Web 3.0 的语义功能，意味着互联微芯片产生的智能将呈指数级增长，而这将带来生产效率持续不断的提升。

　　从传输已有信息到把新智能编排成新的产品和服务，这一转变将会重新定义网络经济模式——从"推"变为"拉"。迄今为止，网络上最主流的商业模式是将信息推送给目标用户，并把这一功能卖给广告商。Web 3.0 将重塑价值的创造过程：它能汲取数百亿个互联微芯片产生的智能，将这些智能编排为新的产品和功能。[1]

　　Web 3.0 的第一幕，就是"物联网"。

　　让我们来设想一下微芯片如何改变工业流程。比方说，波音（Boeing）这样的企业必须时刻协调遍布 70 国的超过 28000 家供应商的活动，更别提那些需要不断升级换代的产品。如果能把价格低廉的微芯片植入组件中，波音就可以跟踪所有组件的物流状况，确保它们在组装前一刻及时送达。在装配车间，无线传感器可以读取各个组件的位置，并指导自动化机器进行装配。然后，当成品离开车间时，类似的互联智能可以对飞机及其组件进行全球实时跟踪。

　　物联网不仅能提高工业生产的效率。监测光照、大气湿度

1　这个绝妙的比喻来自我的朋友、Veritas 公司前 CEO 比尔·科尔曼（Bill Coleman）。

和地表湿度的传感器有助于农业生产，能够保护农作物，尽可能地提高产量。当农产品被运往市场时，传感器可以跟踪物流并探测农作物成熟的速度。后者对提高生产率尤其重要，因为相关企业可以据此决定是否采用冷链运输或者将这批农产品送到更近的市场。

物联网还能帮你省水费。在一个典型的美国公共供水系统中，约有 16% 的自来水从未抵达消费者。[1] 在供水系统的关键部位安装传感器，可以识别并报告哪里出现了此前没被发现的渗漏。这种新产品——对供水系统的实时监测——可以提高这个系统的效率，并节约消费者的水费。

不论是应用在工业、农业还是智能城市中，Web 3.0 的第一幕——物联网——创造出一种新的信息产品：实时感知正在发生的一切。对这类信息的应用，能带来生产效率的提升。

旧的互联网经济模式必须以消费者为中心，因为它高度依赖广告收入。用 Web 3.0 赚钱的方式则有很大的不同。智能变成了原材料，被用来创造新产品，而新产品能进一步提高生产效率。于是，Web 3.0 时代的商业问题，从"我能卖什么"变成了"我能创造什么"。

人工智能
我们的网络就像我们的大脑

当查尔斯·巴贝奇发现自己很难用 19 世纪的术语来解释分析机时，他将这第一台计算机形容为可以"吞吃自己的尾

---

1 U.S. Environmental Protection Agency, "Water Audits and Water Loss Control for Public Water Systems," July 2013.

巴"，因为它可以基于上一步的运算结果做出下一步运算。这个比方，也可以用来形容我们今天所说的"人工智能"。而且，今天的人工智能，和巴贝奇在维多利亚时代试图将人脑的推理能力机械化一样提出了有关人类存在的问题。

斯坦福大学教授约翰·麦卡锡（John McCarthy）在 1979 年的一篇文章中首次提出了"人工智能"（AI）这个概念。[1] 从那时起，这个词就被流行文化和各种科幻小说剧集滥用。计算机科学领域的传奇人物雷蒙德·库茨魏尔（Ray Kurzweil）曾预测，到 2045 年，人工智能不断自我完善的能力将达到"奇点"，即机器拥有的超级智能超越人类智能的那一刻。[2] 但在可预见的未来，我们的现实将由在多个层次上演进的计算机智能塑造，这些计算机智能将逐步渗透进我们的日常生活。

其中一个层次被称为"机器学习"。它是指计算机筛选大量信息并指导"巴贝奇式"后续运算的能力。你有没有发现过，每当你在谷歌搜索框中输入问题时，你只需键入前几个字，搜索框就会自动出现完整的问题？你是否对亚马逊根据你感兴趣的话题给你推荐的书目感到满意？你是否对自己的 X 光片能被快速准确地读取感到欣慰？在这些例子中，看似"智能"的机器其实都是根据数据库中已有的搜索记录、购买行为和诊断结果来为你提供答案的。

智能机器的概念在 2011 年引起了全美关注，那一年 IBM 公司的"沃森"计算机在电视问答节目 *Jeopardy* 中击败了两位人类冠军。尽管经常被形容为一台能"思考"的计算机，沃

1　John McCarthy, "Ascribing Mental Qualities to Machines," Stanford University, 1979.

2　Ray Kurzweil, *The Singularity Is Near* (New York: Viking, 2006).

森其实并不是真的在思考。这种问答节目的形式很适合计算机表演这种"障眼术"：计算机根据预装的信息给出答案，看上去就和思考一样。

参加那个节目的前人类冠军之一理查德·科德瑞（Richard Cordray）告诉我，*Jeopardy* 这个节目的秘密在于一个多步骤的准备过程。首先，参赛者必须搞明白正确回答节目给出的问题需要积累哪些领域的知识（根据节目要求，他们要以"什么是……"的特殊方式答题）。然后，他们必须收集并牢记大量相关领域的知识。这个过程对"沃森"这样的初级智能机器来说再合适不过。它取胜的关键在于，它的算法遵循了科德瑞所说的准备步骤，但它又可以从数字化的信息库（而不是人类使用的笔记本）中迅速提取答案——"沃森"的数据库里包含了维基百科上的所有内容。算法可以识别主持人问的问题，检索数据库中的相关信息，然后给出答案。

下一代智能计算程序，让计算机可以由数据推出结论，而不仅仅"吐出"答案。**结论**不同于**答案**之处，在于结论是通过对数据的观察推导出来的，而不是程序内置的。打个比方，两者的区别就好像一台计算机被输入了"尼罗河是世界上最长的河流"这一信息（答案），而另一台计算机通过检索地理数据库得出了"尼罗河是世界上最长的河流"（结论）。

计算机从最初只能遵循特定的指令，发展到可以处理各种信息，这让它们看上去越来越像具备了思考能力的机器——实际上，它们没有。不过，它们的确在模仿人脑神经网络的工作模式。

人脑本质上是一个"输入-输出"系统。每个大脑约有100亿个神经元，它们接收、处理和传递外来的信息（比如

"炉子很烫")。连接这些神经元的网络让大脑可以在分析和组装这所有的信息后触发一个输出反应。智能运算通过创建一个由软件和硬件组成的人造神经网络来模仿人脑的运行机制：收集多样的、分布式的、互联的输入信号来得出结论。

在西雅图新建的波音公司复合材料机翼中心里（这个建筑大到可以装下 25 个足球场），一些大型机器正在用碳纤维增强复合材料制造波音新一代 777 客机的机翼。要制造一个近 118 英尺长的机翼，这些机器需要一层又一层地铺设 120 层碳纤维复合胶带。这样制造出来的机翼比传统金属机翼更轻、更灵活。

我是在这个中心刚刚落成、还没有正式投产之前访问它的。站在高处俯瞰，我看见十来个身穿白色制服的检查员手拿放大镜和手电筒，仔细检查这个巨大机翼的每一寸表面，发现新铺上的碳纤维复合胶带可能出现的"缝隙 / 重叠"。他们把发现的"缝隙 / 重叠"输入一个数据库，计算机可以从错误中"学习"，"教会"自己在铺设下一层材料时避免出现同样的问题。

装上这些机翼的飞机，未来也有可能由机器智能驾驶。今天飞机上的自动驾驶设备有点像早期的"沃森"计算机，它们的程序已经内置了在特定情况下应当做出的反应。可一旦碰到新情况，自动驾驶设备仍然需要人工干预，靠飞行员的生物神经网络来解决从未遇到过的问题。然而，如果将人类飞行员的所有飞行经验都存进飞机的人造神经网络（计算机）中，自动驾驶设备就可以模仿人类飞行员的操作方式来应对意外。

在伦敦大学学院，研究员搭建了一个自动驾驶仪，它由 10 个彼此独立的人造神经网络构成，每个网络对应不同的飞行控制（油门、俯仰、偏摆等）。这些系统收集了人类飞行员在模拟飞行器中创建的数字记录，来了解他们如何应对各种情况，包括那些不可预测的。使用这些数据，新的自动驾驶仪能构建一个信息集合，并基于它做出飞行决策。

要想利用机器学习所需的大量数据，需要强大的计算能力，也就是"古登堡式"对多种信息进行快速重新组合的能力。有趣的是，用于视频游戏的微芯片为此提供了很多灵感。为了让视频游戏看上去更加逼真，需要将大块的描述性信息分解为小块，以便并行处理、快速重装为最终产品，"图形处理器芯片"（GPU）就是用来完成这一过程的。机器学习所需的，也正是这种并行处理大量数据的能力。[1]

因此，机器智能并不是真的在"思考"，而是由有认知力的人类设计的一种数学活动，用于快速挖掘和编排信息。真正的 AI 的概念更广泛、更强大，指的是机器真正拥有智能。到目前为止，这更像一个概念而非现实（并不是说这不会成为现实）。但是，它已经引发了大量辩论，从白宫的研讨会到有远见者的警告。真正的 AI 是否具有技术可行性，会带来哪些道德议题，都是非常重大的话题。尽管距离真正的 AI 诞生还有很长一段时间，但我们将被迫应对它的早期版本悄然带来的各种改变。

我曾与阿根廷通信部长做过一次会谈，讨论该国下一代互联网连接方式的部署计划。会谈中，这位部长问了我一个问题——每当技术创新发生时这个问题都会出现，如今智能计

1　GPU 的下一个迭代是"现场可编程门阵列微芯片"（FPGA）。GPU 的编程设定是内置在芯片中的，而 FPGA 顾名思义，是由客户购买后自行设置的，因此具有更高的灵活性，能被应用在更多产品中。

算再次引发了它——那就是，这个技术将如何影响现有的工作岗位？具体而言，他指的是牛津大学的两位教授在 2013 年做的一项研究，这项研究预测美国有 47% 的工作岗位正面临被机器智能取代的风险。[1]

历史上的技术革命总会引发类似的担忧。比方说，19 世纪初，一位或许并非真实存在过的内德·卢德（Nedd Ludd）砸毁了几台自动织布机，引发了英国纺织工人针对工业革命带来的自动化织布机的抗议浪潮，甚至让"卢德运动"（Luddite）一词进入了英语词库。熟练的纺织工人担心他们的工作被机器取代，因为没什么技能的工人也能操作这些机器。

自动化催生了工业时代，在这个时代，机器的确取代了一些工作岗位。但是，大部分工作都需要某些基本技能，这意味着一个工人即使在一个部门丢掉了工作，还可以在另一个部门找到用武之地。自动化迫使一些工人从一个部门转移到另一个部门，但因为它提升了经济效益，压低了商品价格，刺激了社会对商品的整体需求，能进一步刺激对工人的需求，创造出更多的工作岗位，从而让整体经济获益。

到 20 世纪中叶，随着计算机走出象牙塔，对新一轮自动化取代工作岗位的担心再次浮现。早在 1961 年，肯尼迪总统就曾警告："60 年代的挑战，是在自动化取代人力的同时维持就业率。"[2] 20 年后，当个人电脑开始出现在人们案头，对自动

---

1 Carl Benedikt Frey and Michael A. Osborne, "The Future of Employment: How Susceptible Are Jobs to Computerisation?," January 2013. 10.1016/j.techfore.2016.08.019 (https://www.researchgate.net/publication/271523899_The_Future_of_Employment_How_Susceptible_Are_Jobs_to_Computerisation).

2 Hearings before the Subcommittee on Employment and Manpower, U.S. Senate, part I, May 21, 22, 23, 1963, p. 321 (https://catalog.hathitrust.org/Record/100662611).

化的恐惧又一次被激发。[1] 今天，智能计算再一次将这个议题摆在了我们面前。

自动化经济的挑战，不仅在于如何填补流失的工作岗位，更在于如何重新安置大量工人及其技能。例如，自动取款机（ATM）的普及，让软件和计算机完成了原本由人来做的工作。这让银行柜员数量急剧下降，但也降低了每家银行支行的运营成本。于是，银行开设了更多支行，这些新增的支行虽然不需要那么多柜员，但需要更多的销售和客服人员。这类人才所需的技能与柜员不同，但也没有那么不同，而且他们也更难被机器取代。其结果，就是自动取款机最终导致银行业就业岗位的增加。[2]

智能机器还有可能解决某些系统性问题，有意思的是，这其中就包括可能的工人短缺。未来10年，制造业预计会新增350万个工作岗位。[3] 但由于婴儿潮一代逐步退休，再加上生育率持续偏低，能填补这些职位的新增劳动人口数量将下降三分之二。[4] 这些空缺，或许只能由机器来填补。

自动化也可能意味着，几十年来不断流向低收入国家的工作岗位会出现回流。如果能利用智能机器廉价地组装产品，为何还要辛辛苦苦跑到其他国家去做这些？哪怕其他国家也开始采用智能机器，它们仍然会失去成本优势。由于其他国家的智能机器和本国智能机器的能力理论上大致相同，将生产活动转

1　Tom Standage, "The Return of the Machinery Question," *The Economist*, Special Report, June 25, 2016.

2　来源同上，p. 9。

3　Craig Giffi, "The Skills Gap in US Manufacturing: 2015 and Beyond," Deloitte and the Manufacturing Institute, 2011.

4　Ruchir Sharma, "Robots Won't Kill the Workforce. They'll Save the Global Economy," *Washington Post*, December 2, 2016.

移至境外不会带来任何经济效益。[1] 操作这类机器很可能成为一种新职业，需要新的技能，这就意味着新的工作岗位。

面对机器学习和人工智能，重要的是既不要太乐观，也不必太悲观。很难想象世界会静观自动化的挑战而不做出回应。让机器取代 47% 的工作岗位，在学术研究或经济模型中也许能成立，但这种噩梦般的场景在现实中只会在所有人都坐以待毙时才会发生。因为机器智能不会立即实现，也不会孤立地实现，我们的经济和社会体仍有机会做出反应。

ATM 的例子很有启发性。那些被 ATM 取代的工作本身是简单的重复操作，理应被自动化。而 ATM 创造的新职位需要解决问题和制定决策的创意和能力。要应对智能机器，我们需要创造的不是更多的工作岗位，而是更多的新型职业。[2] 这种新现实对我们的教育提出了挑战：我们需要重新评估教育体系，减少对可以被自动化的技能的培训，增加对那些无法被自动化的知识技能的培训。

自动化还要求我们重新审视可追溯至工业时代的一些国家政策。比方说，随着经济活动从生产车间转移至数字空间，劳工权利也在不断发展。生产效率的提高让我们将每周工作时长减少了三分之一。政府政策和集体谈判重新平衡了曾被工业化扭曲的劳资关系。毫无疑问，当机器智能成为现实时，我们还将面对类似的调整。

但对劳动者来说，他们最大的权利是"通过受教育做好准

1　Vivek Wadhwa, "Why China Won't Own Next-Generation Manufacturing," *Washington Post*, August 26, 2016.

2　"我们需要的是新型职业、而非新岗位"的说法，最早由我的朋友、哈佛大学教授苏珊·克劳福德（Susan Crawford）提出。她在 2017 年 2 月与我的交谈中讨论了这一想法。

备"——不仅为进入就业市场做好准备，还要为终生就业做好准备。一项研究预测，未来 10 年会产生的 350 万个产业工作中有 60% 找不到合适的人来做，因为现在的教育体系无法培养掌握足够的技术、了解计算机、能够解决问题的人。[1] 当 AT&T 的首席执行官让员工们每周花 5 到 10 个小时来扩展技能"改造自我"时，"通过受教育做好准备"成了一件贯穿终生的事。[2]

要处理 Web 3.0 带来的海啸般庞杂的信息，机器智能至关重要。各种产品产生的海量数据和这些产品的自动化应用，都会让我们再次经历本书多次讨论过的技术变革带来的动荡和焦虑。有关生产、教育、劳动力分配和经济模式的观念必须随之改变。历史上的网络革命迫使我们革新了教育和劳工政策，这些政策在今天的我们看来却已如寻常。记住这些历史很重要。我们的技术或许是新的，但应对技术带来的变化，却是我们多次面对过的。

区块链信任机制
分布式网络建立分布式信任

大约在约翰内斯·古登堡发明活字印刷术 40 年后，威尼斯数学家卢卡·帕乔利将威尼斯商人熟练使用的复式记账法介绍给了世界。帕乔利的复式记账原则为一种协同的银行体系奠定了基石，这种银行体系存在的前提，则是交易对手之间的信

1　Giffi, "Skills Gap in US Manufacturing."

2　Quentin Hardy, "Gearing Up for the Cloud, AT&T Tells Its Workers: Adapt or Else," *New York Times*, February 13, 2016.

任。基于对一家对手银行的信任，一个远方城市的另一家银行知道，将一笔钱存入某个特定户头是安全的，因为两家银行使用的是同一记账方式。这些银行的商业模式，就是向使用这一信用体系的客户收取费用。

世界上所有的交易——不仅仅是现金交易——的核心都是交易方之间的信任。几个世纪以来，信任都遵循一种层级化的、从中心向外扩展的结构。比方说，我们每一次用信用卡购物，都使用了最传统的一种信用机制，作为中介的金融机构从中收费。信用卡公司向商家出售了一种信任，即账单会被支付，同时向信用卡持有者出售了另一种信任，即商家会承认来自这张小塑料片的付款。信用卡公司提供的服务，正如铁路枢纽和电话总机，是一种集中化的活动。

当 Web 3.0 需要协调来自数百亿个芯片产生的情报时，交易对手之间的信任就变得更加重要。情报来源和情报本身是否可信，都需要实时确认。集中化的信任机制过于缓慢，无法胜任确认和编排 N+1 个微芯片产生的海量信息这一工作。

在交易对手之间创建信任（不论被交易的是股票、商品还是服务或其他任何资产），传统上都是一种层级化活动，其核心是一个中央账簿。新网络将各类活动推向网络边缘，这使一种更有效的信任建立机制变得必要，同时它也为这种机制的创建提供了工具。

分布式网络使分布式记账成为可能。这些分布式账簿对线上交易的意义，正如万维网对互联网的意义：前者简化了后者，提升了后者的性能。万维网让人们可以在广阔无垠的互联网中检索并链接到所需的信息。类似地，区块链在无数各自记账的账簿之间建立起联系。

比特币是这种分布式信任体系的早期应用之一，它是一种非政府授权的虚拟货币。任何货币本质上都是一种信任体系（即货币的价值能被承认），比特币在线上模仿了这种信任机制，将对信任的验证功能从中央集权的政府手中转移到了分布式网络中。比特币在线上交易中得到验证，并不需要一个中央验证机制。

要实现验证，每一个比特币都有一个独特编号（一条16进制编码）。跟踪这个货币的，不再是一个中央验证机构，而是一种去中心化的对所有人开放的超级电子表。这个想法最初由2008年的一份白皮书提出，白皮书署名为"中本聪"（Satoshi Nakamoto），此人（或团体）的身份至今不为人知。这个白皮书提出的设想是金融交易可以告别传统的"铁路枢纽"式处理方式（即把一切活动引导至系统中心并加以验证和分类），用一种分布式记账技术取而代之，这种技术利用的正是分布式网络的特性——将活动推送到网络边缘的多个节点上。

这种新的分布式记账技术被称为"区块链"。这些分布式账簿所做的，是用多个完全相同的记录这类信息的数据库组成的网络，取代了原来记录着谁拥有什么、谁欠谁什么的中央数据库。由于这些数据库都通过网络相连，它们会用最新的交易信息不断地更新彼此。这相当于建立了一个全球同步的账簿，这些账簿记录着每一笔交易信息，而且安全地分布在多个地理位置。这个体系追踪、确认并记录所有交易，将它们永久展示，以告知其他交易。每一笔交易就是一个"区块"，每一个区块被记入账簿时会生成一个新的资产分配图景，下一个区块将叠加在其之上，这就是"区块链"这个名称的由来——一个不断加进新的区块、不断更新资产分配图景、不断延伸的链条。

当分布式网络使分布式账簿成为可能，信任的建立就不再依靠掌握在少数人手中的专有信息，而是依靠一种共识，即每个人都知道其他所有人有什么、欠什么、正在做什么。

卢卡·帕乔利将会计变成了数学。在他的记账方式中，资本在左，现金在右，而左右两侧必须相等（资产＝负债＋所有者权益）。帕乔利的账簿通常由商业官员认证。而区块链庞大的、相互合作的账簿用不断对交易做出验证的算法，取代了昂贵且费时的信任核查员。

还是以信用卡为例。当你向商家出示你的信用卡时，商家会把你的卡片插入一个与信用卡公司相连的系统来确认他能否信任你的支付能力。信用卡公司会做一个简单的核查，然后发回一个相当于"可信"的消息（偶尔也会发回可怕的"对不起，你的信用卡被拒绝"）。每实施这样一次操作，信用卡公司就要向商家收取占交易额一定比例的手续费。

如果商家不是连接到信用卡公司的专有数据库，而是向一组联网的共享账簿发出确认请求呢？在这种情况下，商家的查询请求会创建一个算法，后者将令所有分布式账簿做出更新，从客户账户中扣除购物金额，在商家账户上增加同等金额（或选择拒绝交易）。于是，信用查询就从对专有数据库的访问请求变成了合作式信息共享。

由于电子化的区块链验证发生在边际成本不断下降的互联网上，验证成本也在大幅下降。从专有账簿转向合作账簿，原本由中央数据库收取的手续费也随之下降。正如分布式网络上的语音服务取代了高成本的集中式固定电话网络，分布式账簿也通过取代专有的信用中介降低了交易成本。同时，分布式账簿也能减少欺诈行为和交易争议，因为超级电子表"知道"所有的客户信息和商家信息。

尽管区块链技术的首个应用是比特币，但这一技术可以被用于记录和报告任何一种形式的交易。任何可以通过账簿追踪的事项，都可以得到分布式账簿的保护。一切事物都处在供应链中，都从某个地方来，到某个地方去，因此一切事物都可被追踪。

例如，可能置人于死地的假药之所以出现，是因为不道德的中间人违背了他人对他们的信任，用看上去相似的假药片取代了真药片。然而，当区块链的账簿可以追踪和记录每一笔交易时，以假乱真的做法就会暴露。同样的，刻在钻石上的序列号是公开的，这让钻石很容易被追踪，不太容易被转售或盗窃，非法钻石的开采也更容易被曝光。对某些资产来说——比如艺术品，它们的出处和流转会在很大程度上影响它们的价值，用区块链的账簿追踪它们的踪迹可以保护它们不受盗窃和伪造。分布式记账技术能够保护一切被记录进这种账簿的事物，不论它是一件昂贵的电子产品上的序列号，还是一头牲口的追踪号。

区块链还有可能解决电子网络上某些资产（比如音乐）的"点对点"（P2P）传输带来的问题。在互联网具有 P2P 传输功能之前，唱片公司担任了信任中介，通过控制音乐的分发来防止盗版和保护版权。数字音乐存储和 P2P 传输绕过了这一中介，也绕过了本来应当获得收益的表演者和作曲家。但是，当音乐通过区块链点对点传输时，每一件音乐作品就可以在账簿上创建一个条目，每一个条目甚至可以有自己的独特规则

（比如"首次播放免费，此后从用户账户收费，并计入艺术家账户"）。[1]而且，区块链非常适合用来处理每一次播放产生的小额收费，这类交易在使用昂贵的中央结算系统时几乎不可能实现。

甚至有这样一种可能，同样的分布式记账技术能帮助我们收回对个人信息的控制权。今天，庞大的中央数据库大量收集个人信息，通过出售这类信息牟利。正如区块链可以为音乐创建一种小额付款体系，它也可以让我们在个人信息每一次被使用时得到一笔小额支付。像谷歌和脸书这样的平台公司正在通过代理出售这类个人信息获得丰厚的利润。作为个人，我们可以通过区块链技术重新掌控这些信息，决定对外提供哪些信息，甚至为此收费。如果区块链可以让我们不再需要集中式信用卡公司来当我们的个人信用代理人，那么这个技术也可以被用于其他各类信息，让消费者重获对隐私的掌控权。

分布式网络正在让数据流愈发庞大，让交易无处不在，一种廉价高效的交易验证方式迫在眉睫。区块链基于"复式记账法"原则，通过一套标准化流程建立互信并将信任核查功能分散到网络各处，使确保交易成功的信任机制得到了扩展。

网络漏洞
当一切互联，一切都变得脆弱

有史以来，网络都在为攻击提供路径。在原始文明中，人类循着动物的行进路线对后者发起攻击。亚历山大大帝和凯

1　McKinsey & Co., "How Blockchains Could Change the World," May 2016.

撒大帝通过道路和水路征服了世界；"条条大路通罗马"不是毫无来由的。大不列颠通过统治海上交通维持帝国的贸易。到20 世纪，世界各国同时利用海陆空通道，书写了一段血腥的历史。

21 世纪的数字通道也不例外。因此，当新网络成为攻击的新途径时，我们也不应当感到意外。

新网络可以被用来发起多种攻击，从犯罪活动到情报收集，甚至到战争。多层次数字网络的开放、易于访问和互联的特性，方便甚至鼓励了多样化的攻击行为。

随着互联事物的性质发生了变化，网络攻击的机会和诱因也增加了。最早的数字网络连接的仅仅是计算机，当时的安全威胁主要是黑客或破坏者的恶作剧。随着数字存储变得廉价且必不可少，对企业和政府数据库的定制化攻击成了间谍行为、勒索和欺诈的工具。再然后，随着网络开始让人彼此相连，移动设备、社交网络和可识别个人身份的服务成了犯罪分子和民族国家政府的攻击目标。最后，物联网上数百亿个互联的微芯片，将会为网络攻击提供数百亿个新攻击点。

在担任联邦通信委员会主席时，我会去委员会的敏感信息隔离屋[1] 参加每周一次的情报会议，了解这个将我们国家和外部世界连接在一起的网络上正在发生什么。结论很清晰：当一切互联，一切都变得脆弱。

发起网络攻击所需的培训和软件，在网上都能找到。攻击者可以毫不费力买到攻击软件，一旦对准目标，这种软件就会自动入侵该目标。在公开市场上可以买到"零日攻击"（一种

1　一种可以防止窃听和计算机入侵、确保会议安全保密的设施。——译者注

针对还没有补丁的安全漏洞发起的攻击），对运行服务器、路由器及其连接设备的软件发起攻击。攻击者甚至可以用一种类似谷歌的网络搜索来锁定物联网上的设备，侵入后者，在设备主人毫不知情的情况下将它们变成可以遥控的攻击工具。

互联网就有点像最早的"新英格兰公地"：一个共享空间，为了所有人的更大利益向所有人开放。但历史也充满了"公地悲剧"：不用承担集体责任的个人行为往往导致土地被过度开垦、价值下跌。"互联网公地"遭到了类似的滥用行为，而人类的贪婪和对战争的新定义，加剧了这种滥用。

这是数十年前的互联网设计带来的后果。"如果我们一直等着构建一个绝对安全的网络，那就不会有互联网了。"互联网之父之一罗伯特·卡恩曾这样告诉我。

最初的互联网设计基于这样一个假设——用户之间彼此信任，这导致互联网存在着系统性的安全隐患。万维网催生了大批应用程序，而它们普遍更重视发布速度而非安全设计，这放大了网络的安全弱点。

正是这些决定，让今天的我们困难重重。这并非渎职或过失的后果，但现实，是我们的网络上同时承载着合法和非法的流量。例如，据估测，恶意僵尸网络（在所有人不知情的情况下被控制的计算机）的流量占到了互联网总流量的 30%。[1]

网络安全的重大难题之一在于，在何时以何种方式利用网络，有着多种多样的情境。

网络攻击能够威胁基础设施。2015 年，一次针对乌克兰

1　Igal Zeifman, "2015 Bot Traffic Report: Humans Take Back the Web, Bots Not Giving Any Ground," Incapsula.com, December 9, 2015.

电网的网络袭击导致 70 万人经历了数小时的停电。[1] 2013 年，伊朗黑客袭击了纽约市外的一座水坝。[2] 2016 年，美国一家法院判定，由俄罗斯主导的网络袭击给 3700 家金融机构造成了总计超过 1.69 亿美元的损失。[3]

　　网络攻击可以被用于发起信息战。在 2016 年美国总统大选中，情报机构识别出俄罗斯人发起的黑客行动。这些黑客通过收集和发布个人和政治机构的私有信息，操纵了大选议题甚至选举结果。

　　网络上的情报收集很有可能侵犯知识产权。美国国家安全局前局长基思·亚历山大上将（Keith Alexander）将外国实体对美国知识产权的偷窃描述为"历史上最大的财富转移"。[4] 一旦黑客侵入一个网络，只需一个按键，他在几秒钟内下载的数据量就可以被打印在纸上装满好几辆 18 轮大货车。而且这类袭击不一定都由外国黑客发起，它们也可以来自自己人。2015 年，美国圣路易斯红雀棒球队的球探主管被判入侵了休斯顿太空人队的电脑，以收集球探和球员的个人信息。[5]

　　随着移动互联网的普及，互联网更加个人化，这为黑客创

1　Elias Groll, "Did Russia Knock Out Ukraine's Power Grid?," *Foreign Policy*, January 8, 2016.

2　Joseph Marks, "Indictment: Iranians Made 'Coordinated' Cyberattacks on U.S. Banks, Dam," *Politico*, March 24, 2016.

3　U.S. Department of Justice, Office of Public Affairs, "Rusian Cyber-Criminal Convicted of 38 Counts Related to Hacking Businesses and Stealing More Than Two Million Credit Card Numbers," August 25, 2016.

4　Josh Rogin, "NSA Chief: Cybercrime Constitutes the 'Greatest Transfer of Wealth in History,' " *Foreign Policy*, July 19, 2012.

5　"Former Cardinal Exec Sentenced to Jail for Hacking Astros," *Sports Illustrated*, July 18, 2016.

造了针对个人发起攻击的机会。入侵你的联系人、日历和线上行为，只是移动互联网脆弱性的初步体现。由于你的手机通常与你的个人电脑同步，手机会成为入侵你的电脑、进而入侵你的数字生活的方方面面的入口。你高度依赖手腕上的那块智能手表？如果它被一个近距离的坏人网络植入了恶意软件（想想你在手机上见过但忽视的"其他网络"），这块手表也能成为一个攻击媒介，通过它攻击者能入侵你的电脑，跟随你畅游互联网。被感染的移动设备甚至可以绕过边界保护措施对目标发起攻击。

当物联网连接起数百亿个微芯片，而这些微芯片安装在从安保摄像头到电灯泡在内的一切事物中时，这就为网络攻击提供了新渠道。据估测，一个设备从联网的那一刻到被感染，只需 6 分钟，在主人不知情的情况下，它已在其他人的控制之下。[1]

迄今为止，人类在集体应对网络安全问题方面仍是失败的。市场和政府的反应不足且低效。我们可以通过制定更安全的协议、改进监管和过滤信息来提高网络安全性。设备生产商可以把安全——包括供应链的可靠性——视作一个必须提前考虑、而非事后考虑的事情。政府应当制定更周全的法律法规，而非只是对数字时代到来前的法律做出行政解读。

美国国家情报局前局长詹姆斯·克拉珀（James Clapper）警告："任何时候，只要你对互联网产生了依赖，我们就只能在捍卫我们的网络上被动地追赶。"[2] 我们对网络的依赖是毋庸置疑

1　Anthony Spadafora, "The Average IoT Device Is Compromised after Being Online for 6 Minutes," ITPortal.com, October 18, 2016.

2　"Morning Cybersecurity," *Politico*, November 11, 2016.

的，但在保护网络安全上，我们越来越不能只是被动地追赶。[1]

我们通过遏制政策来应对核武器和化学武器的威胁。但互联网的分布式力量，让遏制政策不再有效。

网络漏洞就好似经典科幻小说中的情节：原本有用的机器人变成了疯狂报复的攻击者。世界上只要存在两台互联的计算机（这就是互联网的本质），攻击者就有可能破坏、控制和利用这一互联的计算机系统。"冷战结束了，"《华盛顿邮报》的大卫·伊格纳兹（David Ignatius）这么写道，"网络战开始了。"[2]

1　要超越这种追赶，我曾努力推动立法，在分配 5G 信号频谱时要求供应商必须在一开始就将网络安全纳入技术设计中。互联网行业及其盟友反对这项规定，称其监管过度。但它还是被批准为法律。不幸的是，特朗普政府随后将其废除，这是令人遗憾的信号，表明在网络安全的保护上，业界和政府都承诺不足。

2　David Ignatius, "The Cold War Is Over: The Cyber War Has Begun," *Washington Post*, September 15, 2016.

后　记

本书描绘的科技之旅其实无法画上终点。不仅如此，这趟旅程仍在加速，使理解昨日和明日之间的关系变得更加重要。

已故美国社会学家艾尔文·托夫勒（Alvin Toffler）常做一件令人愉悦的事：将极其出色的人物召集在一起，邀请每个人对技术及其带来的影响发表自己的看法。在更早的年代，这类聚会被称为"沙龙"。就在一个春日的夜晚，我在华盛顿特区参加了这样一场聚会。在一个多小时的激烈讨论后，我发现，我们的交谈没有触及任何参与者在日常生活中的实际工作，而是完全围绕哲学和神学的主题展开。

那晚的讨论者中，有几位正在推动新技术，有几位在编译人类基因组，还有几位深耕于国家安全领域。但当这些人脱下实验室外套、关掉计算机，他们就和其他所有人一样，开始寻找变革风暴中可以依赖的锚，而在很多时候，这种变革的风暴正是由他们自己掀起的。

"满满一屋子的变革推动者在寻求某种真相，以期更好地理解由他们自己推动的变革，这不是很有趣吗？"我说。要做到这一点，我认为我们只能向两个领域寻求庇护：信仰和历史。信仰总能让我们认识到"在我们的生命之外存在更强大的东西"，而历史是和我们一样的前人在面对他们自己（但与我们的惊人相似）的挑战时的集体经历。事实上，我们的信仰与我们的历史密不可分。我们学习古老的文字，是为了体会它们在今天的含义，因为它们讲述的故事，能让我们更好地洞察人类的普遍处境。

作为人类的集体经验，历史教给我们的最重要的一课，就是今天我们面对的挑战并非史无前例。不论我们怎么强调自己的体验和挑战独一无二，事实上，我们不过是在延续人类的传奇。

我希望本书能传达的最重要的一点是：不论从技术迭代还是从社会效应上来看，我们正在经历的网络革命都与先前的网络革命高度相似。我们在本书中读到的技术发展精彩无比，它们将人类带到了今天，并将定义我们的未来。我们这代人的特殊之处在于，在我们所处的时代，历史和科技的力量汇聚在一起，挑战了我们应对变革的能力。

我们已经了解了那些将我们带到这一刻的故事。我们已经知道前人应对挑战的方式如何塑造了我们的今天。现在，我们正处在属于我们的历史时刻，轮到我们来决定新技术的发展方向了——而它，将决定我们的未来。